礼教中的女性与生活中的女性

汉代女性形态研究

翟麦玲 著

南方日报出版社
NANFANG DAILY PRESS
中国·广州

图书在版编目（CIP）数据

礼教中的女性与生活中的女性 ：汉代女性形态研究 / 翟麦玲编著. -- 广州 ：南方日报出版社，2025. 4. -- ISBN 978-7-5491-3023-8

Ⅰ. K892.9

中国国家版本馆CIP数据核字第2025DM9285号

LIJIAO ZHONG DE NÜXING YU SHENGHUO ZHONG DE NÜXING: HANDAI NÜXING XINGTAI YANJIU

礼教中的女性与生活中的女性：汉代女性形态研究

编　　著：翟麦玲
出版发行：南方日报出版社
地　　址：广州市广州大道中289号
出 版 人：周山丹
责任编辑：曹　星　朱晓娟
封面设计：肖晓文
责任校对：阮昌汉
责任技编：王　兰
经　　销：全国新华书店
印　　刷：广州市尚铭印刷股份有限公司
成品尺寸：175 mm×245 mm
印　　张：15.25
字　　数：230千字
版　　次：2025年4月第1版
印　　次：2025年4月第1次印刷
定　　价：58.00元

投稿热线：（020）87360640　　读者热线：（020）87363865
发现印装质量问题，影响阅读，请与承印厂联系调换

序

翟麦玲2004年在中山大学获得历史学博士学位，被华南农业大学人文与法学学院聘任为教师，随后被聘为副教授。从博士毕业至今已整20年。本著是在其博士学位论文的基础上修改而成的。翟麦玲邀我写一篇序。麦玲博士在“后记”中说：“一回头，时光真的恍如弹指一挥间。提起它的迟迟出版，也着实让人汗颜。然看到窗户外碧绿的树枝摇曳、天蓝云白、鸟儿自由飞翔，心情也随之爽朗起来。”看来麦玲是一位心态平静、不孜孜以求名利、豁达开朗的女性，是值得赞扬的。

我作为她的指导老师，现在读她这部著作，唤起了我的许多回忆。我指导博士生撰写学位论文，有几条基本原则与方法：选择学位论文题目要有学术前沿意识，具有社会意义和学术价值。要用宏观和微观研究相结合的方法。所谓宏观，就是在马克思主义唯物史观指导下，对所选定题目的学术史状况进行梳理，了解前人研究成果，寻找自己研究的切入点；微观就是一个个具体问题的研究。从专题研究入手，搜集材料要“竭泽而渔”。多读名人的著作和他们的传记、年谱，从中学习治史的方法。重视王国维创立的“二重证据法”，即将文献记载和考古资料结合起来考察研究。遵守学术道德和学术规范。遵循这几条原则与方法，必有收获，定会写出一篇具有创新意义、质量较高的学位论文，今天细读麦玲这部著作，这些原则与方法都有体现。

本书的“绪论”，阐述了本课题的重要性，其不仅是秦汉史研究的前沿课题，而且具有重要的现实意义，可以为社会的性别平等与妇女事业的发展提供理论参考。本书梳理了20世纪秦汉妇女史研究的概况，提出了研究思路和方法。

正文分三章：第一章，汉代礼教对女性的规定；第二章，汉代生活中的若干女性形态；第三章，汉代的法律与女性。实际上本书就是要解决汉代礼教对女性的规定和汉代现实生活的女性有很大差别的问题，并对这种差别的发展过程进行考证和分析。而汉代法律对女性的规定，有它的性别特征。

在对以上问题的论证中，有许多创新亮点，例如：礼学与礼教是两个不同的概念。先秦时代是礼学，汉代的礼教是对先秦礼学的继承和变异，汉代的礼学可以看作是礼教的开端。通过对《春秋繁露》《列女传》《女诫》《白虎通义》四部作品的分析，本书认为汉代为女教思想发展的形成时期，而西汉和东汉比较，西汉时期礼教对女性的影响与束缚比东汉时期要小，要宽松一些，而这恰是两汉时代女性形象及地位存在着差异的主要原因。

第二章，汉代生活中的若干女性形态。生活中的女子教育，并不完全是三从四德之礼仪道德的教育，而是还有大量文化读书教育及音乐艺术等方面的教育。汉代社会对男女教育态度虽有不同，但整体看来，汉代女子依然生活在较为宽松、健康的教育环境里。汉代女子参加经济活动，说明她们和男子一样在家庭和社会中应该都拥有较高的地位，“官吏夫妻分居考”一节，其结论是地方和京师小吏原则上在任职时都不能与妻同住，除休假外，平日都要过两地分居的生活；长官则不同，有官舍可供其妻子居住。“宫女的出路”一节，指出汉代宫女的出路主要四种：出宫女、赐宫女婚配、随王就国、置园陵中。汉代宫女的出路，是后世宫女无法比拟的，汉代女性生活在比较宽松的社会环境里，其身心比后世要健康很多，这也是汉代很少有宫怨诗的原因。“艺伎的形态——辨析倡优、俳优与侏儒”一节，经过考证，提出“倡乐是对倡优、俳优与侏儒等娱乐活动的总称”的观点。通过倡优、俳优、侏儒等艺伎职业，可以看出女性的社会活动及社会地位问题。“汉武置‘营伎’辨析”一节，学术界有一种观点，认为“营伎”始于汉武帝时期，作者梳理了这一观点的来龙去脉，得出“西汉后期出现贵族私蓄女乐现象”“东汉以后私蓄女乐普遍”的结论。而且这一节的特色，还在于广泛引用考古出土的画像石、画像砖关于乐舞图的例子，列表说明自己的观点。其“汉代‘新声’初探”部分有许多创新的观点。“新声”既是中国古代音乐史的重要概念，也是中国古代礼乐文化中的重要内容。该部分梳理了“新声”的研究史、汉代“新声”的含义、“新声”普遍流行的原因，指出“新声”与正声、雅乐相对，它来自民间，商纣王时流行于宫廷，春秋战国时期又在诸侯国中广为流传。由于它与儒家的礼乐思想相悖，所以遭到正统思想的排斥，并被视为靡靡之音，或亡国之音。汉代，国家统一，国力强大，对外交流及文化艺术也随之繁荣，“新声”的内涵也比以前更加丰富，吸收了更多的异域音乐元素。虽然汉代的正统思想仍排斥“新声”，但是“新声”仍然在全社会范围内广为流传，而且已经被运用到原本属于雅乐的领域，如郊祭乐、宗庙、宫廷宴乐和军乐。其原因不仅与“新声”自身的魅力有关，也与国力的强盛、人们的享乐意识的增加、政府的倡导、对外文化交流的扩大，以及人们音乐审美观念的变化有关。该部分内容把对“新声”的研究提高到一个新的高度。“军市与女市”部分也有不少创新之处。军市和女市在古代文献中出现很少，研究的人也不多，但有学者把两个概念联系在一起。作者经过考察，认为古代女市或女闾确实为女色贸易之市。军市是设在军中的物品贸易之市，起源于战国时的秦国，一直到明清时消亡。汉代对军市管理严格，有不法现象要被斩首。而且汉代多忌讳，认为军中有女子会妨害军事，所以军市中不存在不法商品贸易，也应该不会有女色贸易。这些观点都有充分的史料作依据，言之有据，论之成理。“‘女子乘亭鄣’中女子身份的考察”一节，针对有学者提出“女子乘亭鄣”的女子是政府征发来的女兵的观点，作者通过“女子乘亭鄣”的文献出处、前人对此的解释、西汉北方边塞女性的来源、军制方面的考察等几个方面的研究，认为“女子乘亭鄣”中的女子似乎不应是政府征发的女兵，而应该是平时居住于边塞，在战时临时被召集起来保卫家园的女性，她们的身份或是徙边屯田者的妻女，或是任职边塞的军吏的家属，或是因坐罪而徙边的女性。这节的特色，除了观点新颖之外，还在于引用了许多出土的汉简资料。

第三章，汉代的法律与女性。法律是人类社会进入阶级社会以后的产物，它不仅维护一定的社会制度，也规定了人类社会的行为准则。要研究汉代女性的形象与地位，不得不研究汉代的法律。本章通过考查“汉代法律的性别特征”，认为秦汉时代不仅是一个阶级的社会，也是一个性别的社会。性别特征不只表现为对男性的维护，也表现为对女性的体恤与宽容。对男权的维护是礼与俗入法的表现；对女性的宽容与女性属于弱势群体又承担生养下一代的责任有关。从中可以看出，法律作为国家的一种统治工具，在协调社会两性关系、保障社会稳定与持续发展方面具有作用。“汉代女子的财产继承权”一节，通过对文献记载和出土汉简资料结合考察，认为虽然在礼教宣传中不主张女子拥有私财，但是汉代的现实生活中，女子不仅拥有一定的私财，而且还可以继承一定的财产，并受法律的保护，这是汉代女子享有较高社会地位的表现。“汉代奴婢的法律地位”一节，通过丰富的资料，说明汉代政府经常下令释放奴婢，汉代法律保障奴婢人身安全、性权益，奴婢可与良人通婚、主人犯罪奴婢不受连坐、关心奴婢衣食身体健康、奴婢劳作内容不能任意改变（王褒《僮约》）等规定，表明汉代奴婢的生存环境比以前改善很多。

麦玲从2001年开始从事妇女史研究，经过长期的研究，对此提出独到的思考。妇女史的含义，学界有不同的认识，作者认为妇女史应该是以妇女为研究的主要对象，探索妇女在历史发展过程中的变化及其与当时社会的关系。关于妇女史学科化的问题，作者认为妇女史与妇女学是两个不同的概念，妇女史只是妇女学的基础部分，妇女史与妇女学都亟待建立中国化的学科理论与体系。这些都是作者在长期研究中得出的真知灼见。

本书课题位于学术前沿，资料丰富，有许多创新见解，遵守学术道德和学术规范，论述严谨，言之有据，论之成理，是一部比较优秀的学术作品。

据我所知，20年来，麦玲的教学任务是比较重的，长期讲授中国古代史中的先秦至魏晋南北朝部分、中国史学史、中国历史文化名城等课程。我退休将近20年，但我历来主张高校教师要把教学与科研结合起来，麦玲已发表了20多万字的学术论文，我建议应把先秦至魏晋南北朝史的讲稿和中国历史文化名城的讲稿，修改补充整理出版，也把20多万字的论文结集出版。这就体现了教学与科研相结合的教师职责。

是为序。

张荣芳

2025年3月

目　录

绪　论

一、秦汉妇女史研究的意义

首先，马克思曾经说过，历史可以从两方面来考察，可以把它划分为自然史和人类史。人类史是由男女两大性别构成的，但自从人类社会由母系时代进入父系时代以后，人类的文字记载史就成为一部“他史”。但是，在历史发展过程中，女性并没有退出历史舞台，相反还广泛参与社会活动。正如马克思所说，每个了解一点历史的人都知道，没有妇女的酵素就不可能有伟大的社会变革。因此，妇女史值得我们研究。

其次，就秦汉史的研究状况而言，政治、经济、军事制度、农民战争、学术思想等领域研究已比较深入，而妇女史研究则相对薄弱。所以，加强秦汉妇女史研究对继续深入以上各领域的研究有重要促进作用。正如美国学者麦克米伦所说：“一旦我们把妇女问题的内容补充进去时，我们对过去的看法就会合理地改变，我们对历史问题的理解也会加深。”

再次，秦汉妇女史研究是中国妇女史研究的一个重要部分。列宁说过：“为了用科学眼光观察这个问题，最可靠、最必需、最重要的就是不要忘记基本的历史联系，考察每个问题都要看某种现象在历史上怎样产生，在发展中经过哪些主要阶段，并根据它的这种发展去考察这一事物现在是怎样的。”所以，研究秦汉妇女史可以为以后历史时代的妇女史研究打下学术基础。

最后，研究妇女史也有一定的现实意义：不仅可以增进对历史上妇女问题的了解，而且可以为性别平等与妇女发展提供理论参考。

二、20世纪中国的秦汉妇女史研究概况

中国社会由母系时代进入父系时代以后，男性便成为政治舞台的主角。

随着文字的出现，历史的记载也自然以男性活动为中心。然在封建君主专制下，女性也在能力所及范围内插手政治，这样也就在史籍中留下痕迹，如《史记》《汉书》等正史中的外戚传或后妃传便是。但相比男性事迹的记载，它占有的分量极少。皇权时代，女性虽在政治生活中不占主导地位，但作为人类社会的半边天，女性的作用不容忽视。为了按照封建时代的道德标准教育女性，刘向编撰了《列女传》。在它的影响下，东汉刘珍等在奉敕撰修国史《东观汉记》时，第一次在纪传体史书中加入了列女事迹。此后，晋代皇甫谧、常璩也相继撰修《列女传》与《士女志》。在对女性记载相对有所改观的情况下，南朝宋范晔在撰《后汉书》时，不仅有《后妃传》《皇女传》，而且还有《列女传》。这是第一次有正史为平民女性中的杰出者作传，它奠定了在正史中为普通女性作传的基本框架。中国史籍浩如烟海，要专门了解居于"第二性"的女性的各方面情况，实属不易。这样就出现了在类书中有专门搜集罗列女性情况的卷目，如宋代李昉等奉敕编修的《太平广记》《太平御览》、清康熙末年蒋廷锡等奉敕编辑的《古今图书集成》中，皆有独列成卷的妇女资料。除了官方的大型辑书活动对女性的历史资料进行编纂外，自南朝以来也有私人著述者对妇女的资料给予关注，但这相对浩瀚的史籍可谓是九牛一毛。这也就是在提倡男女平等的现代要研究历史上的妇女问题的主要原因。

中国的古代妇女问题研究开始于20世纪初，此后大致经历了以下三个阶段。

第一阶段：20世纪初至20世纪40年代

20世纪，率先为中国女子著史的应该是金炳麟和王以铨。他们辑录的《中国女史》[①]，上起轩辕，下讫明代，凡有案可稽女子，皆录书中，辑录皇后、妃嫔、公主、命妇、女宗、女将、贤母、贤妻、孝女、烈女、义女、贞女、文女、艺女、侠女、妓女、匪女、悟女总共18类1500多位女子。其专为女子作史，为前代所不曾有之创举。然书中体例，未脱封建伦理之轨。以新思想为中国女子著书始于民国初期徐天啸的《神州女子新史》（上海神州图书局，

①杭州中合公司，宣统元年（1909年）铅印本。

1913）。作者著该书源于清末报刊对不少西洋杰出女性的介绍，所以该书所汇集的多是民国之前中国历史上的杰出女性，希冀提升中国女性的志气与精神，以实现男女的平权。然由于当时正处于新旧观念交替时代，所以作者的女性观念还是新旧相掺。即便如此，该书也称得上是中国的第一部妇女史著作。

民主革命时期，伴随着妇女解放、男女平等呼声的兴起，一些士人开始认识到妇女教育的重要性，所以搜集和研究古代女子的文学作品成为当时学术的热点。较早的谢无量的《中国妇女文学史》（上海中华书局，1916），“起自上古，迄于明末”，涉及汉代24位女性作者的作品，被公认为是第一部有影响的研究古代妇女文学的专史。此后有谭正璧的《中国女性的文学生活》（上海光明书局，1930）。不同于谢著，谭著更注重对作者生活的介绍及作品写作背景的分析，但是没有对作品的真伪进行考证。20世纪30年代，梁乙真撰著的《中国妇女文学史纲》（上海开明书店，1932），则注重对作品文学价值的分析，并有对作品真伪的考证。20世纪50年代，胡文楷的《历代妇女著作考》（商务印书馆，1957），则注重对妇女著作的版本、刊印年代、篇数及流传情况的考订，所考著作年代为从汉至民国初年。以上著述成为后来学者继续深入研究的基础。

在妇女解放的呼声下，古代妇女的婚姻研究也引起了学者们的重视。杨树达的《汉代婚丧礼俗考》（商务印书馆，1934），对汉代有关婚姻和丧葬的史料进行了详细的耙梳整理和分析说明，被学界视为汉代婚姻研究的开山之作。陈顾远的《中国古代婚姻史》（商务印书馆，1925），及在此基础上完成的《中国婚姻史》（商务印书馆，1937），不以朝代更替为顺序，而是从法学的角度对婚姻关系中的种种现象进行了探索。此二书为研究妇女的婚姻问题提供了新的思维模式。董家遵的《中国古代婚姻史研究》（广东人民出版社，1995），是其关于婚姻史研究的论文集，文章大多写于1949年以前，由后学者整理结集出版。内容主要是关于收继婚和不同时代婚姻中的具体问题的研究，其中涉及汉代的有4篇。陈鹏的《中国婚姻史稿》（中华书局，1990），也是完成于1949年之前的著作。全书54万余字，是研究中国婚姻史篇幅最长、内容最为详细的著作。作者在例言中指出，中国婚姻制度导源于礼，但实际生活中却往往与礼制及法律相冲突。作者的这一看法颇有见地，为后学者进一步研究秦汉时代的礼、法、俗关系提供了参考。

在妇女文学、妇女婚姻研究的推动下，古代妇女的生活也进入了学者的视野。陈东原的《中国妇女生活史》（商务印书馆，1928），按照朝代顺序，论述了民国以前妇女生活中的婚姻、礼教、妇女教育、妇德、妓女、贞节观、缠足、女权运动等多种问题。受新文化运动的影响，作者把妇女的生活史看作是受摧残的历史。这也反映了那个时代有识之士对妇女解放的一种期盼。该书涉及汉代女子的有贞节观，教育，寡妇再嫁，女子堕落，刘向、班昭两位女教圣人等内容的论述。该书被一些学者视为中国妇女生活史研究的先驱著作，在20世纪90年代重印，不仅在内地，在港台影响也很大。这一时期涉及汉代女性生活的著作还有马伯乐《汉代中国人的私生活》（1932）、黄华节《妇女风俗史话》（商务印书馆，1933）、梁占梅《中国妇女奋斗史话》（建中出版社，1943）、李雪荔《中国妇女史话》（中国妇女建国学会，1947）等，但影响都不太大。

一个社会的进步与文明可以用女性的社会地位来衡量，探索妇女地位的变化，是妇女史研究的重要内容。赵凤喈的《中国妇女在法律上之地位》（中华教育文化基金董事会调查部，1928），把中国历代女子分为在室女、已嫁女、为人母三类，分别探讨了其公民权、女子罪刑名称及对女子犯罪的处罚等问题。该书是第一部研究中国历代女子法律地位的学术著作。瞿同祖的《中国法律与中国社会》（商务印书馆，1947），涉及不同时代的法律对不同阶层女性规范的论述，其见解对研究古代妇女在法律上的地位有重要参考价值。

中国古代妇女地位低下最明显的一个表现就是娼妓问题。王书奴的《中国娼妓史》（上海生活书店，1934），是最早探讨娼妓历史的专著，其中涉及对汉代营妓的论述。不过作者并没有对它细加考证，只是根据《汉武外史》的记载及汉代有女乐、军市，推测汉武帝时可能出现营伎。

班昭是《女诫》的作者，也参与了《汉书》的续作，作为一位女性文人，其也是女教的先驱者，在汉代，乃至整个中国历史上都占有重要地位，自然也吸引了学者的注意。朱倓的《班昭》（胜利出版社，1945）一书，不仅论述了中国女学的起源、班氏的家系，更对汉代班氏女学的特点、班昭在中国文化上的影响等作了深入探讨。其对中国女学发展、班氏女学特点的认识颇具新意。该著篇幅虽小，却也开创了汉代女性个案研究的新领域。

以上著述多属于中国古代妇女研究的通史性论著，并且受妇女解放思潮影响较大，所以有些观点带有明显的时代烙印，有些还处于初期的资料收集整理阶段，略显单薄，但有些由于学者深厚的功底与见识，也不失为力作名篇。

除了上述著作中部分内容涉及秦汉女性研究外，还有部分秦汉妇女研究的论文值得重视。陈延杰《汉代妇人诗考辨》（《东方杂志》1927年第24期），对汉代蔡琰的《悲愤诗》二首、卓文君的《白头吟》、班婕妤的《怨歌行》、苏伯玉妻的《盘中诗》的真伪提出怀疑，并通过对诗的内容、作者品节及汉代文学特点的分析，指出这些作品皆后人的拟伪之作。该论对中国女性文学史研究有重要参考价值。马其旭的《读〈列女传〉》（《民彝》1927年第1卷第3期），认为刘向《列女传》中记载的女性在实际生活中很少有遵循礼教原则的。吴景超《两汉多妻的家庭》（《金陵学报》1931年5月第1卷第1期）详细考察了两汉皇室及贵族家庭中的妻妾关系、夫妻关系及子女生活等问题。其《两汉寡妇再嫁之俗》（《清华周刊文史专号》1932年10月第37卷第536—537号），指出汉代的守节观念并未被大多数世人所接受，在理论与实践上还存在较大差距。周策纵的《汉晋诗歌中所表现的妇女生活及婚姻问题》（《读书知识》1940年5月8日），通过对汉代妇女婚姻生活的研究，指出了当代妇女解放的途径。这些文章对后来秦汉妇女史研究都有一定的参考价值。

第二阶段：20世纪50年代至20世纪70年代

20世纪50年代以后，马克思主义成为中国史学研究的指导思想，学界更多的注意力放在“五朵金花”[①]之类的重大历史理论问题的探讨上，但仍有部分史学家默默地耕耘在妇女史领域。

妇女文学方面：胡文楷《历代妇女著作考》（商务印书馆，1957）从文献

①史学界“五朵金花”指中国古代史分期问题、中国封建土地所有制形式问题、中国封建社会农民战争问题、中国资本主义萌芽问题、汉民族形成问题。

学的角度，对汉至民国初年妇女著作的版本、刊印年代、篇数、流传情况、历代妇人作品总集等进行了考订。其中考证出汉代的妇女著作有：徐小季的《说经》六篇及《老子传》；班婕妤的《班婕妤集》一卷；傅石甫妻孔氏的《孔氏集》一卷；徐淑的《徐淑集》一卷；班昭的《曹大家集》三卷、《女诫》一卷、《列女传注》十五卷、《注班固幽通赋》一卷、《汉书天文志》一卷、《补列女传》一卷；东汉马皇后的《显宗起居注》一卷；蔡琰的《蔡文姬集》一卷。这对研究汉代妇女文学奠定了基础。该书20世纪80年代传到美国以后，引起了西方学者对中国妇女史研究的兴趣。

妇女生活方面：这一时期关于古代妇女生活介绍的文章，主要是用来配合妇女解放运动，提高妇女觉悟，其中比较有价值的是毛泽东秘书田家英于1949年至20世纪50年代陆续在《新中国妇女》杂志发表的妇女史系列文章。其用唯物史观解析了自上古到封建社会初期中国妇女的婚姻生活与贞操问题。该系列文章后来被整理成《中国妇女生活史话》一书，于1982年由中国妇女出版社出版。杨国宜的《男尊女卑的历史考察》[《安徽师范大学学报（人文社会科学版）》1978年第2期]，以马克思主义的妇女观，论述了中国历史上男尊女卑观念的形成、发展、表现、影响以及如何消灭，进而实现妇女的彻底解放。

特定群体女性：不同群体女性的研究是一个时代整体女性研究的一部分。中国古代有女子上战场的现象。顾颉刚的《女子当兵和服徭役》（《史林杂识初编》，中华书局，1963），对上起春秋战国下至汉初女子当兵和服徭役的史料进行了系统分析。在阶级社会，官僚家庭的妇女，上不同于皇宫女性，下又别于普通民妇。胡寿眉的《两汉官家妻妾争宠的悲剧》（《新建设》1965年第12期），通过对汉代官僚家庭妻妾争宠悲剧的梳理与分析，考察了两汉官宦家庭复杂的家庭关系。

著名女性人物：这一时期对著名女性人物的研究，多与政治因素有关。秦汉女性人物研究大多集中在对蔡文姬、王昭君和吕后的讨论上。

1959年郭沫若的新编历史剧作《蔡文姬》引起了学界对蔡文姬和曹操两人的讨论热。同年，郭老又在《文学遗产》第245期上发表《谈蔡文姬的“胡笳十八拍”》，肯定胡笳十八拍是蔡文姬所作。此后，在《光明日报》上展开了了一场“蔡文姬及胡笳十八拍”的大讨论。代表性的文章有：刘大杰《关于蔡琰的胡笳十八拍》（《光明日报》1959年6月7日）、刘开扬《关于蔡文姬及其作品》（《光明日报》1959年6月8日）、李鼎文《胡笳十八拍是蔡文姬做的吗？》（《光明日报》1959年6月14日）、王竹楼《胡笳十八拍不是蔡文姬做的吗》（《光明日报》1959年7月12日）、高亨《蔡文姬与胡笳十八拍》（《光明日报》1959年7月12日）。

20世纪60年代，翦伯赞的《从西汉的和亲政策说到王昭君》（《光明日报》1961年2月5日），又引发了“昭君出塞与和亲政策”大讨论。前后发表的有关王昭君的文章达100多篇，选题不仅涉及人物、事迹、籍贯、姓名、诗歌，而且还有关于其亲属的讨论。1979年，内蒙古人民出版社出版的由林干等人编写的《昭君与昭君墓》，是这一时期王昭君研究的集大成者。

对吕后的评价出现于20世纪60年代。安作璋的《论吕后》（《山东师范学院学报》1962年第1期），给了吕后较高的评价。其后来的《刘邦与吕雉》（山东人民出版社，1974）一书，又对吕后继承刘邦路线给予了肯定。20世纪70年代，由于“儒法斗争”的影响，吕后成了学界评论的焦点，受时代的影响，其观点大都带有片面性和政治色彩。邓经元的《怎样正确评价吕后》（《历史研究》1979年第12期），指出应该客观地看待吕后，并对吕后给予了应有的肯定。该文是吕后研究的转折性文章。

此外，还有少量介绍冯嫽、班昭及批判《女诫》的文章。

这一时期，妇女史研究虽然在大陆一度低迷，但在女性主义的影响下，台湾地区的研究却取得了一些成绩。

研究家庭生活的有：熊君《汉代妇女的家庭生活和职业》（台湾《公论报》1950年5月31日）、冉昭德《汉代的大家、中家、小家》（《光明日报》1964年1月15日）、何浩天《汉画与汉代社会生活》（台湾中华丛书编委会，1969）。欧缬芳参考国内外多种版本及文献，对《列女传》一书做了详细的校正工作，校正内容多达600多条，其《列女传校证》发表在《文史哲学报》（1969年5月18日）。台湾大学宋昌基的博士论文《中国古代女性伦理观——以先秦两汉为中心》（台北撰者印行，1977），涉及秦汉女性伦理方面的规范。

李则芬的《汉代妇女的地位》（《东方杂志》1979年第9期），通过考察汉代妇女再嫁、通奸、乱伦、妇人受爵、太后谒庙礼、后妃出身微贱及列女现象等事项，认为汉代妇女仍有相当的地位，并一直延续到宋代。此外，刘增贵1978年还发表了《试论汉代婚姻关系中的礼法观念》。

提起台湾这一阶段的妇女史研究，不得不说一下鲍家麟。他于20世纪60年代留美，70年代回到台湾，在台湾开设中国妇女史课程，在教学过程中搜集了近代以来发表在权威刊物上的文章，对之重新审视。加入新看法，重新合编成《中国妇女史论集》（牧童出版社，1979）。本集包括20篇自上古至民国初年妇女问题论文，其中与汉代有关的有3篇：高迈《中国娼妓制度之历史的搜究》、董家遵《历代节烈妇女的统计》及《从汉到宋寡妇再嫁习俗考》。

第三阶段：20世纪80年代至21世纪初

20世纪80年代以后，国内学术气氛因改革开放变得自由活跃，另外受西方女性主义思潮的影响，在刘乃和、蔡宇、刘克明、杜芳琴等学者的呼吁倡导下，不仅大量的西方女性主义著作被翻译介绍到国内，而且妇女史的学术会议也陆续在国内召开，一些高校也开始开设妇女史讲座与课程，攻读学、硕、博学位的学生也有不少以妇女史研究作为毕业论文，国内的妇女史研究再掀高潮。这一时期的研究大致有以下特点：其一，婚姻家庭等重要领域的研究取得重大进展；其二，新的研究领域不断开拓，女性观念、权益、形象、服饰、生育、健康、犯罪、更多女性群体的研究也取得不少成绩；其三，随着秦汉简牍的不断发现，秦汉妇女史研究的问题越来越精细；其四，随着国际学术交流的加强，对国外妇女史研究的理论方法的吸收越来越多。具体表现在以下方面：

（一）婚姻家庭研究仍受不少学者的关注。在长期微观研究积累的基础上，彭卫《汉代婚姻形态》（三秦出版社，1988）从新的角度出发，综合运用跨学科的研究方法将汉代婚姻研究推向深入，尤其对汉代婚姻等级性、婚姻思想、婚姻中女性地位的研究有独到之处。虞明英《汉晋时期塔里木盆地东南地区少数民族的家庭与婚姻概貌——兼谈收继婚》（《新疆大学学报》1987年第

4期），参考出土文物“佉卢文书”论述当地少数民族的婚俗情况。黄仕忠的《汉魏女性的爱情婚姻理想》（《文史知识》1990年第12期），通过对汉魏文学作品中表现出的女性婚姻观的研究，指出汉代女性爱情观的特点是追求爱情、自尊与自强，与先秦时的哀怨、宋明以后的悲愤明显不同。刘厚琴《儒学与汉代婚姻制度》（《孔子研究》1996年第2期），分析了儒学对汉代婚姻制度的影响。朱顺玲《论汉代婚姻的特点》（《南都学坛》1997年第1期）、蔡靖泉《汉代的婚丧习俗与楚文化》（《江汉考古》1999年第1期）、周宇《从〈甲渠言部吏毋嫁聚过令者〉文书看汉代社会中的婚俗奢靡问题》（《中国社会经济史研究》2002年第4期），都认为汉代婚姻习俗具有奢靡的特点。孟华《浅议两汉皇室婚姻的变迁》（《西北大学学报》2001年第1期）分析了两汉皇室婚姻的不同，即由不论贵贱、不重贞操、不拘辈分，向更审慎、制度化转变。马新《两汉乡村婚姻略论》（《山东大学学报》2003年第1期）分析了两汉乡村婚姻的经济、社会政治、生产、爱情等功能。

研究夫妻关系的有：李如森《从汉墓合葬习俗看汉代社会变化轨迹》（《史林》1996年第2期），通过对汉代夫妻墓葬习俗的考察，认为汉代夫妻关系更加亲密，但是男子比女子地位高。王子今《张家山汉简所见“妻悍”、“妻殴夫”等事论说》（《南都学坛》2002年第7期）通过简牍材料，论述了汉代社会生活中夫妻关系紧张的一面。研究家庭内成员关系的有：阎爱民《两汉家庭成员的内部关系及特点》（《历史教学》1990年第3期）、马新《秦汉时代家内人际关系的变迁》（《山东大学学报》1993年第3期），都是对家庭内部人际关系的研究。研究家庭内其他问题的有：李向平《秦代家庭形态初探》［《广西师范大学学报（哲学社会科学版）》1985年第4期］、孙筱《孝的观念与汉代家庭》（《中国史研究》1988年第3期）、张金光《商鞅变法后秦的家庭制度》（《历史研究》1988年第6期）、赵浴沛《睡虎地秦墓竹简所见秦社会婚姻、家庭诸问题》（《中国社会经济史研究》2002年第4期）。

（二）妇女的生活形象研究越来越细致、具体。文学作品是反映社会生活的重要材料，不少学者通过对秦汉文学作品的研究，分析这一时期女性的形象。傅锡壬《汉代乐府诗中反映的妇女生活》（《中山学术文化集刊》第31

集，1984）以汉代乐府诗为材料，分析汉代妇女恋爱、婚姻、教养、服饰、体态、母爱、孤儿、复仇等生活内容。殷海国《汉乐府民歌的妇女形象》（《语文学习》1981年第6期）、王增文《论汉乐府民歌中妇女形象的塑造》（《中华女子学院学报》1996年第3期）、秦俊香《试论建安文人诗赋中女性的悲剧》（《河南师范大学学报》1997年第3期）、李建中《神女与寡妇——对魏晋文学中两类女性形象的文化审视》（《中南民族学院学报》2002年第2期）等，都是研究这一时期文学作品中的女性形象。通过史籍与考古材料研究女性形象的有：谢季祥《〈史记〉中的妇女形象》（《福建师范大学学报》1988年第3期），刘厚琴《略论西汉妇女的个性解放》（《黄淮学刊》1996年第2期），刘文萍、孙金会《论汉画中的妇女形象》（《南都学坛》2002年第2期），梁松石《汉代妇女眉妆粉饰谈》（《北华大学学报》2003年第3期），陆静卿《两汉妇女精神风貌的特点及变化》（《青海社会科学》2004年第2期）等。林剑鸣《中国古代官吏的休假制度与婚姻家庭——从〈孔雀东南飞〉的爱情悲剧谈起》（《学术月刊》1991年第2期），则是透过政治制度研究官吏家庭中的女性生活。

（三）女教读物的研究。汉代是对女子进行女教宣传的重要时期，这一时期的女教读物主要是刘向的《列女传》和班昭的《女诫》，所以对这一时期的女性研究离不了这两部著作。研究《列女传》的有：朱仲玉《我国最早的妇女专史——〈列女传〉》（《文史知识》1983年第6期）、吴树平《纪传体史书中〈列女传〉创始考》（《中国史研究》1987年第4期）、张涛《列女传译注》（山东大学出版社，1990）、葛志毅《〈列女传〉与古代社会的妇女生活》（《中华文化论坛》1997年第3期）、王丽英《论刘向〈列女传〉的立传标准及其价值》（《广州大学学报》2002年第2期）、钱穆《刘向〈列女传〉中所见之中国道德精神》（《中国学术思想史论丛》卷三，安徽教育出版社，2004）。研究《女诫》的有：张福清《〈女诫〉——女性的枷锁》（中央民族大学出版社，1996）。

（四）妇女地位、妇女权益、妇女犯罪等方面研究成为新的热点。马克思主义认为“在任何社会中，妇女解放的程度是衡量普遍解放的天然尺度”[①]。所以，一些学者将妇女的地位研究纳入妇女史研究之中，包括婚姻地位、家庭地位、社会地位等方面。研究女性婚姻地位的有：彭卫《汉代婚姻关系中的妇女地位考察》（《求索》1988年第3期）、王扬《试论汉代妇女在婚姻生活中的自主地位》（《郑州大学学报》1997年第5期）、崔瑞《浅论中国汉代妇女在婚姻生活中的自主地位》（《西北大学学报》1999年第2期）、薛瑞泽《论汉代的夫妻关系》（《中华女子学院学报》2002年第5期）。研究女性家庭地位的有：黄金山《汉代家庭成员的地位与义务》（《历史研究》1988年第2期）、张金光《关于秦的父权、家长权、夫权与女子地位》（《山东大学学报》1988年第3期）、管红《秦汉女性家庭地位管窥》（《湖南师范大学社会科学学报》1996年第3期）、贾丽英《论汉代妇女的家庭地位》（《四川大学学报》2001年第6期）。研究女性社会地位的有：于琨奇《“赐女子百户牛酒”解——兼论秦汉妇女的社会地位》（《中国历史博物馆馆刊》1999年第1期）、路育松《从〈史记〉看西汉中期以前的妇女地位》（《浙江学刊》2000年第4期）。以上研究多认为秦汉妇女在婚姻、家庭中的地位虽不如男子，但比后世要高。论述汉代妇女整体地位的有：施红《试论西汉前、中期妇女地位》（《北京师范学院学报》1989年第1期）、刘厚琴《论汉代妇女的地位》（《聊城师范学院学报》1994年第3期）。从纵向角度论述女性地位前后变迁的有：翟江月《先秦两汉女性社会地位变迁管见》（《淄博师专学报》1995年第1期）、高世瑜《从礼到法：中国古代性别制度的法典化》（李小江编《历史、史学与性别》，江苏人民出版社，2002）。

秦汉简牍是秦汉考古发现中的重要内容。其内容涉及范围很广，在秦汉妇女史研究越来越难以创新的情况下，新史料的发掘无疑给秦汉妇女史研究注入了新的血液。涉及女子继承问题的文章有：杨剑宏《从〈先令券书〉看汉代有关遗产继承问题》（《武汉大学学报》1988年第3期）、尹在硕《睡虎地秦简和张家山汉简反映的汉代后子制和家系继承》（《中国史研究》1995年第3期）、

①恩格斯：《社会主义从空想到科学的发展》，载《马克思恩格斯选集》第3卷，人民出版社，1995，第727页。

李均明《张家山汉简所见规范继承关系的法律》（《中国历史文物》2002年第2期）、葛志毅《汉代风俗与贵族女权》（《光明日报》2002年9月10日）、徐世虹《张家山二年律令简所见汉代的继承法》（《中国政法大学学报》2002年第10期）、高凯《〈二年律令〉与汉代女性权益保护》（《光明日报》2002年11月5日）、臧知非《张家山汉简所见西汉继承制度初论》（《文史哲》2003年第6期）、侯旭东《西汉初律令中的母、妻——母亲亲属地位的新论证》（《中国社会科学院院报》2004年第1期）、王子今《汉代的女权》（《古史性别研究丛稿》，2004）等。涉及女子与法律的文章有：叶晓川《女性与中国传统法律文化——以汉律为视角》（《中华女子学院学报》2004年第2期）、王子今《张家山汉简〈贼律〉所见"妻悍"、"妻殴夫"等事》（《古史性别研究丛稿》，社会科学文献出版社，2004）。

（五）女性观念的研究也引起了学者们的兴趣。妇女观是影响妇女生活的重要因素，只有妇女观端正了，妇女解放才有可能真正实现。五四运动时期，不少名家经常以杂文的形式表达各自的妇女观，但从史学领域研究妇女观的几乎没有。20世纪80年代以后，研究妇女观的学者越来越多。研究贞节观的有：赵志坚《两汉妇女的贞节问题》（《历史教学》1998年第4期），高臻、韩树峰《汉晋时期妇女的守节与再嫁》（《中华女子学院学报》2002年第4期）。研究婚姻观的有：吴小强《试论秦人婚姻家庭生育观念》（《中国史研究》1989年第3期）、宋仁桃《汉代妇女婚姻观念的演变》（《苏州大学学报》2003年第2期）。研究某些人或某一群体妇女观的有：肖振宇《司马迁的妇女观》（《民俗研究》2002年第2期）、刘淑丽《汉代儒家正统妇女观的演变》（《社会科学辑刊》2003年第6期）等。

（六）女子的经济、女性民俗文化研究是秦汉女性问题研究的新领域。经济基础决定上层建筑，"妇女解放的第一个先决条件就是一切女性重新回到公共的劳动中去"[①]，女性问题研究离不了对女性经济问题的考察。此类文章有：舒仁辉《汉魏六朝妇女劳动生活简论》（《杭州师范学院学报》1991年第

①恩格斯：《家庭、私有制和国家的起源》，载《马克思恩格斯选集》第4卷，人民出版社，1995，第72页。

1期）、管红《论汉代女织》（《河南教育学院学报》1999年第2期）、王子今《秦汉时期的女工商业主》（《古史性别研究丛稿》，社会科学文献出版社，2004）等。

20世纪八九十年代，西方社会性别史研究兴起，受其影响，中国学者也在妇女史研究中运用了性别视角。王子今的《古史性别研究丛稿》（社会科学文献出版社，2004）中有4篇文章与秦汉女性有关：《战国秦汉时期的女巫》主要讨论了女巫在宫廷巫术、祓禊礼俗、求雨、兵祷活动中的角色，及“巫儿”与“尸女”、“巫风”与“淫风”的关系；《汉代民间的西王母崇拜》考察了汉代西王母崇拜的历史遗存、西王母信仰与世俗企求的关系、西方远国的西王母神话、西方神秘主义文化的传入等内容；《平利女娲故事的发生背景和传播途径》考察了陕西安康平利地方的有关女娲传说的文化遗存以及当地女娲故事的发生及流传情况；《走马楼竹简女子名字分析》从性别关系的角度对走马楼简中出现的女子的名字进行了分析。

（七）女子的群体研究使得女性研究更加细致化。古代女性不仅有阶层之分，也有不同职业类型之分。

1．后宫女性研究。后宫女性是古代女性中的特殊群体，里面既有高高在上的女主，也有受人驱使的宫女。学界对后宫女性的研究起初多以女主为对象，与女主有关的问题多是政治问题。研究女主政治的有：荀德麟《略论汉高祖吕后时期的政治与经济》（中国人民大学报刊复印资料《先秦·秦汉史》1986年第3期）、卞直甫《汉代后妃的历史作用》（《历史教学》1990年第10期）、杜芳琴《中国古代女主政治略论》（《山西师范大学学报》1993年第2期）、蔡一平《汉宋女主的比较》（《中国典籍与文化》1994年第3期）、卫广来《论西汉的宫闱政治》（《文史哲》1995年第1期）。研究后宫干政的有：曹金华《东汉时期乳母干政的历史考察》（《南都学坛》1992年第2期）、沈宏《东汉“干政”皇后作用初探》（《首都师范大学学报》1996年第1期）、文愚《西汉后妃干政问题浅析》（《史学月刊》2002年第12期）。研究后宫制度的有：卫广来《汉宫夫人疏证》（《晋阳学刊》1991年第5期）、李春艳《秦汉后宫属吏考》（《人文杂志》2000年第4期）、朱子彦《秦汉后宫制度述论》（《学术月刊》2000年第6期）、卫广来《西汉出宫人制度考实》（《文史哲》2002年第2期）。研究后宫生活的有：丁毅华《吕后与戚姬》（《华中师范大学学报》1999年第5期）探讨了吕后和戚姬之间的斗争。王子今收入《古史性别研究丛稿》中的4篇文章中，《秦国上层社会礼俗的性别考察——以秦史中两位太后的事迹为例》论述了秦昭王宣太后和秦始皇太后干政时期秦国的上层的性别观念；《“姬别霸王”的历史记忆和“虞美人草”的文化象征》考察了虞姬别霸王故事的历史传承；《性别的政争：“巫蛊之祸”与征和时期的帝后关系》，涉及后宫中权力斗争问题；《情爱的幻境：方士为汉武帝夜致王夫人事》论述了秦汉时期后宫的一些隐秘现象。

2．公主的研究。主要是对公主制度的研究：钟一鸣的两篇文章——《汉代公主之食邑及其它》（《益阳师专学报》1988年第3期）、《两汉翁主考》（《益阳师专学报》1988年第4期），分别考证了汉代公主和翁主的类别、食邑、收入、属官等问题。王子今《张家山汉简〈秩律〉四“公主”说》（《陕西历史博物馆馆刊》2002年第7期），对张家山汉简中出现的李公主、申徒公主、荣公主、傅公主四个公主的身份进行了考察，认为有可能是刘邦的“诸姬女”或刘盈的“后宫女”。

3．奴婢的研究。奴婢是中国古代社会一个很大的群体。对奴婢的研究经历了从探讨其买卖政策、户籍问题到探讨其地位问题的一个过程。探讨买卖政策的有：高恒《秦简中的私人奴婢问题》（《云梦秦简研究》，中华书局，1981）、赵树贵《试论两汉奴婢问题与奴婢政策》（《史学月刊》1985年第5期）等。探讨其户籍的有：傅举有《从奴婢不入户籍谈到汉代的人口数》（《中国史研究》1983年第4期）、杨作龙《汉代奴婢户籍问题商榷》（《中国史研究》1985年第2期）、傅举有《论汉代“民赀”的登记及有关问题：兼答杨作龙同志》（《中国史研究》1988年第3期）等。探讨其地位的有：王彦辉《从张家山汉简看西汉时期私奴婢的社会地位》［《东北师大学报（哲学社会科学版）》2003年第2期］、施伟青《汉代的私家奴婢新探》（《中国社会经济史研究》2003年第4期）、张小锋《释张家山汉简中的“御婢”》（《出土文献研究》第六辑，上海古籍出版社，2004）等。

4．女兵的研究。早在20世纪60年代，顾颉刚就关注到了女兵这一群体，20世纪90年代，王子今把女兵的研究纵深化，他的《战国秦汉时期的女军》（《社会科学研究》1996年第6期）把女兵研究延伸到汉代。后来王子今又著《中国女子从军史》（军事谊文出版社，1998）一书，探讨了从上古时代到辛亥革命时期历代女子从军的现象及相关的文化现象。此外，相关文章还有贾丽英《从居延汉简看汉代随军下层妇女生活》（《石家庄师范专科学校学报》2004年第1期）等。

5．艺伎的研究。艺伎也是中国古代社会一个特殊群体，虽然人口占比不多，但它与富贵阶层紧密联系，对它的研究有助于更全面地了解古代社会女性的生活与地位。此类文章有：方诗铭《战国秦汉的“赵女”与“邯郸娼”及其在政治上的表现》（《史林》1995年第1期）、赵敏俐《汉代社会歌舞娱乐盛况及从艺人员构成情况的文献考察》（《中国诗歌研究》2002年第1期）、王子今《居延汉简“歌人”考论》（《古史性别研究丛稿》，社会科学文献出版社，2004）等。

6．普通家庭中的母亲、妻子、女儿等的研究。古代女子不仅存在社会等级的区别，也有家庭身份的不同，而家庭身份的不同，也会给其生活带来很多不同。王子今收入《古史性别研究丛稿》中的4篇文章——《“偏妻”“下妻”考——张家山汉简〈二年律令〉研读札记》《张家山汉简〈贼律〉“叚大母”释义》《说走马楼简所见“小妻”兼论两汉三国社会的多妻现象》《三国孙吴乡村家族中的“寡嫂”和“孤兄子”——以走马楼竹简为中心的考察》，分别利用新出简牍对“偏妻”“下妻”“叚大母”“寡嫂”等的称谓问题及相关问题进行了解读。许智银《汉代后母的形象》（《文史杂志》2004年第4期）论述了慈爱与不慈爱两种后母形象及子女对后母的态度。

（八）女子个案研究将女性研究推向高潮。汉代女子个案研究主要是对后宫有影响的后妃、有文学造诣的女子以及和亲女子的研究。此类研究众多，以下简要述之。

有影响的后妃研究主要是对吕后的研究。研究其性格问题的有：阎景《从〈史记吕后本记〉看吕后的变态和性格特征》（《司马迁与〈史记〉论集》，陕西人民出版社，2000）、张丽《从吕后的性格特征看其临朝称制》（《黑龙江教育学院学报》2003年第4期）、胡捷《汉初吕后的“女人交易”》（《湘潭师范学院学报》2003年第9期）。研究其政治作为的有：裴洛《吕后的发迹、权术和倾覆》（《复印报刊资料（中国古代史）》1980年第13期）、冯惠民《重评吕后》（《山东师范学院学报》1980年第2期）等。邓绥是东汉有名的皇后，把持东汉朝政多年，因其重视教育，约束外戚，在历史上享有清誉，所以也受到学者的青睐，主要文章有：李润英《皇后之冠邓绥》（《文史知识》1989年第8期）、王鑫义《女政治家：东汉和帝皇后邓绥》（《安徽史学》1995年第2期）等。此外也有介绍东汉马皇后的文章：金铁纯《众女师范　母后表仪——东汉明帝马皇后一生》（《南都学坛》1993年第4期）。

有文学造诣的女子研究主要集中在蔡琰研究上。前一阶段主要是探讨蔡琰的作品，这一阶段除了继续探讨其作品外，开始了对其身世的讨论。《胡笳十八拍》仍是讨论热点，继续讨论其作者的有顾平旦（1981）、王小盾（1987），继续讨论其艺术成就的有沈德浩（1981）、王震亚（1983）。《悲愤诗》也是讨论的热点，继续讨论悲愤诗历史事件的有金志仁（1982）、余志海（1995）等，讨论其是否伪作的有张炳森（1990），讨论其文学性的有穆薇（1998）、张蕾（1999）。对其身世的讨论主要在阿尔丁夫与林干二人间展开，阿尔丁夫有系列讨论文章——《有关蔡文姬生平的几个问题——兼谈曹操赎回蔡文姬的原因》[《内蒙古大学学报（哲学社会科学版）1984年第4期]、《蔡文姬被“虏”考——同林干教授商榷》（《内蒙古社会科学》1995年第2期）、《蔡文姬在匈奴的身份是“奴隶”么？》[《内蒙古大学学报（哲学社会科学版》1995年第3期]、《蔡文姬是左贤王的“姬妾”么？——同林干教授商榷》（《黑龙江民族丛刊》1995年第4期），林干则有《蔡文姬应该归汉，但不是和亲》（《中国古代北方民族史新论》，内蒙古人民出版社，1993）。此外也有个别论述班婕妤、徐淑作品的：陈传胜《小议“怨深文绮”的班婕妤》（《江西社会科学》2002年第4期）、刘景云《后汉秦嘉徐淑诗文考》（《敦煌研究》2003年第2期）。

最后是对和亲女子的研究，主要集中在王昭君、冯嫽和解忧公主研究上。

王昭君研究由“和亲热”转向对其个人艺术造诣与魅力的探讨，如马冀《王昭君魅力长存的奥秘》［《内蒙古大学学报（哲学社会科学版）》1993年第2期］、王仲丙《王昭君与琵琶》（《乐器》1997年第4期）。对冯嫽的研究有张传玺《冯夫人本事》（《秦汉问题研究》，北京大学出版社，1995）。对解忧公主的研究有姚景洲、李艳华《解忧公主与西域初探》（《东南文化》2000年第3期）。还有将昭君与细君进行比较的，如王庆宪《细君不比昭君逊色》［《内蒙古大学学报（人文社会科学版）》2002年第6期］。

综上，在改革开放以后，受西方女性主义思潮影响，中国内地（大陆）妇女史研究受到很多学者的关注，研究成果可谓硕果累累。同样，港台学者也取得丰硕成绩。以下先看台湾的情况。

台湾的妇女史研究有三个显著特点：其一，台湾学界组织编辑妇女史资料，出版妇女史论文集，开设妇女史课程，吸引更多妇女史爱好者加入妇女史研究队伍中，以繁荣台湾的妇女史研究；其二，台湾史学受西方史学影响较大，经历了史料学派、解释史学、多元理论的发展过程；其三，近代妇女史研究最为兴盛，秦汉妇女史研究相对冷清。主要成果如下：

20世纪80年代后，李又宁、张玉法合编《中国妇女史论文集（第一辑）》（台湾商务印书馆，1988），收录研究汉代妇女研究文章3篇：刘增贵《汉代的豪门婚姻》、张敬《列女传与其作者》、郑师许《汉唐时代四裔民族之妇女地位》。

这一时期台湾的婚姻家庭研究成果有：刘增贵《汉代婚姻制度》（台北华世出版社，1980）、许倬云《汉代家庭的大小》（《求古编》，台北联经出版事业公司，1982）、罗彤华《汉代分家原因初探》（《汉学研究》第11卷第1期，汉学研究中心，1993）、刘增贵《汉代妇女的名字》（《新史学》1996年第7卷第4期）。

女主政治的研究成果主要是蔡幸娟的《史传中之女主临朝“称制”、“摄政”、“听政”》（《成功大学历史学报》1997年第23期）和《时论与北朝女主政治——兼论汉魏时代女主政治时论之滥觞》（《成功大学历史学报》1999年第25期）。

研究秦汉文献中的女性书写的文章有：刘静贞《历史的重读与再现——古代经典〈列女传〉的通识意涵》（《通识教育季刊》1997年第4卷第3期）、《刘向〈列女传〉中的性别意识》（《东吴历史学报》1999年第5期）、张淑香《三面“夏娃”——汉魏六朝诗中女性美的塑造（上、下）》（《古典文学知识》1988年第3、4期）、梅家岭《汉晋诗歌中“思妇文本”的形成及其相关问题》（《台湾大学文史哲学报》1996年第44期）、衣若兰《〈后汉书〉的书写女性：兼论传统中国女性史之建构》（《暨大学报》2000年第4卷第1期）、朱晓海《汉赋男女交际场景中两性关系钩沉小记》（《文史哲学报》2001年第55期）、许东海《女性、帝王、神仙——先秦两汉辞赋及其文化身影》（里仁书局，2003）等。

提起这一阶段台湾秦汉妇女史研究，不得不提李贞德。她的研究主要是从性别视角展开，她从事的是法律中的性别问题研究，如她的《西汉律令中的家庭伦理观》（《历史学会史学集刊》，1987）、《女人的中国中古史——性别与汉唐之间的礼律研究》（《中国历史世界——统合的多元的发展》，东京汲古书院，2002）。受杜正胜的性别医疗史研究影响，20世纪90年代以后，李贞德也开始从事性别医疗史研究，其成果有：《汉隋之间的“生子不举”问题》（《“中央研究院”历史语言研究所集刊》，1995）、《汉唐之间医书中的生产之道》（《“中央研究院”历史语言研究所集刊》，1996）、《汉唐之间求子医方试探——兼论妇科滥觞与性别论述》（《“中央研究院”历史语言研究所集刊》，1997）、《汉魏六朝的乳母》（《“中央研究院”历史语言研究所集刊》，1999）、《汉唐之间的女性医疗照顾者》（《台大历史学报》1999年第23期）、《汉唐之间医方中的忌见妇人与女体为药》（《新史学》2002年第13卷第4期）、《汉唐之间家庭中的健康照顾与性别》（收入黄克武主编《性别与医疗——第三届国际汉学会议论文集·历史组》，“中央研究院”近代史研究所，2002）、《“笑疾”考——兼论中国中古医者对喜乐的态度》（《“中央研究院”历史语言研究所集刊》，2004）、《〈医心方〉论“妇人诸病所由”及其相关问题》（《台湾清华学报》2004年第34卷第2期）等。

综上可以看到，这一时期大陆的秦汉妇女史研究更关注婚姻家庭生活、地位形象、观念、教育、人物贡献与评价等内容，而台湾的妇女史学更加多元化，由传统的婚姻家庭向性别医疗史、文本中的女性书写、女性意识与情感等方向转变，他们不再强调妇女解放问题，而是从边缘问题的角度探讨主流问题的重要性与趣味性。

香港史学于20世纪80年代以后趋于繁荣，但香港史学重视中国史学史、政治制度史、社会史、宗教史，香港本地史，西洋史，中西交流史，日本史；东南亚史、华侨史次之，妇女史研究在香港史学中处于边缘状态。笔者所见到的仅有香港中文大学历史系的叶汉明，浸会大学历史系的黄嫣梨、刘咏聪三位女性学者的研究，而秦汉妇女史研究仅占其妇女史研究中的很小一部分。

刘咏聪早年受台湾李又宁、鲍家麟妇女史研究著作的影响，对妇女史研究产生兴趣，其成果主要表现为对中国古代女子观念的研究。其博士论文《两汉时期“女祸”观》（香港大学，1989年哲学博士论文），认为“女祸”观念起源于先秦，形成于汉代，发展于唐代，到宋代定型。她的《德·才·色·权——论中国古代女性》（麦田出版股份有限公司，1998）精选了她本人的妇女史论文9篇，其中与秦汉有关的共3篇：《汉代之妇人灾异论》《汉代“妇人言色亡国”论之发展——“女祸”观念形成的一个层面》《汉人对太后摄政之议论》。

黄嫣梨的妇女史研究，主要体现为对女性文学、妇女法律地位、女子个案的研究。其秦汉妇女史研究成果有：《徐淑及其〈答夫诗〉》（《江汉论坛》1990年第12期）、《汉代妇女文学五家研究》（河南大学出版社，1993）、《妆台与妆台以外——中国妇女史研究论集》（香港牛津大学出版社，1999）。其中《妆台与妆台以外——中国妇女史研究论集》一书收录了作者妇女史研究的12篇论文，该书从妇女文学入手，细致生动地阐释了中国妇女史之特有面貌，内容翔实，文笔雍容，为妇女研究中难得之佳作。

叶汉明的妇女史研究，多是对明清乃至近代香港、华南地区自梳女、华人社会女性的研究，未涉及秦汉妇女史，但她所著《主体的追寻——中国妇女史研究新论》（香港教育图书公司，1999）系统梳理了中国妇女、性别史、社会史、文化史研究的发展过程，探讨了相关理论的形成和彼此之间的递进关系，而且对妇女史的发展方向，特别是如何借鉴社会史、文化史、性别史领域的研究方法提出了自己的独到见解，这对秦汉妇女史研究有一定参考意义。

综上，秦汉妇女史研究已经取得了相当丰硕的成绩，但仍存在不足：第一，研究重点过于集中在婚姻家庭方面，且人云亦云者多，文化教育、生育等研究明显薄弱；第二，某些研究视角较窄，缺乏对历史背景的宏观掌控，使观点的客观性受到影响；第三，对相关学科的理论和方法借鉴不够；第四，对前辈学者提出的问题，缺乏继续深入的探讨。

此外，内地（大陆）、港台的妇女史研究呈现出明显的地域特征：如内地（大陆）的选题与时政联系紧密，而港台选题偏趣味性；内地（大陆）的研究方法受中国传统史学影响较大，多实证研究，而港台受西方女性主义史学影响较大，或重理论探讨，或属解释史学，或属新文化史学。陈寅恪晚年撰写了两部与女性有关的史学名著——《论再生缘》和《柳如是别传》，用传统实证史学的方法，借诗文以证史，有学者将之称作东方女性史研究的代表作。在当代史学观念纷繁的情况下，这是不是告诉了我们未来妇女史研究应该走的路？

三、研究思路、资料与方法

（一）研究思路

综合前期研究发现，汉代女性形态呈多样性。其不仅存在等级区别，也存在职业、家庭社会、地域等方面的区别；而且，汉代女性在礼教、法律以及生活中的形态也存在诸多差异。本书在前辈学者提出从礼与俗两方面看汉代女性问题的基础上，结合已有研究，拟从礼、法、生活三方面进一步研究汉代的女性问题。

鉴于以往人们对中国古代女性的认识多来源于礼教的说法，且礼教也确实是影响中国古代女性形态的重要因素，所以，本书第一章研究从探讨礼教中的女性开始，借此阐明现代人对古代女性认识的来源。

为将礼与俗中女性形态做对比，第二章探讨生活中女性的若干形态。教育与经济是影响女性生活形态的重要因素，所以本部分从此开始，继而研究不同职业、社会身份、家庭中女性的某方面微观问题，以便揭示汉代女性形态的多样化。

既然礼教中女性与生活中女性的形态有所不同，且中国古代社会具有礼法共治特点，那么法律中的女性形态又如何呢？根据文献资料及出土简牍中的法律内容，第三章在宏观探讨法律的性别特征后，具体研究法律中的女子继承权问题，因为这是对生活中女子地位的重要说明，之后探讨社会之底层奴婢的法律地位。由于文献和出土资料有限，更多有关女子的法律问题还有待新材料的发现。

由于以上研究多是微观研究，所以最后有必要对所有研究进行分析、总结，以便对现代女性问题的解决提供借鉴。

（二）研究资料及方法

本书依据的资料包括：历史文献、文学诗歌、笔记小说，考古资料、简牍、画像石、墓志铭，及经典著作、基本文献、国人论著、西方与日本学者的论著、国内外论文等等。

本书以马克思主义历史观为指导，在研究方法上主要以历史学的理论和方法为主，在挖掘资料的基础上，对占有的资料进行考证、分类、归纳、比较，然后综合分析；并适当运用了社会学、管理学、民俗学、心理学、法学、计量学等相关学科的理论和方法，及借鉴了西方妇女史研究的一些理论及性别分析法。这些都将有助于我们将妇女史研究推向一个新的高度。

本书是从微观问题入手对礼教、生活、法律中的汉代女性的若干问题进行探索的结果。由于笔者水平有限，书中难免有疏漏和不妥之处，恳请各位专家、学者给予批评指教。

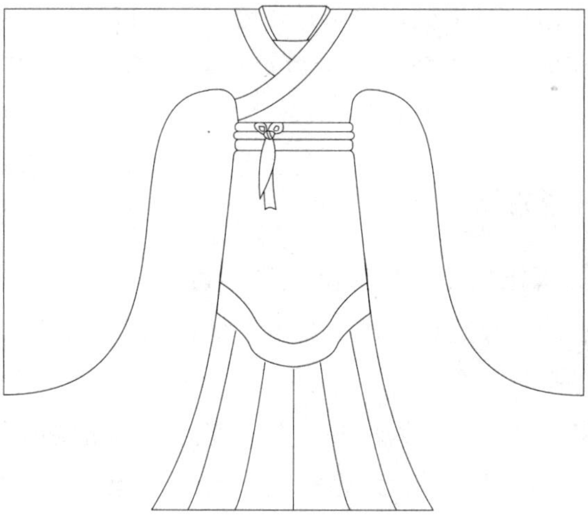

第一章

汉代礼教对女性的规定

礼是中国文化的重要组成部分。就其内容而言，它既包括为统治者提供治国策略的典章制度，也包括对人们思想道德及行为准则的规范。可以说，礼渗透到了社会生活的方方面面。但是，就性别而言，它对男性与女性的规定不同，带有明显的性别特征。所以，研究古代女性问题必然要将其与礼联系起来。礼产生于上古时期。王国维认为，礼由早期的神灵祭祀发展而来；也有学者认为礼源于天地崇拜与祖先崇拜；梁启超、刘师培等学者则认为礼源于俗。不论哪种说法，都可以看出礼在早期并不是为区别男女而设；而且，礼是动态发展的，它在不同时期会随着社会生活的变化而发生。所以，要探讨汉代礼教对女性的影响，不妨从先秦时期谈起。

第一节
先秦礼学对女性的规定

礼教不同于礼学。礼教，即以礼为教，在古代也叫做名教，即以名为教[①]。礼是中国文明起源的标志之一。杨向奎从人类文化学的角度研究礼，认为礼起源于原始时期的物品交易，所谓“礼尚往来”也；后来经过周公的改造，减少了礼之交易成分，增加了德、刑、乐之内容；春秋时期，经过孔子的再次改造，礼又被去掉了原有的商业内容，而增加了仁义等行为准则。也就是说，到孔子时期，礼还指的是以往的社会规则。李亚农说：“整整一部《仪礼》都是记载古代社会生活各方面的习惯的。”[②]《周礼》《仪礼》《礼记》三部大礼书在先秦时期已经出现，所以不妨称先秦时期的礼为礼学。所以说，中国“礼仪之邦”的称号，也应该来源于先秦时期。先秦时期，礼并未带有明显的性别特征，所以不必用吃人的礼教来称呼。下面考察先秦礼学对女性的规定。

一、男女有别

在先秦礼学中，男女有别。它首先表现为男女行为的不同：“男不言内，女不言外”；“女子出门，必拥蔽其面，夜行以烛，无烛则止。道路，男子由

①蔡尚思：《中国礼教思想史》，上海古籍出版社，2006，第1页。

②李亚农：《李亚农史论集》，上海人民出版社，1978，第232页。

右，女子由左”[①]；“凡男拜，尚左手”“凡女拜，尚右手”[②]；“外言不入于梱，内言不出于梱”[③]；“妇人不立乘”[④]；丧礼中，妇人不仗，“妇人不越疆而吊人”；葬，“男子西乡，妇人东乡”[⑤]；亲死，男子“袒而踊之，……妇人不宜袒”，“女子哭泣悲哀，击胸伤心，男子哭泣悲哀，稽颡触地无容”[⑥]；妇人，“吉事虽有君赐，肃拜；为尸坐，则不手拜，肃拜；为丧主，则不手拜”[⑦]。

其次，表现为礼主张男女授受不亲[⑧]：“非祭非丧，不相授器”[⑨]；“非授币，不交不亲”；“非有行媒，不相知名”；“七年，男女不同席，不共食”[⑩]；“不共井，不共湢浴，不通寝席，不通乞假”[⑪]；“男女不杂坐”。男女行为有防，目的是“防其奸也”[⑫]，防其奸，以使社会上的男女两性处于有序状态。

男女同为人类，是自然界中的一对统一体。先秦礼学给这一对统一体人为地注入不同的文化血液，正如西方哲人所说的：“把统一引入差异性之中，那样你就创造了秩序；秩序产生和谐、均衡；在和谐中你拥有完美的整合，和谐产生美。在军队中有美，当它军阶有序，各部门合成一股的武装力量时。在音乐中有美，当各种正确、清晰、独立的声音混合产生美妙的和谐，达到差异中的统一或统一中的差异时——一个很好的描述可能就是不和谐的和谐；然而更好的描述是，和谐的不和谐。”也就是说，先秦时期礼学宣扬的男女有别，不是男女对立，而是男女的和谐。

① (清) 孙希旦撰，沈啸寰、王星贤点校：《礼记集解》，中华书局，1989，第735、736页。
② (清) 孙希旦撰，沈啸寰、王星贤点校：《礼记集解》，中华书局，1989，第772、773页。
③ (清) 孙希旦撰，沈啸寰、王星贤点校：《礼记集解》，中华书局，1989，第44页。
④ (清) 孙希旦撰，沈啸寰、王星贤点校：《礼记集解》，中华书局，1989，第99页。
⑤ (清) 孙希旦撰，沈啸寰、王星贤点校：《礼记集解》，中华书局，1989，第245、269页。
⑥ (清) 孙希旦撰，沈啸寰、王星贤点校：《礼记集解》，中华书局，1989，第1350、1353页。
⑦ (清) 孙希旦撰，沈啸寰、王星贤点校：《礼记集解》，中华书局，1989，第936页。
⑧ (清) 焦循：《孟子正义》，诸子集成本，世界书局，1936，第306页。
⑨ (清) 孙希旦撰，沈啸寰、王星贤点校：《礼记集解》，中华书局，1989，第735页。
⑩ (清) 孙希旦撰，沈啸寰、王星贤点校：《礼记集解》，中华书局，1989，第769页。
⑪ (清) 孙希旦撰，沈啸寰、王星贤点校：《礼记集解》，中华书局，1989，第735页。
⑫ (西汉) 刘向校，(清) 戴望校正：《管子校正》，诸子集成本，世界书局，1936，第178页。

二、男女教育各有侧重

先秦的礼学思想，从幼儿时起，就要给不同性别的幼儿施与不同的教育。《礼记·内则》载："能言，男唯女俞，男鞶革，女鞶丝。"在幼儿学语时期，根据男女幼童声带特点的不同，教以不同的发音，这是因材施教的表现。随着年龄的增长，社会角色也会发生变化，所以更要对男女实施不同内容的教育。如男女幼童十岁以后，男子外出求学，女子则不出，"姆教婉、娩、听从；执麻枲，治丝茧，织纴、组、紃，学女事，以共衣服；观于祭祀、纳酒浆、笾豆、菹醢，礼相助奠"[①]。由于女主内，女子活动主要以家庭为中心，所以礼就特别重视对女子在家庭中的品质的教育，如要求女子要顺从父母，有"妇德、妇言、妇容、妇功"等优秀品质。男主外，男子的角色定位在社会，所以"忠"与"孝"是礼对男子的基本要求。

三、对夫妻关系的规定

其一，讲究夫妻要互相尊重。中国哲人老子说过"曲则全"，先秦礼学在对夫妻关系进行教化时继承了这种思想，主张夫妻之间要互相尊重、和睦相处。《礼记·哀公问》："昔三代明王之政，必敬其妻子也，有道。妻也者，亲之主也，敢不敬与？"[②]这里，用尧舜禹三代明王之政教育人们要敬其妻子。又《礼记·礼运》："父子笃，兄弟睦，夫妇和，家之肥也。"[③]这里又用家和万事兴的道理说明夫妻关系要和睦。《礼记·曲礼》曰："国君不名卿老、世妇，大夫不名世臣、侄娣，士不名家相、长妾。"[④]在先秦礼学中，国君、士大夫对低于自己一级之人的妻，或低于自己妻一级的妾媵不直呼其名，可见礼对妇人的尊重。礼学还要求丈夫尊敬妻子，则源于在礼看来，夫妻"共牢而食，同尊

① (清) 孙希旦撰，沈啸寰、王星贤点校：《礼记集解》，中华书局，1989，第768、769、772页。
② (清) 孙希旦撰，沈啸寰、王星贤点校：《礼记集解》，中华书局，1989，第1262页。
③ (清) 孙希旦撰，沈啸寰、王星贤点校：《礼记集解》，中华书局，1989，第620页。
④ (清) 孙希旦撰，沈啸寰、王星贤点校：《礼记集解》，中华书局，1989，第109页。

卑也”[①]。

其二，丈夫要尊敬妻子，妻子要顺从丈夫。何以妇要顺从于夫，先秦诸子这样论述：“臣事君、子事父、妻事夫，三者顺则天下治，三者逆则天下乱”[②]；“一家二贵，事乃无功。夫妻持政，子无嫡从”[③]；“父者，家之隆也。隆一而治，二而乱，自古及今，未有二隆争重而能长久者”[④]；“是故妇顺备而后内和理，内和理而后家可以长久也”[⑤]。即妇顺是出于家国安治的需要。那么，何以要妇顺而不是夫顺呢？礼这样解释：“男先而女从，夫先而妇从，夫尊卑先后，天地之行也”[⑥]；“男子亲迎，男先于女，刚柔之义也。天先乎地，君先乎臣，其义一也”；“出乎大门而先，男帅女，女从男，夫妇之义由此始也”[⑦]。即阴阳五行与婚礼之礼仪要求妇顺于夫。

其三，由于夫妇一体，所以妇的爵位、名分等随夫。“妇人无爵，从夫之爵，坐以夫之齿。”[⑧]

四、对父母地位的规定

其一，父尊于母。这在子女对父母的服丧中表现出来。如《仪礼·丧服》曰：“为父何以斩衰也？父至尊也”“父在为母。传曰，何以期也。屈也，至尊在，不敢伸其私尊也”[⑨]。那么，为何在礼中父尊于母呢？《孝经·士章》云：“资于事父以事母而爱同，资于事父以事君而敬同。故母取其爱，而君取

---

①（清）孙希旦撰，沈啸寰、王星贤点校：《礼记集解》，中华书局，1989，第710页。
②（清）王先慎：《韩非子集解》，诸子集成本，世界书局，1936，第358页。
③（清）王先慎：《韩非子集解》，诸子集成本，世界书局，1936，第34页。
④（清）王先谦：《荀子集解》，诸子集成本，世界书局，1936，第175页。
⑤（清）孙希旦撰，沈啸寰、王星贤点校：《礼记集解》，中华书局，1989，第1420页。
⑥（清）王先谦：《庄子集解》，诸子集成本，世界书局，1936，第83页。
⑦（清）孙希旦撰，沈啸寰、王星贤点校：《礼记集解》，中华书局，1989，第708、709页。
⑧（清）孙希旦撰，沈啸寰、王星贤点校：《礼记集解》，中华书局，1989，第710页。
⑨（东汉）郑玄注，（唐）贾公彦疏：《仪礼注疏》，中华书局，1980，第1100、1104页。

其敬，兼之者父也。”[①]《礼记·表记》也曰：“今父之亲子也，亲贤而下无能；母之亲子也，贤则亲之，无能则怜之。母亲而不尊，父尊而不亲。”[②]在对待儿女的态度中，父亲表现出的是更多的理智，而母亲则表现出更多的爱怜，所以母亲从儿女那获得的是亲情，而父亲获得更多的是尊敬。

其二，虽然父尊于母，但是在礼学宣扬中，儿女对父母的孝敬是一样的。孝敬父母一方面表现为侍奉父母要勤劳无怨，如《论语·里仁》曰：事父母“劳而不怨”[③]，《学而》曰：“事父母，能竭其力”[④]。另一方面表现为要顺从父母意志，如《礼记·内则》曰：“子甚宜其妻，父母不说，出。子不宜其妻，父母曰‘是善事我’，子行夫妇之礼焉，没身不衰。”[⑤]又《孟子·离娄下》指出“好货财，私妻子，不顾父母之养”[⑥]是为不孝也。先秦礼学在宣扬孝敬思想时，将父母相提并举，说明儿女在孝敬父母时应持同样的态度。

五、关于养老、尊老的规定

先秦礼学自古有尊老爱老的思想。如《礼记·王制》篇曰：“（周人）五十养于乡；六十养于国；七十养于学，达于诸侯；八十拜君命，一坐再至，瞽亦如之；九十使人受。五十异粮，六十宿肉，七十贰膳，八十常珍，九十饮食不离寝，膳饮从于游可也。”“八十者，一子不从政；九十者，其家不从政；废疾非人不养者，一人不从政。父母之丧，三年不从政。”[⑦]生活中不同年龄老人的养老、受社会尊敬程度、在家庭中受照顾方面各有不同，这是中华民族尊老爱老的表现。此外，古代刑法方面的有些规定也体现了对老人的体恤与照顾，如《周礼·秋官·司刑》曰：“再赦曰老耄”；“凡有爵者，与七十者，

①（唐）唐明皇御注，（宋）邢昺疏：《孝经注疏》，中华书局，1980，第2548页。
②（清）孙希旦撰，沈啸寰、王星贤点校：《礼记集解》，中华书局，1989，第1309页。
③（三国魏）何晏集解，（宋）邢昺疏：《论语注疏》，中华书局，1980，第2471页。
④（三国魏）何晏集解，（宋）邢昺疏：《论语注疏》，中华书局，1980，第2458页。
⑤（清）孙希旦撰，沈啸寰、王星贤点校：《礼记集解》，中华书局，1989，第739页。
⑥（清）焦循：《孟子正义》，诸子集成本，世界书局，1936，第2731页。
⑦（清）孙希旦撰，沈啸寰、王星贤点校：《礼记集解》，中华书局，1989，第382、387页。

与未齿者，皆不为奴”[①]。以上不同方面体现出的对老人的照顾，其间没有性别差异，这反映出先秦礼学在尊老、养老方面的合理性。

六、先秦礼学蕴含和谐思想的原因

从上述可知，先秦礼学对男女的规定有不平等的地方，如夫尊妻顺、父尊于母。但是，关于男女有别、男女教育的不同、夫妻相互尊重、儿女对父母都要孝敬、社会的敬老养老思想等内容，却表现出来的是对和谐关系的追求。可见，讲究社会与家庭秩序的稳定与和谐是先秦礼学的根本宗旨。如《墨子·尚同中》篇曰：“无君臣上下长幼之节，父子兄弟之礼，是以天下乱焉。”[②]《墨子·兼爱下》篇曰：“为人君者直不惠也，臣者之不忠也，父者之不慈也，子者之不孝也，此又天下之害也。”[③]《管子·牧民》篇曰：“四维不张，国乃灭亡。何谓四维？一曰礼，二曰义，三曰廉，四曰耻。”[④]《管子·五辅》篇曰：“上下无义则乱，贵贱无分则争，长幼无等则倍，贫富无度则失。上下乱，贵贱争，长幼倍，贫富失，而国不乱者，未之尝闻也。”[⑤]《荀子·修身》曰：“故人无礼则不生，事无礼则不成，国家无礼则不宁。”[⑥]《礼记·乡饮酒义》曰：“民知尊长养老，而后乃能入孝弟；民入孝弟，出尊长养老，而后成教；成教而后国可安也。”[⑦]《礼记·哀公问》曰：“非礼无以节事天地之神，非礼无以辨君臣、上下、长幼之位也，非礼无以别男女、父子、兄弟之亲，婚姻、疏数之交也。”[⑧]以上先秦诸子对礼仪的论述无不说明，礼仪的制定是为了建立一套整齐有序的人伦秩序，其最终目的是保持家国的稳定与长治，所以在寻找

---

①（东汉）郑玄注，（唐）贾公彦疏：《周礼注疏》，中华书局，1980，第880、882页。
②（清）孙诒让：《墨子闲诂》，诸子集成本，世界书局，1936，第47页。
③（清）孙诒让：《墨子闲诂》，诸子集成本，世界书局，1936，第71页。
④（西汉）刘向校，（清）戴望校正：《管子校正》，诸子集成本，世界书局，1936，第1页。
⑤（西汉）刘向校，（清）戴望校正：《管子校正》，诸子集成本，世界书局，1936，第48页。
⑥（清）王先谦：《荀子集解》，诸子集成本，世界书局，1936，第14页。
⑦（清）孙希旦撰，沈啸寰、王星贤点校：《礼记集解》，中华书局，1989，第1428页。
⑧（清）孙希旦撰，沈啸寰、王星贤点校：《礼记集解》，中华书局，1989，第1258页。

家国稳定与长治的途径中，不可能将男女性别对立起来，而是要在其间寻找一个平衡点，努力使平衡点两侧的性别处于协调状态，而这一平衡点就是家国的稳定与长治。

综上所述，先秦礼学对男女的行为准则、教育、地位等的规定确有不同，但并不是要把男女对立起来，或者男性压迫女性，而是讲统一体的两个不同方面要和谐相处。和为贵是先秦礼学的核心思想，即先秦礼学讲的是家庭和谐与社会的稳定，而非现代意义上的平等。这正如马克思所说的："没有对抗就没有进步，这是文明直到今天所遵循的规律。"而且列宁也说过："在细节方面多样性不但不会破坏在主要的、根本的、本质的问题上的同一性，反而会保证它的统一性。"

第二节
汉代礼教的继承与变异

提起礼教人们都会想起鲁迅的说法——“吃人的礼教”。礼教起于何时？蔡尚思《中国礼教思想史》认为：春秋战国时代是礼教出现并形成争鸣的时代；汉唐是礼教思想被独尊的时代；宋元明清是礼教思想变本加厉的时代；清末民初是礼教思想开始被冲击的时代；五四时期是礼教走向崩溃的时代；五四后到新中国成立是尊孔尊礼教与反孔反礼教不断争鸣的时代。根据蔡尚思的观点，先秦时期的礼学即礼教。其实，礼学与礼教是两个不同的概念。如果根据鲁迅的礼教吃人来判断，宋元时期强调“饿死事小，失节事大”，那么称作礼教应该从宋元时起。但是，研究中国古代妇女史的学者多把汉以后的礼学称作礼教[①]。其实，这种说法有一定的道理。正如上一节所说的，先秦时期的礼就性别特征而言，更多的是讲男女有别，强调男女关系的和谐。汉代，董仲舒提出君臣、父子、夫妇的三纲学说，并使之神秘化，从此，礼学思想被带上了宗教的某些色彩。东汉《白虎通义》进一步将之系统化、理论化。所以，礼学到了汉代可以称作礼教。

①任芬把汉章帝时期编撰《白虎通义》及《汉礼》看作是封建礼教的形成。参见任芬：《〈白虎通义〉与封建礼教的产生》，《中国妇女管理干部学院学报》1994年第2期。何静之认为汉代是封建礼教的奠基时期，董仲舒三纲“这种政治化、神秘化了的儒学，成为后来封建礼教的开端”。参见何静之：《儒学礼教的发展与中国妇女相夫教子的作用》，《中国典籍与文化》1994年第3期。阎明恕认为董仲舒的三纲五常出现时，“儒学就成为封建礼教的开端”。参见阎明恕：《礼教与中国古代妇女的地位评述》，《贵州师范大学学报（社会科学版）》1998年第2期。

先秦时期，礼学思想不仅仅体现在儒家思想中，而且也包含在其他诸子思想中。因为诸子学说虽然各有特点，但是他们在宣扬各自学说时，都遵循着一个基本不变的东西，那就是自上古以来在华夏民族中形成的传统的人伦法则。即在先秦时期，礼学是华夏民族传统精神的体现。而到汉代以后，儒学成为中国传统思想的主流，所以礼教思想就主要体现在儒家著作中，礼教也可称为儒教。所以，以下对汉代礼教思想的研究就以儒学著作为主。礼教的内容很多，以下主要探讨礼教中的女教思想，即礼教对女子的规定。

一、汉代的女教思想

汉代反映女教思想较多的著述是西汉董仲舒的《春秋繁露》、刘向的《列女传》、东汉班昭的《女诫》及代表官方思想的《白虎通义》。以下分别述之。

（一）《春秋繁露》中的女教思想

《春秋繁露》是西汉前期儒学大师董仲舒解说经书的一部重要著作，涉及内容十分广泛，虽称不上是论述女教思想的专著，但部分内容涉及女教。

董仲舒的女教思想呈现以下特点：

其一，继承与进一步论证先秦礼学中的女教思想。首先，他阐释了阴阳尊卑观念。他说：

> 阳始出，物亦始出；阳方盛，物亦方盛；阳初衰，物亦初衰。物随阳而出入，数随阳而终始，三王之正随阳而更起。以此见之，贵阳而贱阴也。故数日者，据昼而不据夜，数岁者，据阳而不据阴。阴不得达之义。[①]

而后把阳尊阴卑观念与男女性别对应起来，并引用《春秋》所记婚礼达宋公而不达纪侯之母的事迹，说明社会等级的贵贱应从属于性别的尊卑。他说："丈夫虽贱皆为阳，妇人虽贵皆为阴。"[②]然而，董仲舒的阴卑阳尊观，不仅仅针对男女性别而言，还包括反映人伦关系的君臣、父子，及反映自然关系的天地在内。

①（西汉）董仲舒著，（清）苏舆撰，钟哲点校：《春秋繁露义证》，中华书局，1992，第324页。
②（西汉）董仲舒著，（清）苏舆撰，钟哲点校：《春秋繁露义证》，中华书局，1992，第325页。

接着，在阴卑阳尊思想的基础上进一步论证天道无二的思想。他说：

天之常道，相反之物也，不得两起，故谓之一。一而不二者，天之行也。……是以目不能二视，耳不能二听，手不能二事。一手画方，一手画圆，莫能成。……是故君子贱二贵一。[①]

董仲舒对天道无二观念的论述，对人类性别观念中的男主女从观有重要影响。

其二，创立新理论，并将之与旧理论糅合在一起论述他的女教思想。如提出天人合一理论，然后将之与阴阳、五行思想糅合在一起论述男尊女卑，女应遵守其本分，不得越位、不得为政等思想。如《基义》曰：

君臣、父子、夫妇之义，皆取诸阴阳之道。[②]

《顺命》曰：

天者万物之祖，万物非天不生，独阴不生，独阳不生，阴阳于天地参然后生。故曰：父之子也可尊，母之子也可卑。[③]

《五行顺逆》曰：

以妾为妻，弃法令，妇妾为政，赐予不当，则民病血壅肿，目不明。咎及于火，则大旱，必有火灾。[④]

其三，他还提出受命、兼合的理论，并以之论证妻得从夫、妻不得专。如《顺命》曰：

臣妾受命于君，妻受命于夫。诸所受命者，其尊皆天也，……妾不奉君之命，则媵女先至者是也。妻不奉夫之命，则绝。[⑤]

①（西汉）董仲舒著，（清）苏舆撰，钟哲点校：《春秋繁露义证》，中华书局，1992，第345页。
②（西汉）董仲舒著，（清）苏舆撰，钟哲点校：《春秋繁露义证》，中华书局，1992，第350页。
③（西汉）董仲舒著，（清）苏舆撰，钟哲点校：《春秋繁露义证》，中华书局，1992，第410页。
④（西汉）董仲舒著，（清）苏舆撰，钟哲点校：《春秋繁露义证》，中华书局，1992，第373页。
⑤（西汉）董仲舒著，（清）苏舆撰，钟哲点校：《春秋繁露义证》，中华书局，1992，第412页。

《基义》曰：

> 阴者阳之合，妻者夫之合，……夫兼于妻，妻兼于夫，……夫为阳，妻为阴。阴道无所独行。其始也不得专起，其终也不得分功，有所兼之义。[①]

其四，梳理史籍所载人伦关系，系统提出“三纲五纪”说。《庄子·盗跖篇》载子张曰：“子不为行，即将疏戚无伦，贵贱无义，长幼无序，五纪六位将何以利乎？”[②]可见，在董仲舒之前已有五纪之称。又《韩非子·忠孝篇》：“臣之所闻曰：‘臣事君，子事父，妻事夫，三者顺则天下治，三者逆则天下乱，此天下之常道也。’”[③]可见，三纲之说也由来已久。所以说，董仲舒是在整理先秦诸子思想的基础上提出“三纲五纪”说。《春秋繁露·深察名号》载：“循三纲五纪，通八端之礼，忠信而博爱，敦厚而好礼，乃可谓善。此圣人之善也”[④]。其三纲五纪的提法将人类性别关系进一步置放于整个人伦关系中，使之影响更加稳固。

其五，将男女阴阳观念与自然现象中的水旱灾害相结合。如他在任地方官时，遇到旱雨天灾，即用男女阴阳的理论来求雨或止雨。他说“大旱者，阳灭阴也。阳灭阴者，尊压卑也”[⑤]，“凡求雨之大体，丈夫欲藏匿，女子欲和而乐”[⑥]。他又说“大水者，阴灭阳也。阴灭阳者，卑胜尊也”[⑦]，“凡止雨之大体，女子欲其藏而匿也，丈夫欲其和而乐也”[⑧]。又《止雨》：

> （武帝）二十一年八月甲申，朔。丙午，江都相仲舒告内史中尉：阴雨太久，恐伤五谷，趣止雨。止雨之礼，废阴起阳。书十七县，八十离乡，及都官吏千石以下，夫妇在官者，咸遣妇归。女子不

① （西汉）董仲舒著，（清）苏舆撰，钟哲点校：《春秋繁露义证》，中华书局，1992，第350页。
② （西汉）董仲舒著，（清）苏舆撰，钟哲点校：《春秋繁露义证》，中华书局，1992，第304页。
③ （西汉）董仲舒著，（清）苏舆撰，钟哲点校：《春秋繁露义证》，中华书局，1992，第350页。
④ （西汉）董仲舒著，（清）苏舆撰，钟哲点校：《春秋繁露义证》，中华书局，1992，第304页。
⑤ （西汉）董仲舒著，（清）苏舆撰，钟哲点校：《春秋繁露义证》，中华书局，1992，第86页。
⑥ （西汉）董仲舒著，（清）苏舆撰，钟哲点校：《春秋繁露义证》，中华书局，1992，第437页。
⑦ （西汉）董仲舒著，（清）苏舆撰，钟哲点校：《春秋繁露义证》，中华书局，1992，第86页。
⑧ （西汉）董仲舒著，（清）苏舆撰，钟哲点校：《春秋繁露义证》，中华书局，1992，第438页。

得至市，市无诣井，盖之，勿令泄。[1]

董仲舒将阴阳理论付诸日常生活实践中，以便使其理论为大众所熟知与接受。

（二）《白虎通义》中的女教思想

《白虎通义》是东汉章帝命令班固根据白虎观会议诸儒生议经的材料，整理而成的反映东汉官方礼仪思想的著作。

其一，继承董仲舒及其以前的女教思想。如其再次用阴阳观念论证女应从男，其言“阳倡阴和，男行女随也”[2]；并再次用天地的尊卑说明夫妻间的关系，“地之承天，犹妻之事夫，臣之事君也。其位卑，卑者亲视事”，“子顺父，妻顺夫，臣顺君，何法？法地顺天也”[3]。

其二，通过阐述婚嫁活动中的象征意义，强化阴阳尊卑男主女从的思想。它解释男娶女嫁的原因，“阴卑，不得自专，就阳而成之。故《传》曰：阳倡阴和，男行女随”[4]。它又解释婚嫁的各种礼节，纳采、问名、纳吉、请期、亲迎等活动“贽用雁”的原因，“取其随时而南北，不失其节，明不夺女子之时也。又是随阳之鸟，妻从夫之义也。又取飞成行，止成列也”[5]。

其三，从文字解释的角度论证女从男的思想。它在《论嫁娶诸名义》中对男女、夫妇、婚姻等名词各作了解释：

> 男女者，何谓也？男者，任也，任功业也。女者，如也，从如人也。在家从父母，既嫁从夫，夫殁从子也。《传》曰：“妇人有三从之义”焉。夫妇者，何谓也？夫者，扶也，扶以人道者也。妇者，服也，服于家事，事人者也。……婚姻者，何谓也？婚者昏时行礼，故曰婚。姻者，妇人因夫而成，故曰姻。[6]

---

①（西汉）董仲舒著，（清）苏舆撰，钟哲点校：《春秋繁露义证》，中华书局，1992，第439页。
②（东汉）班固撰集，（清）陈立疏证，吴则虞点校：《白虎通疏证》，中华书局，1994，第421页。
③（东汉）班固撰集，（清）陈立疏证，吴则虞点校：《白虎通疏证》，中华书局，1994，第166、194页。
④（东汉）班固撰集，（清）陈立疏证，吴则虞点校：《白虎通疏证》，中华书局，1994，第452页。
⑤（东汉）班固撰集，（清）陈立疏证，吴则虞点校：《白虎通疏证》，中华书局，1994，第457页。
⑥（东汉）班固撰集，（清）陈立疏证，吴则虞点校：《白虎通疏证》，中华书局，1994，第491页。

这些解释中无不包含女从于男、服侍于男的思想。

其四，在董仲舒“三纲五纪”说的基础上，明确提出“三纲六纪”说。如其在《总论纲纪》中说：“三纲者，何谓也？谓君臣、父子、夫妇也。六纪者，谓诸父、兄弟、族人、诸舅、师长、朋友也。”①并对“三纲六纪”的含义作进一步解释：“君为臣纲，父为子纲，夫为妻纲。……纲者，张也。纪者，理也。大者为纲，小者为纪。所以张理上下，整齐人道也。”②“三纲六纪”说的提出使得人伦秩序更加明确整齐。

以上《春秋繁露》与《白虎通义》作为理论性著作有一个共同点，就是使女教思想更加理论化、系统化及集中化，难怪一些学者将汉代看作是封建礼教的开端及形成期。

（三）《列女传》中的女教思想

上述《春秋繁露》《白虎通义》属于女教的理论性著作，而《列女传》则是用历史上妇女的事迹来教化大众。《汉书·楚元王传》曰：

> 向睹俗弥奢淫，而赵、卫之属起微贱，逾礼制。向以为王教由内及外，自近者始。故采取《诗》、《书》所载贤妃贞妇，兴国显家可法则，及孽嬖乱亡者，序次为《列女传》，凡八篇，以戒天子。③

可见，刘向编撰《列女传》的目的是维护封建礼制，客观上却起到了教化女子的作用。所以，有人视该书为第一部女教著作。它不仅专记妇女事迹，而且作者对每个妇女的言行事迹也有评论。这样，作者的女性观念便通过其笔下的妇女人物事迹清晰地展现出来，这比纯粹的理论说教更易感染读者。可以这么说，汉代女教思想的宣传，在形式上比先秦更丰富多样一些。

---

①（东汉）班固撰集，（清）陈立疏证，吴则虞点校：《白虎通疏证》，中华书局，1994，第373页。

②（东汉）班固撰集，（清）陈立疏证，吴则虞点校：《白虎通疏证》，中华书局，1994，第373页。

③（东汉）班固撰，（唐）颜师古注：《汉书》，中华书局，1962，第1957页。

（四）《女诫》中的女教思想

《女诫》是东汉班昭在晚年时期，根据自己的生活体会写成的教育其家族女性的一份小册子。其内容有：为人妇者在家庭中的言行准则，以及要具备这些言行准则的原因。

其一，该书的思想基础部分是对前人思想的继承，如其中《卑弱》《夫妇》《妇行》等篇。

其二，根据个人的生活体会，对已往思想加以发挥与补充。如她在说明女性应有卑弱观时，就引用了《诗·小雅》关于生男生女不同待遇的说法，然后对这些说法进一步阐释，以论证其观点。如她说：

> 古者生女三日，卧之床下，弄之瓦砖，而斋告焉。卧之床下，明其卑弱，主下人也。弄之瓦砖，明其习劳，主执勤也。斋告先君，明当主祭祀也。[①]

这样就使女子之所以要卑弱、主下人、主执勤、主祭祀披上了自古以来如此的冠冕。这刚好也符合中国人自古以来的法古的习俗，所以更有说服力。

其三，根据自己的生活经验，提出了妇人四德说。她说：

> 夫云妇德，不必才明绝异也；妇言，不必辨口利辞也；妇容，不必颜色美丽也；妇功，不必工巧过人也。清闲贞静，守节整齐，行己有耻，动静有法，是谓妇德。择辞而说，不道恶语，时然后言，不厌于人，是谓妇言。盥洗尘秽，服饰鲜洁，沐浴以时，身不垢辱，是谓妇容。专心纺绩，不好戏笑，洁斋酒食，以奉宾客，是谓妇功。[②]

而且还指出，妇人事夫要赢得夫心。至于如何赢得夫心：一要专心事夫，二要有敬顺的态度，三要曲从舅姑，和好叔妹，以誉己。

《女诫》作为一本专门的女教读物，不仅具有言行准则之指导功能，而且还具有理论阐述之功效，再加上班昭个人生活经验的融入，所以，更具有操作

①（南朝宋）范晔撰，（唐）李贤等注：《后汉书》，中华书局，1965，第2787页。

②（南朝宋）范晔撰，（唐）李贤等注：《后汉书》，中华书局，1965，第2789页。

性，也更容易为人所接受。

通过对以上四部女教著作的分析，我们发现，汉代的女教思想比先秦时期更加系统化及理论化，而且在宣传形式方面更加丰富和多样化，不仅有记叙妇女人物事迹作宣传教育的《列女传》，还有专门提供妇女言行准则的《女诫》。所以将汉代视为女教思想发展的成形期不算为过。

二、汉代女教思想在当时社会的影响

前文探讨了汉代女教思想的内容以及宣扬形式，那么它对女性的影响如何呢？

（一）《春秋繁露》的影响

清代学者苏舆的《春秋繁露义证·自序》中有这样一段话：

> 余因推思董书湮抑之繇，盖武帝崇奉《春秋》本由平津，董生实与之殊趣。生于帝又有以言灾异下吏之嫌，虽其后帝思前言，使其弟子吕步舒以《春秋》义治淮南狱，且辑用生《公羊》议，时复遣大臣就问政典，抑貌敬以为尊经隆儒之饰耳。史公称公孙弘以《春秋》白衣为天子三公，天下学士靡然向风。则当日朝野风尚可以概见。其后眭孟以再传弟子误会师说，上书昭帝，卒被刑诛。当时禁网严峻，其书殆如后世之遭毁禁，学者益不敢出。乃至劭公释《传》，但述胡毋，不及董生，皆此故已。歆崇古学，今文益微，公羊且被讥议，董书更何自存？①

从这段话可以看出，在清人苏舆看来，《春秋繁露》一书，因为董仲舒的遭遇，在西汉及东汉都未曾广泛流传。那么这是否就意味着该书在汉代的影响并不深远呢？《史记·儒林列传·董仲舒传》载，董仲舒老来居家，“不治产业，以修学著书为事。故汉兴至于五世之间，唯董仲舒名为明于《春秋》，其

① （西汉）董仲舒著，（清）苏舆撰，钟哲点校：《春秋繁露义证》，中华书局，1992，《自序》第1页。

传公羊氏也”[1]。可见，在司马迁看来，在汉武帝前，董仲舒的春秋学乃是闻名于时。又《史记·董仲舒传》载：董仲舒“弟子通者，至于命大夫；为郎、谒者、掌故者以百数。而董仲舒子及孙者皆以学至大官”[2]。董仲舒的后学众多，且大多以学问做到大官，这就说明董仲舒的思想仍后继有人。所以，董仲舒的《春秋繁露》虽然在汉代社会流传未广，但其思想在当时还是具有一定影响。

（二）《白虎通义》的影响

《白虎通义》是反映东汉官方思想理论的著作。所以，为配合该书思想的传播，汉章帝在令班固撰《白虎通义》后，又开始了制定《汉礼》的工作。《后汉书·曹褒传》载：

> 章和元年正月，乃诏褒诣嘉德门，令小黄门持班固所上叔孙通《汉仪》十二篇，敕褒曰：“此制散略，多不合经，今宜依礼条正，使可施行。于南宫、东观尽心集作。”褒既受命，乃次序礼事，依准旧典，杂以《五经》谶记之文，撰次天子至于庶人冠婚吉凶终始制度，以为百五十篇，写以二尺四寸简。其年十二月奏上。帝以众论难一，故但纳之，不复令有司平奏。会帝崩，和帝即位，褒乃作章句，帝遂以《新礼》二篇冠。擢褒监羽林左骑。永元四年，迁射声校尉。后太尉张酺、尚书张敏等奏褒擅制《汉礼》，破乱圣术，宜加刑诛。帝虽寝其奏，而《汉礼》遂不行。[3]

这就是说，为配合《白虎通义》思想而制定的《汉礼》并未得到很好的贯彻执行。那么，这是否会影响《白虎通义》思想的传播呢？曹褒撰集《汉仪》虽是为了配合《白虎通义》的流行，但也只是“撰次天子至于庶人冠婚吉凶终始制度”，而《白虎通义》的思想却涉及社会生活、政治制度、文化、伦理道德等各个方面，所以，就内容而言，《汉仪》的不实行，并不能代表《白虎通

①（西汉）司马迁撰，（南朝宋）裴骃集解，（唐）司马贞索隐，（唐）张守节正义：《史记》，中华书局，1959，第3128页。
②（西汉）司马迁撰，（南朝宋）裴骃集解，（唐）司马贞索隐，（唐）张守节正义：《史记》，中华书局，1959，第3129页。
③（南朝宋）范晔撰，（唐）李贤等注：《后汉书》，中华书局，1965，第1203页。

义》的不流行。况且《白虎通义》是代表东汉官方思想的著作，并且是由皇帝亲自下令命班固撰写而成，所以，就流传而言相比私家著述要更为容易。所以，《隋书》《旧唐书》《新唐书》对其都有著录。

（三）《列女传》的影响

与上述两部理论性著作相比，《列女传》流传得则要广泛一些。虽然它是一部私人著述，但它的思想与统治者宣扬的思想相吻合，有助于统治者推行礼制。所以该书一问世，便很快得到统治者的认可，而流传起来，甚至流传到了边郡。如《疏勒河流域出土汉简》有“分列女传书”的残简文。再者，《列女传》不仅具有一定的历史真实性，也具有一定的文学表现性，这就更易为人所接受。所以，在现实生活中常常可以看到《列女传》影响的痕迹。如山东嘉祥东汉武氏祠中的画像石上，“梁节姑姊”“楚昭贞姜”等九个故事，皆源于《列女传》[①]；《后汉书·皇后纪》载：顺烈梁皇后“常以列女图画置于左右，以自监戒”[②]；《皇甫谧·列女传》也载汉末赵昂妻常读《列女传》，并对“昭姜沉流，伯姬待烧”的故事感叹不已[③]；东汉班昭及三国吴赵母皆为《列女传》作注[④]。所以，以上种种情况足可反映《列女传》对汉代社会影响的深远。

（四）《女诫》的影响

《女诫》在汉代的影响有以下几个特点：第一，从流传方面看，《女诫》作为东汉著名的史学家、文学家、教育家班昭的著述，如同《列女传》一样，传播较快。如该书一问世“马融善之，令妻女习焉”[⑤]；《女诫》中的内容在南朝人范晔的《后汉书·班昭传》中有著录，也可见其流传情况。第二，从思想内容方面看，《女诫》一问世，其思想立即遭到班昭小姑子曹丰生的反对，史载

①张涛：《列女传译注》，山东大学出版社，1990，《前言》第9页。
②（南朝宋）范晔撰，（唐）李贤等注：《后汉书》，中华书局，1965，第438页。
③（晋）陈寿撰，（南朝宋）裴松之注，陈乃乾校点：《三国志》卷25裴注引《列女传》，中华书局，1959，第704页。
④胡文楷：《历代妇女著作考》，商务印书馆，1957。
⑤（南朝宋）范晔撰，（唐）李贤等注：《后汉书》，中华书局，1965，第2792页。

"曹丰生，亦有才惠，为书以难之，辞有可观"[①]。可见，《女诫》中的绝对以夫为中心的性别论在汉代社会还一时难以为时人所接受，这样也就使《女诫》产生影响相比《列女传》要晚一些。也就是说，在汉代，同时作为女教读物，《列女传》的思想要比《女诫》的思想更深入人心。而《女诫》思想的深入人心是在东汉以后，如后世之女教读物《女孝经》《女则要录》《女论语》等皆仿照《女诫》而作[②]。

由上可知，汉代女教的四部著作在汉代基本上都得以传播，但影响不能同一而论。具体地说，同样作为理论性著作，《白虎通义》的影响相对《春秋繁露》要深远一些；而同作为专门的女教读物，《列女传》的影响比《女诫》要更为广泛。但从整个汉代的学术思想来看，儒家并未达到真正意义的独尊，其他学派尤其是道家思想仍占有一定的地位，而道家思想又有重视女性的特点。这就是汉代女教传播的大的社会背景。

通过本节研究，我们可以知道，汉代的女教比先秦时期进一步系统化和理论化，并且在内容方面由先秦的男女有别向男尊女卑演变。但由于道家思想在汉代还有很大影响，而且女教的宣传尚处于开端时期，所以它对女性的影响还是有限的。

---

①（南朝宋）范晔撰，（唐）李贤等注：《后汉书》，中华书局，1965，第2792页。

②《女孝经》一卷，为唐代侯莫陈邈之妻郑氏所作；《女则要录》十卷，为唐太宗长孙皇后所作；《女论语》为唐代宋若莘、宋若昭姐妹所作。

第三节
汉代礼教中的女子教育观

前文已言，礼教的内容非常广泛，但对女子影响较大的则是其教育观。马克思主义史学观认为，经济基础决定上层建筑；但科技是第一生产力，知识可以改变命运，也是亘古不变的真理。可见，要研究汉代女子的形态，得先考察其教育。而礼教中的教育观又影响着生活中女子的教育，所以本节先探讨礼教中的女子教育观。《列女传》《说苑》《女诫》《白虎通义》是汉代的四部礼教著作，故，本节研究也以这四部著作为主。

一、女子教育观的内容

我们知道，在先秦礼学中，男子十岁以后可以外出求学，而女子则只能接受品德教育及家务劳动教育。那么，汉代礼教的女子教育内容有无变化呢？

（一）妇德教育

在汉代礼教中，妇德教育一直是女子教育的重要内容。西汉时期著名思想家贾谊就说过："君仁臣忠，父慈子孝，兄爱弟敬，夫和妻柔，姑慈妇德，礼之至也。"[①]贾谊把妻柔、姑慈、妇德看成礼的最高境界，可见他对妇德的重视。

西汉刘向对妇德也很重视。其著《列女传》有七卷，其中至少四卷涉及

① （西汉）贾谊撰，王洲明、徐超校注：《贾谊集校注》，人民文学出版社，1996，第215页。

对品德高尚女子的赞扬。如卷一《母仪传》、卷二《贤明传》、卷四《贞顺传》、卷五《节义传》等，皆与妇人品质有关。卷七《孽嬖传》则是用反面事例教育女子不要淫乱荒逸、不要惑乱君王、不要恣宠用事，要有高尚品德。

东汉时期对妇德教育更加重视。《白虎通义》是代表这一时期官方礼教思想的重要著作，其论女子教育：

> 妇人所以有师何？学事人之道也。……《婚礼经》曰："教于公宫三月"。妇人学一时，足以成矣。与君有缌麻之亲者，教于公宫三月，与君无亲者，各教于宗庙宗妇之室。国君取大夫之妾、士之妻老无子明于妇道者禄之，使教宗室五属之女。大夫士皆有宗族，自于宗子之室学事人也。[①]

该书以一问一答的形式解释了女子的教育应围绕"学事人之道"进行。而"事人"的前提条件就是要有好的品质。

班昭，东汉著名的女教思想家，《女诫》一书详细阐述了她的女教思想："诸女方当适人，而不渐训诲，不闻妇礼，惧失容它门，取耻宗族。"[②]在班昭看来，妇礼对妇人非常重要。所以，她的《女诫》七章中，章章都围绕着如何事夫、事夫应具备哪些品性进行论述；即便后两章"曲从"舅姑与"和叔妹"的说教，最终也都是为了能固夫之爱。她说："舅姑之心，岂当可失哉？""夫虽云爱，舅姑云非，此所谓以义自破者也。"[③]"妇人之得意于夫主，由舅姑之爱己也；舅姑之爱己，由叔妹之誉己也。由此言之，我臧否誉毁，一由叔妹，叔妹之心，复不可失也。"[④]这说明，班昭的妇德观处处以夫为中心，这同时也反映出汉代社会，夫在家庭中的地位在上升。

蔡邕，东汉著名的文学家，他对女子教育也有论述，其《蔡中郎集》第5册外集之《女训》中说道：

---

①（东汉）班固撰集，（清）陈立疏证，吴则虞点校：《白虎通疏证》，中华书局，1994，第485页。
②（南朝宋）范晔撰，（唐）李贤等注：《后汉书》，中华书局，1965，第2786页。
③（南朝宋）范晔撰，（唐）李贤等注：《后汉书》，中华书局，1965，第2790页。
④（南朝宋）范晔撰，（唐）李贤等注：《后汉书》，中华书局，1965，第2791页。

心犹首面也，是以甚致饰焉。面一日不修则尘垢秽之，心一朝不思善则邪恶入之。咸知饰其面，不修其心，惑也。夫面之不饰，愚者谓之丑；心之不修，贤者谓之恶。愚者谓之丑，犹可；贤者谓之恶，将何容焉？故览照拭面，则思其心之洁也，傅脂则思其心之和也，加粉则思其心之鲜也，泽发则思其心之润也，用栉则思其心之理也，立髻则思其心之正也，摄鬓则思其心之整也。①

蔡邕认为女子心灵之美比外表之美还要重要，这说明他对女子品德教育也是很重视的。

（二）胎教教育

胎教教育是对女子实施的一项生育方面的专门教育。先秦时代，人们已经认识到胎教的意义。汉代，人们更加重视女子的胎教教育。如贾谊的胎教著作《素成》一书讲道：

素成，谨为子孙婚妻嫁女，必择孝悌世世有行义者。如是，则其子孙慈孝，不敢淫暴，党无不善，三族辅之。故凤凰生而有仁义之意，虎狼生而有贪戾之心，两者不等，各以其母。呜呼！戒之哉！无养乳虎，将伤天下。故曰素成。②

在贾谊看来，为子女择配偶，一定要选品性端庄者，因为女子品性的好恶将直接影响到下一代品性的好恶。

（三）文化教育

汉代，倡导女子文化教育者主要是西汉刘向与东汉班昭。刘向虽然没有明确提出发展女子教育的策略，但其女教著作里处处渗透了对富有才华女子的欣赏。如他在《列女传》第一部分《母仪传》里，赞扬契母简狄“性好人事之

①熊承涤主编：《秦汉教育论著选》，人民教育出版社，1986，第405页。
②熊承涤主编：《秦汉教育论著选》，人民教育出版社，1986，第39页。

治，上知天文”[①]，赞扬送妇作诗的卫姑定姜“聪明远识，丽于文辞”[②]。在第三部分《仁智传》里赞颂先识盛衰的密康之母，知人又知天道的楚武邓曼，深知天道的叔敖之母、晋伯宗妻，具有远识的许穆夫人、曹僖氏妻，明于人道事理的卫灵夫人、齐灵仲子，察于情性的叔向之母，缘事分理的子皮之姊和计虑甚妙的漆室之女等。第六部分《辨通传》里赞扬管仲之妾，可以与谋；楚江乙母，辞甚有度；晋弓工妻以辞免夫难；齐伤槐女以辞免父难；楚野辨女陈冤有序免难；赵津女娟，通达而有辞；齐钟离春虽丑有辞；齐孤逐女，谈国之政，亦甚有文；齐太仓女，推诚上书，文雅甚备。这些，足见刘向对有才能女子的欣赏。

刘向肯定并赞扬有才能的女子，与他对贤才与礼的认识有关。他认为在贤才与礼之间，贤才甚至更为重要。其著《说苑·尊贤》载：

> 鲁哀公问于孔子曰：“当今之时，君子谁贤？”对曰：“卫灵公。”公曰：“吾闻之：其闺门之内，姑姐妹无别。”对曰：“臣观于朝廷，未观于堂陛之间也。灵公之弟曰公子渠牟，其知足以治千乘治国，其信足以守之，而灵公爱之；又有士曰王林，国有贤人必进而任之，无不达也，不能达，退而与分其禄，而灵公尊之……”[③]

这里，与其说反映的是孔子的贤才观，不如说是刘向借孔子之言表达自己的重贤思想。所以，刘向的重贤重才思想无疑随着其著作的广泛流传，影响汉代的女子文化教育观。

此外，班昭的女子教育虽强调妇德教育，但也包含女子文化教育的成分。如她在《女诫》中说：

> 察今之君子，徒知妻妇之不可不御，威仪之不可不整，故训其男，检以书传，殊不知夫主之不可不事，礼仪之不可不存也。但教男而不教女，不亦蔽于彼此之数乎！《礼》，八岁始教之书，十五而至

①张涛：《列女传译注》，山东大学出版社，1990，第9页。

②张涛：《列女传译注》，山东大学出版社，1990，第18页。

③（西汉）刘向撰，向宗鲁校证：《说苑校证》，中华书局，1987，第192页。

于学矣。独不可依此以为则哉！[①]

可见，在班昭看来，对男子所教之书也可同样教于女子，这样，才能更好地“事夫”及保存礼仪。但由于她认为对女子实施文化教育的目的是更好地事夫，所以就不可避免地带有一定的局限性，正如她所说的，女子“不必才明绝异”“不必辨口利辞”[②]。虽如此，但在重妇德的时代，她提出了女子与男子一样应接受诗书教育，也应予以肯定。

由上可见，汉代的女子教育观仍以妇德教育为主，从西汉贾谊到东汉蔡邕，无不表现出对妇德教育的重视，这可以说是古代女子教育永恒不变的主题。然而我们也发现，汉代的女子教育观在强调妇德教育的同时，还提出了女子胎教教育，以及文化知识的教育。从时间纵向上看，虽然西汉时期还未明确提出要对女子实施文化教育，但刘向在其著作中对有才华女子的肯定及赞扬，则明确表明了西汉时期礼教对女子教育的态度。东汉时期，女教思想家班昭虽然明确提出对女子应实施与男子同样的诗书教育，但它是以“事夫”与保存礼仪为目的，这就使得它与西汉刘向之女子教育观念相比，要略显消极。这可以说是社会发展变化的产物。因为在西汉时期，封建礼教对女性的束缚较弱，妇人相对有更多的活动空间，其活动不局限于家庭，还有更多的社会参与；而东汉时期，在封建礼教影响、束缚加强的情况下，女性的活动空间也相应地由外部空间向家庭内部逐步缩小，这就使得女性活动逐渐以家庭为中心，这样“事夫”也就渐渐成为为妻者生活的主题，相应地，女性的教育也就渐渐变成以事夫为目的。所以，在班昭的女子教育思想中，不仅妇德教育是女子教育的主要内容，即便是文化教育也是以“事夫”为目的了[③]。然而，即便如此，汉代礼教中的女子教育观念相比先秦时期仍是一种进步。

---

①（南朝宋）范晔撰，（唐）李贤等注：《后汉书》，中华书局，1965，第2788页。

②（南朝宋）范晔撰，（唐）李贤等注：《后汉书》，中华书局，1965，第2789页。

③“在欧洲中世纪，大多数教会人士也主张对妇女进行教育，特别是贵族妇女应具有一定的学识，教育的目的是培养妇女的贞节观念和宗教虔诚。”参见［以色列］苏拉密斯·萨哈：《第四等级——中世纪欧洲妇女史》，林英译，广东人民出版社，2003，第169页。以下所引该书版本同。这与班昭之女子教育以事夫及保存礼仪相似，都不是为了女子的教育而教育。

二、妇德中的贞顺观

妇贞、妇顺是妇德的主要内容，所以有必要在这里重点讨论。我们知道，先秦礼学已经提倡女子要有贞节观，要“一与之齐，终身不改”，而且还要有顺从观，顺从的对象首先是舅姑，而后是夫。那么，汉代礼教中的贞顺观又是怎样的呢？

（一）汉代礼教中的贞节观

贞节是礼教对女子一贯的要求，先秦如此，汉代也是如此。然在不同的时代，它会表现出不同的特点。

西汉时期礼教中的女子贞节观主要表现在刘向的《列女传·贞顺传》中。刘向在这里对上古以来十多位在各种情况下能保持贞节的女性盛加赞扬，其中有：未嫁夫死，保母劝还而不还的卫宣夫人；夫有恶疾，母劝其另嫁而不嫁的蔡人之妻；与夫意不合，傅母劝去而不去的黎庄夫人；被虏于宫，而以死保其贞节的息君夫人；夫死，无依无靠而投水自杀的齐杞梁妻；城破国败，被虏于吴王而不从的楚平伯嬴；夫死，有聘而辞的楚白公贞姬；少寡，养幼孤而不改嫁的鲁寡陶婴；夫死不嫁，以劓鼻名志的梁寡高行；夫死，未有子，父母劝改嫁而不嫁，守信养姑的陈寡孝妇等。刘向在其文中不仅盛赞这些女性，而且用这些女性在说服劝嫁者时的言辞，强化妇人应贞一不二的思想。这种以具体人物的言行事迹来宣传妇人贞节观念的方式比其他的理论说教更具有感染性，从而使后世女子在学做烈女、贞女时都以前世为榜样。

刘向虽然提倡妇人的贞节，但其思想中还含有变通成分。他在《说苑·复恩》中讲到两个故事，其一：

> 楚庄王赐群臣酒，日暮，酒酣，灯烛灭，乃有人引美人之衣者，美人援绝其冠缨，告王曰：“今者烛灭，有引妾衣者，妾援得其冠缨，持之，趣火来上，视绝缨者。”王曰：“赐人酒，使醉失礼，奈何欲显妇人之节而辱士乎？”乃命左右曰：“今日与寡人饮，不绝冠缨者不欢。”群臣百有余人皆绝冠缨而上火，卒尽欢而罢。[①]

---

①（西汉）刘向撰，向宗鲁校证：《说苑校证》，中华书局，1987，第125页。

其二：

> （袁）盎为吴相时，从史与盎侍儿私通，盎知之，不泄，遇之如故。人有告从史，从史惧，亡归，盎自追，遂以侍儿赙之，复为从史。[①]

这两个故事都讲到妇人失节的事，但故事中的男主人公都未曾计较，而是给予了适当处理。刘向将这两个明显显示妇人失礼、失节的事写入《复恩》篇，反映了他对妇人礼与妇人贞节的看法：妇礼妇节值得提倡，但若真的失礼失节了，也不是十分可怕的事。因为在他看来，礼节是可以变通的[②]。

刘向认为礼是可以变通的思想，源于在他看来礼在于本质，而不在外表。如《说苑·建本》载：

> 孔子曰："昔者，东夷慕诸夏之义，有女，其夫死，为之内私婿，终身不嫁。不嫁则不嫁矣，然非贞节之义也。苍梧之弟，娶妻而美好，请与兄易。忠则忠矣，然非礼也。[③]

并且刘向还讲在大礼和小节方面，要顾大礼而不拘小节。如《说苑·尊贤》载：

> 孔子之郯，遭程子于途，倾盖而语，终日，有间，顾谓子路曰："取束帛一以赠先生。"子路不对。有间，又顾谓曰："取束帛一以赠先生。"子路屑然对曰："由闻之也，士不中间而见，女无媒而嫁，君子不行也。"孔子曰："由，《诗》不云乎：'野有蔓草，零露漙兮，有一美人，清扬婉兮，邂逅相遇，适我愿兮。'今程子天下之贤士也，于是不赠，终身不见也。大德毋逾闲，小德出入可也。"[④]

---

①（西汉）刘向撰，向宗鲁校证：《说苑校证》，中华书局，1987，第129页。

②西汉初董仲舒也认为礼是可以变通的。如他在《春秋繁露·玉英第四》中说："《春秋》有经礼，有变礼。……妇人无出境之事，经礼也；母为子娶妇，奔丧父母，变礼也。"参见（西汉）董仲舒著，（清）苏舆撰，钟哲点校：《春秋繁露义证》，中华书局，1992，第74页。

③（西汉）刘向撰，向宗鲁校证：《说苑校证》，中华书局，1987，第71页。

④（西汉）刘向撰，向宗鲁校证：《说苑校证》，中华书局，1987，第197页。

以上刘向对礼的态度，也可反映他对妇礼妇节的态度，既要提倡赞扬守礼守节的女性，但也要对失礼失节的女性持宽宏态度。

《白虎通义》中也有强烈的妇贞观念。如《嫁娶》篇云：

> 夫有恶行，妻不得去者，地无去天之义也。夫虽有恶，不得去也。故《礼·郊特牲》曰："一与之齐，终身不改。"悖逆人伦，杀妻父母，废绝纲纪，乱之大者也。义绝，乃得去也。[①]

东汉班昭也把妇贞看作是妇德的一部分。她在《女诫》第四《妇行》中说，夫云妇德，"清闲贞静，守节整齐，行己有耻，动静有法，是谓妇德。"[②]

由上可见，提倡妇贞是两汉时代礼教思想一贯的观念，稍有不同的是，西汉时期虽然倡导与赞美妇人的守贞行为，但要求规范不如东汉那么严格，其对礼的变通思想使得礼在西汉呈现一种相对宽泛状态。

（二）汉代礼教中的顺从观

这首先体现在刘向的《列女传·贞顺传》中。在《贞顺传》中他不仅赞扬了上古以来十多位在不同情况下坚守贞节的女性，也称颂了其他五位遵礼行事的女性，其中有：夫家礼不具备，而不嫁的召南申女；遵守礼仪，夫不亲迎不听命，保傅不至，大火来而不走的宋恭伯姬；安车不来，不乘坐的齐孝孟姬；江水大至，无符不走的楚昭贞姜；依礼互相推让的卫宗二顺等。在刘向的思想里，女顺就是要求女子顺于礼而行事。这与先秦礼教中顺于舅姑、顺于夫截然不同。

刘向在提倡妇人应依礼行事的同时，也主张妇人应履行"谏夫匡夫"的职责。他在《说苑·正谏》中引孔子之言：

> 君无谔谔之臣，父无谔谔之子，兄无谔谔之弟，夫无谔谔之妇，士无谔谔之友，其亡可立而待。故曰：君失之，臣得之，父失之，子

---

①（东汉）班固撰集，（清）陈立疏证，吴则虞点校：《白虎通疏证》，中华书局，1994，第467页。

②（南朝宋）范晔撰，（唐）李贤等注：《后汉书》，中华书局，1965，第2789页。

得之，兄失之，弟得之，夫失之，妇得之。[①]

另外，他在《列女传·贤明传》中又盛赞：引过推让，使宣王悟的周宣姜后；不听郑卫之音，而使桓公远离淫乐的齐桓卫姬；劝勉晋文，成就晋国的晋文齐姜；辅佐庄王成就霸业的楚庄樊姬；能匡正丈夫的周南之妻；竭力谏夫的陶答子妻；匡夫以道的齐相御妻。刘向将这些能够谏夫匡夫的女性列于《贤明传》，可见对妇人履行“谏夫匡夫”职责的提倡[②]。

与《列女传》不同的是，《白虎通义》属于理论性著作，它是从天地五行、婚姻礼节、文字等角度来论证妇顺的。其言：“子顺父，妻顺夫，臣顺君，何法？法地顺天也。”[③]“地之承天，犹妻之事夫，臣之事君也。其位卑，卑者亲视事，故自同于一行尊于天也。”[④]“妇人之贽以枣栗腶修者，妇人无专制之义，御众之义，交接辞让之礼，职在供养馈食之间。”[⑤]“夫者，扶也，扶以人道者也。妇者，服也，服于家事，事人者也。”[⑥]此外，它还讲妇事夫应遵循四礼：一曰君臣之道，二曰父子之道，三曰兄弟之道，四曰朋友之道[⑦]。

与西汉刘向的思想一样，《白虎通义》也主张妻可谏夫。其言：“妻得谏夫者，夫妇一体，荣耻共之。”[⑧]但不同的是，《白虎通义》的“谏夫”主张似乎不如刘向的彻底，因为它强调“谏不从，不得去之者，本娶妻非为谏正也”[⑨]。

班昭的《女诫》中也时时体现出妇顺思想，如她在《卑弱》篇中明言女子

①（西汉）刘向撰，向宗鲁校证：《说苑校证》，中华书局，1987，第239页。

②刘向一方面提倡妇谏职能，另一方面也主张夫妻和睦相处。其《说苑·敬慎》篇言：“父子不和，其世破亡；兄弟不和，不能久同；夫妻不和，家室大凶。”参见（东汉）班固撰集，（清）陈立疏证，吴则虞点校：《白虎通疏证》，中华书局，1994，第245页。也就是说，在夫妻和睦相处的前提下，主张妇应该履行一定的进谏职责。

③（东汉）班固撰集，（清）陈立疏证，吴则虞点校：《白虎通疏证》，中华书局，1994，第194页。

④（东汉）班固撰集，（清）陈立疏证，吴则虞点校：《白虎通疏证》，中华书局，1994，第166页。

⑤（东汉）班固撰集，（清）陈立疏证，吴则虞点校：《白虎通疏证》，中华书局，1994，第358页。

⑥（东汉）班固撰集，（清）陈立疏证，吴则虞点校：《白虎通疏证》，中华书局，1994，第491页。

⑦（东汉）班固撰集，（清）陈立疏证，吴则虞点校：《白虎通疏证》，中华书局，1994，第487页。

⑧（东汉）班固撰集，（清）陈立疏证，吴则虞点校：《白虎通疏证》，中华书局，1994，第233页。

⑨（东汉）班固撰集，（清）陈立疏证，吴则虞点校：《白虎通疏证》，中华书局，1994，第233页。

在家庭中处于卑者地位，在《夫妇》篇中又言“妇不事夫，则义理堕阙”[①]，在《敬慎》篇中又言“男以强为贵，女以弱为美”[②]，“敬顺之道，妇人之大礼也”[③]。而《专心》篇虽然讲的是为人妇者要以专心正色以事夫的方式求得夫之心，但也反映了妇应顺于夫的主张。《曲从》篇又讲要曲从于舅姑，“勿得违戾是非，争分曲直”[④]，以便求得舅姑之心，得意于夫主。《和叔妹》篇则是讲应以谦顺的态度求得嫂叔妹之心，以便叔妹誉己，舅姑爱己，而后得意于夫。总之，《女诫》中处处可显示出妇顺的思想，也正如班昭所说的“顺则妇之行”[⑤]也。

与《白虎通义》相比，班昭的思想中缺乏妇谏的成分。她在《敬慎》篇中引古谚：“生男如狼，犹恐其尪；生女如鼠，犹恐其虎”[⑥]，“故曰敬顺之道，妇人之大礼”[⑦]。她又说：

> 夫事有曲直，言有是非。直者不能不争，曲者不能不讼。讼争既施，则有忿怒之事矣。此由于不尚恭下者也。侮夫不节，谴呵从之；忿怒不止，楚挞从之。夫为夫妇者，义以和亲，恩以好合，楚挞既行，何义之存？谴呵既宣，何恩之有？恩义俱废，夫妇离矣。[⑧]

可见，为了夫妇之好合，班昭是不赞成妇指责夫之过失，与夫争曲直的。

由上可见，刘向、班昭及《白虎通义》都在极力宣传女子应有贞顺的品质[⑨]，只不过他们宣扬的程度轻重不同。就妇贞而言，西汉时期虽然也倡导与赞

①（南朝宋）范晔撰，（唐）李贤等注：《后汉书》，中华书局，1965，第2788页。
②（南朝宋）范晔撰，（唐）李贤等注：《后汉书》，中华书局，1965，第2788页。
③（南朝宋）范晔撰，（唐）李贤等注：《后汉书》，中华书局，1965，第2789页。
④（南朝宋）范晔撰，（唐）李贤等注：《后汉书》，中华书局，1965，第2790页。
⑤（南朝宋）范晔撰，（唐）李贤等注：《后汉书》，中华书局，1965，第2791页。
⑥（南朝宋）范晔撰，（唐）李贤等注：《后汉书》，中华书局，1965，第2788页。
⑦（南朝宋）范晔撰，（唐）李贤等注：《后汉书》，中华书局，1965，第2789页。
⑧（南朝宋）范晔撰，（唐）李贤等注：《后汉书》，中华书局，1965，第2789页。
⑨其实，在欧洲中世纪，贞节与顺从丈夫也被看成是妇女最重要的品德。参见《第四等级——中世纪欧洲妇女史》，第118页。应该说，贞顺是中世纪人类社会对女性的较为普遍的要求，它不唯独是中国封建礼教对中国女性的要求。

美妇人守贞的行为，但是规范与要求不如东汉那么严格，其对礼的变通思想使得对妇贞的要求呈相对宽泛状态。至于妇顺，西汉在强调妇顺的同时，也强调妇谏之作用；但到东汉，则是更加强调妇顺，而相应削弱妇谏职能，甚至根本不主张妇可谏夫。从西汉到东汉，妇人贞顺观的变化，一方面反映了礼教对女性束缚的加强[①]，另一方面也反映了家庭中以夫为中心的家庭格局也在逐渐巩固。

综上可见，两汉时代礼教中的女子教育观念比先秦有所进步，即在原来妇德教育的基础上强调文化教育的成分。这可能与汉代政府从中央到郡县普遍设立学校教育有关。然而，妇德教育中的妇贞妇顺的宣传则比先秦有所加强。这是汉代女教思想在内容方面所呈现出的两大特点。然这两点内容，在西汉与东汉也表现出各自的特色，即东汉的女子教育观念相比西汉略显消极，一则东汉文化教育的说教是以事夫为目的，二则东汉妇贞妇顺的要求比西汉要更为严格。也就是说，西汉时期礼教对女性的影响与束缚比东汉要小、要宽松一些，而这恰是两汉时代女性形象及地位存在差异的主要原因。

①礼教思想中对女子贞顺的要求源于对女子的偏见认识。如刘向、董仲舒都有“女祸”思想。在西方中世纪，女性也被视为性别之劣等，他们认为妇女品性轻浮、狡猾、贪婪，所以限制妇女的法律权和公民权。在西方，是通过法律限制女性的权利制约女性；在中国，是通过礼教宣传以制约女性。

第二章

汉代生活中的若干女性形态

礼教制度与礼教思想，是中国封建思想文化的一个中心，政治、法律、教育、道德、哲学、史学、文学、艺术等等，无一不受到礼教的影响[①]。所以周作人说，要研究中国古代社会，首先要研究礼教。中国古代社会女子地位低下更是与礼教宣传有密不可分的关系。所以，要研究古代女子生活，更要先研究礼教。上一章已经研究了礼教中的女教思想、礼教在汉代社会的影响，那么在现实生活中，汉代的女子形态确实如礼教所规定吗？这一章我们就主要探索汉代生活中的女性形态。由于教育是前提，所以先从生活中女子受的教育谈起，然后依次考察其所从事的各种经济活动，以及各种不同职业身份的女性在生活中所呈现出的若干形态，最后通过这些微观问题的研究，揭示这一时代女性丰富多样的形象。

---

①蔡尚思：《中国礼教思想史》，上海古籍出版社，2006年，第2页。

第一节
生活中的女子教育

通过前文的考察，我们知道，汉代礼教中的女子教育观主要以宣扬妇德教育为主。这就让一些学者对汉代女子教育产生了误解。如陈东原在其《中国妇女生活史》之第三章《汉代的妇女生活》中认为，汉代及以前的女子基本上是无教育的①。那么，生活中的汉代女子是否如礼教所宣传的那样只接受顺从、贞节之类的品德教育及女工教育？抑或如陈先生所说的基本上无教育？本节拟在现代学者的研究基础上②，通过对生活中女子所受教育的考察，分析汉代女子教育的特点、方式及女子求学的社会心理环境。

一、教育内容的广泛性

在生活中，汉代女子所受的教育其实远远超过礼教的规定，并具有广泛性的特点。其广泛性主要表现在以下几个方面：

①陈东原：《中国妇女生活史》，商务印书馆，1937。

②任家梁：《先秦女子教育论略》，《国专月刊》1936年第3卷第5号。该文根据《春秋》《诗经》《列女传》《礼记》等书中女子明天道、知易学、贞而知礼、深明大义等情况，提出“中华女子之教育是自古来所固有的”的观点，并从母教、胎教等方面论述古代女子教育的必然性。对古代女子教育作通史性描述的著作有杜学元：《中国女子教育通史》，贵州教育出版社，1995；曹大为：《中国古代女子教育》，北京师范大学出版社，1996。

（一）思想道德教育

前文已言，礼教对女子的教育特别强调思想道德的教育；在生活中，思想道德教育也确实是女子教育的重要内容。《华阳国志》卷10下载杜泰姬戒诸女及妇：

> 吾之妊身，在乎正顺。及其生也，恩存于抚爱。其长之也，威仪以先后之，……孝顺以内之，忠信以发之，是以皆成，而无不善，汝曹庶几勿忘吾法也。[①]

从杜泰姬对其儿妇们的日常教诲中，我们可以看到其教育的主要内容是“孝顺忠信”之道德教育，教育方式是言传身教。又如礼珪教育其二妇：

> 吾先姑，母师也。常言：“圣贤必劳民者，使之思善。”不劳则逸，逸则不才。吾家不为贫为，所以粗食、急务者，使知苦难，备独居时[②]。

这里，礼珪对其二妇也以言传身教的方式进行思想品德教育。又，班昭称其教育也是“赖母师之典训”[③]。可见，思想道德教育是女子日常教育的主要内容，教育方式主要是言传身教。

道德教育除通过言传身教外，还可通过阅读诗书来实现。如章学诚在论古代的《妇学》时就说，妇学是由诗而通礼[④]，也就是说，诗书是妇德教育的教材，通过诗书教育以实现道德教育之目的。《孝经》《论语》是古代社会重要的伦理教育著作，在汉代，即被当作儿童品德教育的启蒙教材。如东汉时期，每到十一月份，“命幼童，读《孝经》、《论语》篇章、小学”[⑤]。又东汉末，宋枭为凉州刺史，“欲多写《孝经》，令家家习之”[⑥]。又，班昭“闲作《女

①（晋）常璩撰，任乃强校注：《华阳国志校补图注》，上海古籍出版社，1987，第607页。
②（晋）常璩撰，任乃强校注：《华阳国志校补图注》，上海古籍出版社，1987，第608页。
③（南朝宋）范晔撰，（唐）李贤等注：《后汉书》，中华书局，1965，第2786页。
④（清）章学诚著，叶瑛校注：《文史通义校注》，中华书局，1994。
⑤（东汉）崔寔著，缪启愉辑释，万国鼎审定：《四民月令辑释》，农业出版社，1981，第104页。
⑥（南朝宋）范晔撰，（唐）李贤等注：《后汉书》，中华书局，1965，第1880页。

诫》七章，愿诸女各写一通，庶有补益，裨助汝身”[①]。班昭令其家族女性写《女诫》也是为了实现道德教育的目的。由于道德教育与诗书教育紧密相连，所以，为了实现道德教育，汉代也会给予女子一定的诗书教育。

（二）诗书文化教育

虽说汉代的女子道德教育有时也离不开诗书教育，但这并不意味着汉代女子之诗书教育全是为了道德教育，因为汉代女子所读诗书具有内容广泛的特点。《汉书·夏侯胜传》：

> 光以为群臣奏事东宫，太后省政，宜知经术，白令胜用《尚书》授太后。[②]

《汉书·外戚传》：

> （班）倢伃诵《诗》及《窈窕》、《德象》、《女师》之篇。（师古注，皆古箴戒之书也）。[③]
>
> （孝成许皇）后聪慧，善史书。[④]

《西汉文纪·伶玄自叙》：

> 伶玄，字子于，潞水人，学无不通。知音，善属文。……（所买之妾樊通德）有才色，知书，慕司马迁史记，颇能言赵飞燕姊弟故事。[⑤]

司马彪的《续汉书》：

> 后自入宫，遂博览《五经》传记，图谶内事，风雨占候，《老子》、《孟子》、《礼记》、《月令》、《法言》，不观浮华申韩之书。[⑥]

---

①（南朝宋）范晔撰，（唐）李贤等注：《后汉书》，中华书局，1965，第2786页。
②（东汉）班固撰，（唐）颜师古注：《汉书》，中华书局，1962，第3155页。
③（东汉）班固撰，（唐）颜师古注：《汉书》，中华书局，1962，第3984页。
④（东汉）班固撰，（唐）颜师古注：《汉书》，中华书局，1962，第3974页。
⑤（明）梅鼎祚编：《西汉文纪》，文渊阁四库全书本，台湾商务印书馆，1986，第30页。
⑥周天游辑注：《八家后汉书辑注》，上海古籍出版社，1986，第318页。

《后汉书·皇后纪》：

（显宗马皇后）能诵《易》，好读《春秋》、《楚辞》，尤善《周官》、《董仲舒书》。①

（顺烈梁皇后）少善女工，好《史书》，九岁能诵《论语》，治《韩诗》，大义略举。②

《后汉书·章帝八王列传》：

（安帝生母左姬）小娥善《史书》，喜辞赋。③

由上可知，汉代女性所读之书除女教著作《窈窕》《德象》《女师》《列女传》外，还有经学著作《易》《尚书》《诗》《礼记》《春秋》，先秦诸子之书《老子》《孟子》《论语》，先秦文学著作《楚辞》，当代史书《史记》《汉书》，当代思想著作《法言》《董仲舒书》《韩诗》等。当然，以上著作并不能涵括汉代女子的阅读面，但是其已显示出种类繁多，不仅有女教著作，还有经学、历史、文学、思想、哲学等方面的书，已足以证明汉代女子诗书教育内容具有广泛性的特点。

正是因为汉代女子享有诗书教育，所以汉代女子也流传下大量诗作，如班昭的《女诫》、蔡文姬的《悲愤诗》、临淮人徐小季仿老子《道德经》所作的《经说》6篇、班昭子妇丁氏的《大家赞》、徐淑的《徐淑集》1卷、傅石甫妻孔氏的《孔氏集》1卷、三国吴赵母注《列女传注》7卷等。这些女性不仅创有佳作，而且文学水平比男子也不为逊色，如钟嵘评价徐淑诗："夫妻事既可伤，文亦凄怨。为五言者，不过数家，而妇人居二。"④如果汉代女子没有诗书教育，很难想象其在汉代文学地位中能享有如此殊荣。

①（南朝宋）范晔撰，（唐）李贤等注：《后汉书》，中华书局，1965，第409页。

②（南朝宋）范晔撰，（唐）李贤等注：《后汉书》，中华书局，1965，第438页。

③（南朝宋）范晔撰，（唐）李贤等注：《后汉书》，中华书局，1965，第1803页。

④（南朝梁）钟嵘著，周振甫译注：《诗品译注》，中华书局，1998。

（三）音乐艺术教育

以往学者在论述古代女子教育时往往注意的是思想道德教育，而忽略了其他方面的教育[①]。其实，在以礼乐治国的先秦秦汉时代，音乐教育也同样受到统治阶级的重视。虽然治国需要的是雅乐，但在雅乐受重视的社会氛围下，俗乐也借机得到发展。如汉代宫廷、私家中，女乐、歌舞伎的流行即可为证[②]。俗乐的发展为汉代女子的音乐艺术教育提供了条件。如《汉书·西域传》：

乌孙公主遣女来至京师学鼓琴。[③]

《汉书·元后传》：

禁心以为然，乃教书，学鼓琴。[④]

《后汉书·列女传》：

（蔡琰）博学有才辩，又妙于音律。[⑤]

上述材料中，乌孙公主遣女至京师学琴、元后父教元后学琴、蔡琰妙于音律等事实反映了贵族官宦家庭对女子音乐教育的重视。在汉代，不独贵族家庭重视女子的音乐教育，即使一般家庭的女子也可享有音乐教育。如《史记·万石君传》：

奋独有母，不幸失明。家贫。有姊，能鼓琴。[⑥]

《史记·货殖列传》：

---

①杜学元的《中国女子教育通史》在讲汉代女子教育时注意到了女子的书法教育，而忽略了音乐教育。曹大为的《中国古代女子教育》也主要谈的是道德教育，忽略了其他方面的教育。

②翟麦玲：《先秦两汉“女乐”考》，《史学月刊》2005年第3期。

③（东汉）班固撰，（唐）颜师古注：《汉书》，中华书局，1962，第3916页。

④（东汉）班固撰，（唐）颜师古注：《汉书》，中华书局，1962，第4015页。

⑤（南朝宋）范晔撰，（唐）李贤等注：《后汉书》，中华书局，1965，第2800页。

⑥（西汉）司马迁撰，（南朝宋）裴骃集解，（唐）司马贞索隐，（唐）张守节正义：《史记》，中华书局，1959，第2763页。

（中山一地）女子则鼓鸣瑟，跕屣，游媚富贵，入后宫，遍诸侯。①

《汉书·杨恽传》：

（杨恽）家本秦也，能为秦声。妇，赵女也，雅善鼓瑟。②

汉乐府《孔雀东南飞》：

（刘兰芝）十三能织素，十四学裁衣，十五弹箜篌，十六诵诗书。③

汉乐府《长安有狭斜行》：

大妇织绮纻，中妇织流黄，小妇无所为，挟琴上高堂。④

一般家庭女子习乐器或出于个人爱好，或为提高自身艺术修养以谋取富贵生活，如中山女子也。除自由身份的女子外，贵族家的侍婢也可习乐。如《西汉文纪·赵飞燕外传》：

飞燕妹弟，事阳阿主家，为舍，直常窃效歌舞。⑤

《三国志·蜀书·刘琰传》载：

（刘琰）侍婢数十，皆能为声乐，又悉教诵读《鲁灵光殿赋》。⑥

毫无疑问，贵族家的侍婢习乐是为满足贵族们奢靡生活的需要。

从上可知，汉代女子的音乐教育具有以下特点：第一，习乐人员既有贵族

①（西汉）司马迁撰，（南朝宋）裴骃集解，（唐）司马贞索隐，（唐）张守节正义：《史记》，中华书局，1959，第3263页。

②（东汉）班固撰，（唐）颜师古注：《汉书》，中华书局，1962，第2896页。

③（宋）郭茂倩编：《乐府诗集》，中华书局，1979，第1034页。

④（宋）郭茂倩编：《乐府诗集》，中华书局，1979，第515页。

⑤（明）梅鼎祚编.《西汉文纪》，文渊阁四库全书本，台湾商务印书馆，1986，第635页。

⑥（晋）陈寿撰，（南朝宋）裴松之注，陈乃乾校点：《三国志》，中华书局，1959，第1001页。

女子，又有平民女子和侍婢，具有阶层普遍性的特点[①]；第二，所受之音乐教育有专业性与非专业性之分，专业性是为皇家贵族娱乐服务，非专业性以个人爱好及提高个人艺术修养为目的；第三，汉代女子习乐还具有一种地方趋众性的特点，如中山、邯郸之女子习乐即是。

（四）书算等方面的教育

在礼教宣扬中，男女在十岁之前都可接受书算教育。如《礼记·内则》载："凡生子，择于诸母与可者，……使为子师"[②]；"六年，教之数与方名"[③]；"九年，教之数日"[④]；"女子十年不出"[⑤]，男子"出就外傅，居宿于外，学书计"[⑥]。其实，在生活中，女子十岁以后也并非一定如礼教所说那样不再学习书算知识。如《后汉书·皇后纪》：

> （邓）太后自入宫掖，从曹大家受经书，兼天文、算数。[⑦]
> （和帝阴皇后）少聪慧，善书艺。[⑧]
> （灵帝王美人）丰姿色，聪敏有才明，能书会计。[⑨]

《后汉书·列女传》：

---

①先秦时期女子接受音乐教育也具有阶层普遍性的特点，如《风俗通义佚文》："百里奚为秦相，堂上乐作，所赁浣妇自言知音。呼之，援琴抚弦而歌曰：'百里奚，初娶我时五羊皮，临当别行烹乳鸡，今适富贵忘我为。'因寻问之，乃其妻。"参见（东汉）应劭撰，吴树平校释：《风俗通义校释》，天津人民出版社，1980，第427页。《史记正义·荆轲刺秦》引《燕丹子》云："秦王召姬人鼓琴。琴声曰：'罗縠单衣，可裂而绝。八尺屏风，可超而越。鹿卢之剑，可负而拔。'王于是奋袖超屏风而走之。"参见《史记》，第2535页。

②（清）孙希旦撰，沈啸寰、王星贤点校：《礼记集解》，中华书局，1989，第763页。

③（清）孙希旦撰，沈啸寰、王星贤点校：《礼记集解》，中华书局，1989，第768页。

④（清）孙希旦撰，沈啸寰、王星贤点校：《礼记集解》，中华书局，1989，第769页。

⑤（清）孙希旦撰，沈啸寰、王星贤点校：《礼记集解》，中华书局，1989，第772页。

⑥（清）孙希旦撰，沈啸寰、王星贤点校：《礼记集解》，中华书局，1989，第769页。

⑦（南朝宋）范晔撰，（唐）李贤等注：《后汉书》，中华书局，1965，第424页。

⑧（南朝宋）范晔撰，（唐）李贤等注：《后汉书》，中华书局，1965，第417页。

⑨（南朝宋）范晔撰，（唐）李贤等注：《后汉书》，中华书局，1965，第450页。

（皇甫规妻）善属文，能草书，时为规答书记，众人怪其工。[①]

以上诸位女性根据个人爱好及条件学习书算天文等知识可谓是对汉代女子接受教育内容广泛性的很好说明。其实，汉代女子不只局限于接受普及性的书算教育，其中也不乏在某方面造诣很深者，如《后汉书·列女传》载蔡琰以真草缮写亡父之逸书四百余篇，文无遗误；蔡琰不仅从其父蔡邕那学得书法，而且加上自己的领悟，使得草书更具特色，并将其传于后世大书法家钟繇。

综上所述，汉代女子的教育内容不仅包括思想道德教育，而且还包括诗书文化、音乐艺术、书算天文等教育，可以说与男子所受教育内容相差不大，不同的是男子接受教育的途径相对广阔些，可以名正言顺地出外就师或就学。即便如此，汉代女子接受教育的情况相比宋元以后也要广泛得多。因为宋元以后，社会流行的观念是女子无才便是德，女子除思想道德教育外，一般不鼓励其他方面的教育，甚至将舞乐教育视为不正经，认为舞乐教育是只有妓女才会进行的特殊项目的教育。所以，从教育内容而言，汉代女子并不是完全被三从四德的思想教育所包围，其所处的教育环境还相对宽松。

二、教育阶层的普遍性

刘向的《列女传》中记载了许多先秦时期不同阶层女性深知天文、引经据典、赋诗言志、丽于文辞的事例[②]。其实，不仅先秦女子教育具有阶层普遍性的特点，汉代也同样具有。

（一）普通平民女子的教育

《汉书·循吏·文翁传》：

①（南朝宋）范晔撰，（唐）李贤等注：《后汉书》，中华书局，1965，第2798页。

②（汉）刘向在《列女传》中赞扬：卫姑定姜，送妇作诗，聪明远识，丽于文辞；齐女傅母，作诗明指，防女未然；晋赵衰妻引《诗》之言请赵衰迎接故妻；许穆夫人作《载驰》；孙叔敖母引《书》义劝导叔敖；蔡人之妻，夫有恶疾，母劝去归，作诗不听；梁庄夫人作诗《式微》；息君夫人作诗《洞穴》；鲁寡陶婴作歌自明，求者乃止；盖将之妻，楚野辩女都曾称引《周书》、管仲之妾援引《白水》之诗，指明宁戚之意等。参见张涛：《列女传译注》，山东大学出版社，1990。

（文翁）又修起学官于成都市中，招下县子弟以为学官弟子。……每出行县，益从学官诸生明经饬行者与俱，使传教令，出入闺阁。[①]

文翁在地方办官学，收属县子弟就学，这些子弟再将所学知识传于家中女性。这可看作汉代女子接受教育的一种途径。又，《拾遗记》：

贾逵年五岁，明慧过人。其姊韩瑶之妇，嫁瑶无嗣而归居焉，亦以贞明见称。闻邻中读书，旦夕抱逵隔篱而听之。逵静听不言，姊以为喜。至年十岁，乃暗诵六经。姊谓逵曰："吾家贫困，未尝有教者入门，汝安知天下有《三坟》《五典》而诵无遗句耶？"逵曰："忆昔姊抱逵于篱间听邻家读书，今万不遗一。"[②]

该资料虽然讲述的是贾逵年少时与姊一起听邻家读书、记忆过人的事，但从中也可看出，旁听邻家读书也不失为平民女子接受文化教育的一种途径。汉代平民女子有文化的事例在史书中也不乏记载。如谢承的《后汉书》：

（寿张县）女子张雨，早丧父母，年五十，不肯嫁，留养孤弟二人，教其学问，各得通经。[③]

《三国志·魏书·杨阜传》注引皇甫谧《列女传》：

（赵昂妻）每读其传，心壮其节。[④]

汉诗《孟冬寒气至》：

客从远方来，遗我一书札。上言长相思，下言久离别。置书怀袖

①（东汉）班固撰，（唐）颜师古注：《汉书》，中华书局，1962，第3626页。
②（晋）王嘉撰，（南朝梁）萧绮录，齐治平校注：《拾遗记》，中华书局，1981，第154页。
③周天游辑注：《八家后汉书辑注》，上海古籍出版社，1986，第183页。
④（晋）陈寿撰，（南朝宋）裴松之注，陈乃乾校点：《三国志》，中华书局，1959，第704页。

中，三岁字不灭。一心抱区区，惧君不识察。[1]

上述材料中女子张雨能教其二孤弟学问，说明张雨本人也有学问；赵昂妻能读《列女传》，说明她也知书。汉诗中描写的思妇能够知道丈夫的来信内容是“上言长相思，下言久离别”，可见这位妇人也是位知书之人。又前文已言及的伶玄所买之妾樊通德能“知书，慕司马迁史记”之事例，也可看作是平民女子接受教育的一个证明。

（二）儒学官宦家庭中女子的教育

与平民女子接受教育相比，儒学官宦家庭女子接受教育要更普遍些。《汉书·儒林传》注引卫宏《定古文尚书序》载，伏生是秦时《尚书》仅有的传承者，汉定天下后，文帝令晁错从伏生受《尚书》，“伏生老，不能正言，言不可晓也，使其女传言教错”[2]。

伏生老，言语不清，令其女传《尚书》于晁错。这一方面说明汉代家学也可传于女子[3]，另一方面也反映出汉代女子在传播经学中的贡献。正是因为汉代女子可以受家学，所以汉代出现不少类似伏生女的女经学家。如崔骃之曾祖母师氏，史载其“能通经学百家之言”，王莽因之赐其号“义成夫人”，名显于新室之世。又，东汉著名才女班昭，不仅在史学、思想、文学领域有重要成就，在经学方面也作出重大贡献。史载她入宫以后，授邓太后经书，中宫近臣也随之受读，然后再教与宫人。又，汉末韦逞母亲宋氏，从其父，得《周官音义》，立学堂授生徒一百二十人，被赐爵宣文君。

---

①（南朝陈）徐陵撰，（清）吴兆宜注，（清）程琰删补：《玉台新咏笺注》，吉林人民出版社，1999，第3页。

②（东汉）班固撰，（唐）颜师古注：《汉书》，中华书局，1962，第3603页。

③汉代家学也可传与女子：“宜主（赵飞燕）幼聪悟，家有彭祖方脉之书善行气术。”参见（明）梅鼎祚编：《西汉文纪》，文渊阁四库全书本，台湾商务印书馆，1986。赵飞燕舞姿绝妙，与掌握家学行气术有关。又如《后汉书》卷82上《方术列传·李南》：“李南女亦晓家术，为由拳县人妻。晨诣爨室，卒有暴风，妇便上堂从姑求归，辞其二亲。姑不许，乃跪而泣曰：‘家世传术，疾风卒起。’”参见（南朝宋）范晔撰，（唐）李贤等注：《后汉书》，中华书局，1962，第2717页。汉代家学传女，与汉代女子也可继承财产有关。

除了女子得家学外，一般文化官宦家的女子在家庭氛围的影响下，也可如同男子一样接受教育。王充的《论衡·案书》：

刘子政玩弄《左氏》，皆呻吟之。①

《世说新语·文学》：

郑玄家奴婢皆读书。②

《三国志·魏书·后妃传》注引《魏书》：

（文昭甄皇后）年九岁，喜书，视字辄识，数用诸兄笔砚。③

《三国志·魏书·钟会传》注引其母传：

（钟会母）雅好书籍，涉历众书，特好《易》《老子》，每读《易》孔子说鸣鹤在音、劳谦君子、籍用白矛、不出户庭之义，每使会反覆读之。曰："《易》三百余爻，仲尼特说此者，以谦恭慎密，枢机之发，行己至要，荣身所由故也，顺斯术已往，足为君子矣。"④

以上刘向家族童仆妻子读《左氏》，郑玄家奴婢喜读书，甄皇后年少喜书，钟会母自己喜读书且教子有方等事例，说明文化官宦家庭女性接受教育是很常见的事。甚至奴婢也可读书，也足见汉代文化教育氛围之宽松。

（三）贵族女子的教育

在汉代，贵族女子比一般官宦家庭女子会有更多机会接受教育。《后汉书·皇后纪》：

（太傅邓禹之孙邓绥）六岁能《史书》，十二通《诗》、《论

①（东汉）王充撰，黄晖校释：《论衡校释》，中华书局，1990，第1164页。
②徐震堮：《世说新语校笺》，中华书局，1984，第105页。
③（晋）陈寿撰，（南朝宋）裴松之注，陈乃乾校点：《三国志》，中华书局，1959，第159页。
④（晋）陈寿撰，（南朝宋）裴松之注，陈乃乾校点：《三国志》，中华书局，1959，第785页。

语》。诸兄每读经传，辄下意难问。志在典籍，不问居家之事。[①]

这里邓绥与诸兄一起在家接受诗书教育，与前文已言的魏文帝甄皇后少时接受教育的方式类似。除了这种传统的在家庭接受文化教育的方式外，东汉时期还出现了部分贵族女子与男子一起入学堂接受教育的现象。《后汉书·皇后纪》：

（安帝元初）六年，太后诏征和帝弟济北、河间王子男女年五岁以上四十余人，又邓氏近亲子孙三十余人，并为开邸第，教学经书，躬自监试。[②]

邓太后为皇室贵族男女开办学堂之事，可以说是时代的产物。《后汉书·明帝纪》：

（永平九年）为四姓小侯开立学校，置《五经》师。注：袁宏《汉纪》曰："永平中崇尚儒学，自皇太子、诸侯王及功臣子弟，莫不受经。又为外戚樊氏、郭氏、阴氏、马氏诸子弟立学，号四姓小侯，置《五经》师。以非列侯，故曰小侯。"[③]

也就是说在崇尚儒学的风气下，汉明帝开创了为贵族子弟独立办学之举。那么在邓太后掌权以后，在经学依然盛行时期，酷爱文化教育的邓太后一方面继承前朝皇帝为贵族子弟独立办学的做法，另一方面在社会普遍重视女子教育的风气下，令贵族女子同男子一样入学堂接受教育，则是顺理成章的事情了。

（四）宫中女性的教育

皇宫作为一国政治、文化的中心，其间的女性如果废弃了文化教育，那是不可想象的事情。汉代，对宫中女性的文化教育也非常重视。

先看公主的教育。《汉书·东方朔传》：

①（南朝宋）范晔撰，（唐）李贤等注：《后汉书》，中华书局，1965，第418页。
②（南朝宋）范晔撰，（唐）李贤等注：《后汉书》，中华书局，1965，第428页。
③（南朝宋）范晔撰，（唐）李贤等注：《后汉书》，中华书局，1965，第113页。

> 左右言其姣好，主召见，曰："吾为母养之。"因留第中，教书计相马御射，颇读传记。[①]

董晏因面容姣好被公主留在府邸，且教以书计相马御射及读传记，说明公主也是一个受过多种教育的多才多艺之人。

再看太后、皇后、妃子的教育。《汉书·儒林传》：

> 窦太后好《老子》书，召问（辕）固。[②]

《汉书·夏侯胜传》：

> 白令胜用《尚书》授太后。迁长信少府。[③]

《后汉书·皇后纪》载：

> 自入宫掖，从曹大家受经书，兼天文、算数。昼省王政，夜则诵读。[④]

《汉书·外戚传》：

> （曹宫）前属中宫，为学事史，通《诗》，授皇后。
> （班婕妤）陈女图以镜监兮，顾女史而问诗。[⑤]

由上可知，在汉代虽贵为太后、皇后或妃子，仍然不弃学习。其师或是临时召问，或为专聘的经学大家，或为宫中女官[⑥]。专聘的经学大家，一旦受聘后，一般迁入宫中，以方便授教，如夏侯胜、班昭是也。其学习内容或经书，或道家著作，或自然科学天文算术等，内容庞杂，完全依个人爱好而定。其学

①（东汉）班固撰，（唐）颜师古注：《汉书》，中华书局，1962，第2853页。
②（东汉）班固撰，（唐）颜师古注：《汉书》，中华书局，1962，第3612页。
③（东汉）班固撰，（唐）颜师古注：《汉书》，中华书局，1962，第3155页。
④（南朝宋）范晔撰，（唐）李贤等注：《后汉书》，中华书局，1965，第424页。
⑤（东汉）班固撰，（唐）颜师古注：《汉书》，中华书局，1962，第3985页。
⑥宫中女官不是后妃的专职教师，因为她们还兼有其他职能，只不过因其有一定的文化知识而又在内宫，而成为后妃们的临时顾问罢了。

习目的一般是增长见识，提高个人的文化修养。

最后再看一下普通宫女的教育。这里的普通宫女指的是地位低于妃子的宫中女子。在汉代，这些宫廷女子并不是只拥有美貌与年轻，相反她们还多拥有文学、艺术等才能。这和当时社会对女子才艺的重视有关。我们知道，汉代社会是歌舞伎盛行的时代，不仅宫廷，就是贵族、官宦之家也有蓄歌舞伎的风尚。在这种氛围下，入宫的女子大多具有歌舞才能，如由宫女而升为皇后的卫子夫、赵飞燕即是明证。在普遍重视女子文化教育的社会氛围下，宫女的文化教育也受到重视，如邓太后执政时期，“诏中官近臣于东观受读经传，以教授宫人，左右习诵，朝夕济济”[①]。

通过上述普通平民家女子、文化官宦家庭女子、贵族家女子，到宫廷中的公主、太后、皇后、皇妃及普通宫女接受教育的材料，可知汉代社会并不禁止对女性实施各种教育。相反，从其女子受教育阶层的普遍性，及邓太后为贵族子弟在宫中办学并令女子一起入学之事，可知汉代社会还是比较重视女子教育的。

三、汉代女子求学的社会心理环境

通过上文可以知道，汉代女子在受教育内容的广泛性与受教育阶层的普遍性方面与男子几乎没有什么差别，那么这是否表明社会对男女受教育的态度也没什么大不同呢？其实不然。我们知道，在汉代，影响人们思想的主要是礼教。虽然，就礼教在封建社会的长期发展阶段来看，在汉代社会它还处于早期阶段，但是，礼教中的女子教育观念或多或少都会影响到现实生活中人们对女子教育的态度。这样就造成了现实生活中人们对男女教育的不同态度。《汉书·儒林传》：

> 窦太后好《老子》书，召问固。固曰：“此家人言耳。”太后怒曰：“安得司空城旦书乎！”乃使固入圈击彘。[②]

《后汉书·皇后纪》：

---

①（南朝宋）范晔撰，（唐）李贤等注：《后汉书》，中华书局，1965，第424页。

②（东汉）班固撰，（唐）颜师古注：《汉书》，中华书局，1962，第3612页。

（邓皇后）六岁能《史书》，十二通《诗》、《论语》。诸兄每读经传，辄下意难问。志在典籍，不问居家之事。母常非之，曰："汝不习女工以供衣服，乃更务学，宁当举博士邪？"后重违母言，昼修妇业，暮诵经典，家人号曰"诸生"。[①]

《三国志·魏书·后妃传》注引《魏书》：

（文昭甄皇后）年九岁，喜书，视字辄识，数用诸兄笔砚，兄谓后言："汝当习女工。用书为学，当作女博士邪？"后答言："闻古者贤女，未有不学前世成败，以为己诫。不知书，何由见之？"[②]

窦太后问学于辕固，遭到辕固不屑一顾的回答；邓皇后在诸兄学习时有意问难，遭到母亲"宁当举博士邪？"的非难；甄皇后在兄学习时，数用兄的笔砚，遭到兄"当习女工。用书为学，当作女博士邪"的反对。由此可见：第一，汉代社会人们对女子的教育观念，多少受到礼教的影响；第二，不鼓励女子读书，与女子不能借读书入仕有关；第三，在女子教育观念中，读书不如习女工重要；第四，女子读书的目的，是为了增长见识、明事理，而非"学而优则仕"。

既然世俗观念不鼓励女子问学，那为什么还有上述如此众多的女性接受教育呢？其实，不鼓励女子问学只是社会观念的一个方面，另一方面，人们对已经学有所成的女子却是非常地青睐与赏识。如《后汉书·崔骃传》：

（崔骃曾祖）母师氏，能通经学百家之言，莽宠以殊礼，赐号义成夫人，金印紫绶，文轩丹毂，显于新世。[③]

《后汉书·皇后纪》：

（章德窦皇后）年六岁能书，亲家皆奇之。[④]

① （南朝宋）范晔撰，（唐）李贤等注：《后汉书》，中华书局，1965，第418页。
② （晋）陈寿撰，（南朝宋）裴松之注，陈乃乾校点：《三国志》，中华书局，1959，第159页。
③ （南朝宋）范晔撰，（唐）李贤等注：《后汉书》，中华书局，1965，第1703页。
④ （南朝宋）范晔撰，（唐）李贤等注：《后汉书》，中华书局，1965，第415页。

《后汉书·列女传·班昭传》：

兄固著《汉书》，其八表及《天文志》未及竟而卒，和帝诏昭就东观藏书阁踵而成之。……时《汉书》始出，多未能通者，同郡马融伏于阁下，从昭受读，后又诏融兄续昭成之。①

《后汉书·列女传·蔡琰传》：

操因问曰："闻夫人家先多坟籍，犹能忆识之不？"文姬曰："昔亡父赐书四千许卷，流离涂炭，罔有存者。今所诵忆，裁四百余篇。"曹曰："今当使十吏就夫人写之。"文姬曰："妾闻男女之别，礼不亲授。乞给纸笔，真草唯命。"于是缮书送之，文无遗误。②

以上崔骃曾祖母师氏因精通经学，受到王莽的嘉奖；章德窦皇后六岁能书，得到了亲家的欣赏；班昭因通《汉书》，不但经学大师马融伏于其阁下受读，而且也得到皇帝的赏识；蔡文姬有才，曹操不惜重金将其从匈奴赎回，并请其缮写父亲佚著。从上述事例中丝毫看不出汉代社会对有才华女子的反对，相反却看到了对有才华女子的敬重、赞赏与嘉奖。

可见，汉代女子是在社会不鼓励问学，却对学有所成女子敬佩的社会心理环境下求学的；至于歌舞艺术教育，则受到社会歌舞风气盛行之因素影响。

综上所述，我们可以得出如下结论：第一，汉代社会的女子教育并不完全是三从四德之礼仪道德的说教，而是还有大量的文化诗书教育及音乐艺术等方面的教育，汉代女子朝气蓬勃的精神风貌应与其教育内容的广泛性有关。第二，汉代女子教育具有阶层普遍性的特点，这说明汉代社会还是比较重视女子教育的。第三，汉代女子的问学风气与汉代社会欣赏、尊敬有才女子之风气有关。第四，虽然汉代社会对男女的教育态度有所不同，但整体来看，汉代女子依然生活在较为宽松、健康的教育环境里。

---

①（南朝宋）范晔撰，（唐）李贤等注：《后汉书》，中华书局，1965，第2784页。
②（南朝宋）范晔撰，（唐）李贤等注：《后汉书》，中华书局，1965，第2800页。

第二节
女子的经济活动

《周易·家人》曰："家人，女正位乎内，男正位乎外，男女正，天地之大义也。"[①]《礼记·内则》也曰：女子"十年不出"[②]；"女子出门，必拥蔽其面，夜行以烛，无烛则止"[③]；"男不言内，女不言外"[④]；"礼始于谨夫妇，为宫室，辨内外，男子居外，女子居内。……男不入，女不出"[⑤]。班昭的《女诫·卑弱》也曰：古者生女三日，"卧之床下，明其卑弱，主下人也。弄之瓦砖，明其习劳，主执勤也。斋告先君，明当主继祭祀也。三者盖女人之常道，礼法之典教矣"[⑥]。如果根据以上礼教著作来看的话，先秦与汉代的女子活动似乎仅以日常家务操持为主，其范围也只局限于家庭之内，而家庭以外则由男子负责。无独有偶，我们在中世纪的欧洲也可看到类似的现象。中世纪雅典，"姑娘们只学习纺织缝纫，至多也不过学一点读写而已。她们差不多是被幽禁起来，只能同别的妇女有所交往。妇女所住的房间是在家中的单独一部分，在楼上或者在后屋中，男子，特别是陌生人不容易入内，如果有男子来到家里，妇女就躲到那里去。妇女没有女奴隶做伴就不能离家外出；她们在家里实际上

①（三国魏）王弼注，（唐）孔颖达正义：《周易正义》，中华书局，1980，第50页。
②（清）孙希旦撰，沈啸寰、王星贤点校：《礼记集解》，中华书局，1989，第772页。
③（清）孙希旦撰，沈啸寰、王星贤点校：《礼记集解》，中华书局，1989，第736页。
④（清）孙希旦撰，沈啸寰、王星贤点校：《礼记集解》，中华书局，1989，第735页。
⑤（清）孙希旦撰，沈啸寰、王星贤点校：《礼记集解》，中华书局，1989，第759页。
⑥（南朝宋）范晔撰，（唐）李贤等注：《后汉书》，中华书局，1965，第2787页。

受着严格的监视”[①]。中国封建社会后期女子也如同中世纪的欧洲一样，不能自由外出。问题是，汉代生活中的女子是否也这样呢？本节将从汉代女子的经济活动入手讨论这个问题。

一、纺织刺绣活动

男耕女织是中国古代社会自然经济形态下男女劳动分工的主要表现形式。如在古代，男工以“功”为字，谓男工非一，须用“力”也；女工以“红”为字，谓女工与丝有关[②]。从古代男女“功”字的写法的不同，我们可以看出，古代男子的劳动是以用力为特点，而女子的劳动则主要是纺织。虽然，我们不能据此就说，以用力为特征之劳动专属于男子，但是，事实上，纺织刺绣类的劳动则为女性所专有。纺织刺绣类的劳动为女性之专职似乎已无须再赘言，但需要说明的是，在汉代社会，从事纺织刺绣活动的女性具有阶层普遍性的特点。

（一）官府或私家婢女

秦简中有这样的记载：“隶妾及女子用箴为缗绣它物，女子一人当男子一人。”[③]“隶臣欲以人丁粼者二人赎，许之。……女子操缗红及服者，不得赎。”[④]《三国志·魏书·司马芝传》也载：“有盗官练置都厕上者，吏疑女工，收以付狱。”[⑤]以上引文中的“隶妾”“女工”即是因家人犯罪之牵连或其他一些原因而沦为官府奴婢，在官府手工作坊中从事纺织刺绣活动的婢女。又《四民月令》载：六月，“命女红织缣练”[⑥]；正月，“命女红趣织布”[⑦]。这

①恩格斯：《家庭、私有制和国家的起源》，载《马克思恩格斯选集》第4卷，人民出版社，1995，第61页。

②（西汉）司马迁撰，（南朝宋）裴骃集解，（唐）司马贞索隐，（唐）张守节正义：《史记》，中华书局，1959，第435页。

③睡虎地秦墓竹简整理小组编：《睡虎地秦墓竹简》，文物出版社，1978，第74页。

④睡虎地秦墓竹简整理小组编：《睡虎地秦墓竹简》，文物出版社，1978，第53页。

⑤（晋）陈寿撰，（南朝宋）裴松之注，陈乃乾校点：《三国志》，中华书局，1959，第387页。

⑥（东汉）崔寔著，缪启愉辑释，万国鼎审定：《四民月令辑释》，农业出版社，1981，第68页。

⑦（东汉）崔寔著，缪启愉辑释，万国鼎审定：《四民月令辑释》，农业出版社，1981，第2页。

里的“女红”应该是主要指地主家庭里的婢女。

（二）小农家庭中的女性

《汉书·食货志上》记载了乡村妇女农闲时相聚织布的情形：“冬，民既入，妇人同巷，相从夜绩，女工一月得四十五日。必相从者，所以省费燎火，同巧拙而合习俗也。”[①]《西京杂记》也载，陈宝光妻为织布能手，“霍光妻遗淳于衍蒲桃锦二十四匹、散花绫二十五匹，绫出巨鹿陈宝光家，宝光妻传其法”[②]。又《孔雀东南飞》中也记载了民女刘兰芝自小学织布的情况：“十三能织素，十四能裁衣，十五弹箜篌，十六知礼仪，十七遣汝嫁。”[③]从以上文献可知，在自然经济占主导地位的社会形态里，小农家庭中的女性从事纺织应是普遍现象。

（三）地主官吏家庭中的女性

《史记·循吏·公仪休传》记载循吏公仪休“见其家织布好，而疾出其家妇，燔其机，云：‘欲令农士工女安所雠其货乎？’”[④]《汉书·张安世传》中记载张安世尊为公侯，食邑万户，“然身衣弋绨，夫人自纺绩”[⑤]。《三国志·魏书·后妃传》注引《魏略》记载曹操去见丁夫人，“夫人方织，外人传云‘公至’，夫人踞机如故”[⑥]。《拾遗记》中记载吴主赵夫人，丞相达的妹妹，“能于指间以彩丝织云霞龙蛇之锦，大则盈尺，小则方寸，京中谓之‘机绝’”[⑦]。吴主赵夫人不仅有“机绝”之美名，而且有“针绝”“丝绝”之美誉。又汉诗《长安有狭斜行》描写了一家三子之妻在大堂中其乐融融的情形：

---

①（东汉）班固撰，（唐）颜师古注：《汉书》，中华书局，1962，第1121页。

②（晋）葛洪辑，成林、程章灿译注：《西京杂记全译》，贵州人民出版社，1993，第20页。

③（宋）郭茂倩编：《乐府诗集》，中华书局，1979，第1036页。

④（西汉）司马迁撰，（南朝宋）裴骃集解，（唐）司马贞索隐，（唐）张守节正义：《史记》，中华书局，1959，第3102页。

⑤（东汉）班固撰，（唐）颜师古注：《汉书》，中华书局，1962，第2652页。

⑥（晋）陈寿撰，（南朝宋）裴松之注，陈乃乾校点：《三国志》，中华书局，1959，第156页。

⑦（晋）王嘉撰，（南朝梁）萧绮录，齐治平校注：《拾遗记》，中华书局，1981，第179页。

大子二千石，中子孝廉郎，小子无官职，衣冠仕洛阳。三子俱入室，室中自生光。大妇织绮纻，中妇织流黄，小妇无所为，挟琴上高堂。丈人且徐徐，调弦讵未央。[①]

从以上文献可知，在汉代，从事纺织者不只是婢女及小农家庭中的女性，普通地主官吏家庭中的妇女，甚至上至王公贵族家庭中的女性也同样从事纺织。地主官吏家庭中的女性从事纺织，虽然是当时社会商品经济发展缓慢的表现，但另一方面也是汉代妇女具有朴素之劳动观念的反映。

二、农业活动

“男”字是“田”字与“力”字的组合，男工也以“功”为字，从文字学的角度分析，田间劳动应属男子的劳动范畴，而且这也与中国传统之观念——“男耕女织”的分工模式相吻合。既然如此，那么这是否也就说明女子从此而远离了农业劳动呢？其实，自原始农业出现以来，妇女一直都是农业劳动的参与者。如《诗经·豳风·七月》曰：“四之日举止，同我妇子，馌彼南晦。”[②]《韩诗外传》也载：“鲁监门女相从绩，中夜而泣，其偶问其故，曰：‘宋司马得罪于食吾园葵，是岁吾园亡一半。’”[③]崔鸿《后燕录》也载：“魏郡王高，秦末饥乱，夫妻昼则佣耕，夜则伐草烧砖。”[④]《史记·吴太伯世家》载：“初，楚边邑卑梁氏之处女与吴边邑之女争桑，二女家怒相灭。”[⑤]《西京杂记》载：“昔鲁人秋胡，娶妻三月而游宦三年，休，还家。其妇采桑于郊，胡至郊而不识其妻也。”[⑥]以上文献中，无论是夫妇同耕，还是女子独自去采桑，抑或女子值园的事例，都反映了汉代以前女子参与农业劳动的情况。

①（宋）郭茂倩编：《乐府诗集》，中华书局，1979，第514页。

②高亨：《诗经今注》，上海古籍出版社，1980，第199页。

③（宋）李昉等撰：《太平御览》，中华书局，1960，第4338页。

④（唐）徐坚等撰：《初学记》，中华书局，1962，第445页。

⑤（西汉）司马迁撰，（南朝宋）裴骃集解，（唐）司马贞索隐，（唐）张守节正义：《史记》，中华书局，1959，第1462页。

⑥（晋）葛洪辑，成林、程章灿译注：《西京杂记全译》，贵州人民出版社，1993，第209页。

我们知道，中国的礼教思想是影响中国古代女子行为规范的一个重要因素。它起于远古，形成于先秦，发展于秦汉，其对人们思想观念影响的程度随时间的推移而逐步深入。那么，在汉代封建礼教思想的逐步熏陶下，汉代女子是否依然与先秦女子一样是田间劳动的重要参与者呢？以下我们试分阶层地从文献与考古两个方面来分析。

（一）民妇亲田

在汉代文献中，我们可以发现很多有关民妇上田间劳动的记载。其中既有夫妻一同上田间劳动者，如《汉书·杨恽传》载："是故身率妻子，戮力耕桑，灌园治产，以给公上"[①]；《后汉书·逸民列传》载：庞公夫妻相敬如宾，"因释耕于垄上，而妻子耘于前"[②]；《三国志·蜀书·廖立传》：廖立为民，"躬率妻子耕殖自守"[③]；干宝《搜神记》："有周擥啧者，贫而好道。夫妇夜耕困卧，梦天公过而哀之"[④]；《汉书·王莽传》："父子夫妇终年耕芸，所得不足以自存"[⑤]；《论衡》："立春东耕，为土象人，男女各二人，秉耒把锄"[⑥]；《三国志·魏书·满宠传》："田向收熟，男女布野"[⑦]。亦有夫在家，妇一人上田间者，如《后汉书·逸民列传》载：

> 高凤，字文通，南阳叶人也。少为书生，家以农亩为业，而专精诵读，昼夜不息。妻尝之田，曝麦于庭，令凤护鸡。时天暴雨，而凤持竿诵经，不觉潦水流麦。妻还怪问，凤方悟之。[⑧]

我们知道，汉代铁制农具进一步普及，牛耕技术也有所进步，其生产技术

①（东汉）班固撰，（唐）颜师古注：《汉书》，中华书局，1962，第2895页

②（南朝宋）范晔撰，（唐）李贤等注：《后汉书》，中华书局，1965，第2776页。

③（晋）陈寿撰，（南朝宋）裴松之注，陈乃乾校点：《三国志》，中华书局，1959，第998页。

④（晋）干宝撰，李剑国辑校：《新辑搜神记》，中华书局，2007，第154页。

⑤（东汉）班固撰，（唐）颜师古注：《汉书》，中华书局，1962，第4111页

⑥（东汉）王充撰，黄晖校释：《论衡校释》，中华书局，1990，第7023页。

⑦（晋）陈寿撰，（南朝宋）裴松之注，陈乃乾校点：《三国志》，中华书局，1959，第725页。

⑧（南朝宋）范晔撰，（唐）李贤等注：《后汉书》，中华书局，1965，第2768页。

相比先秦明显提高。然而，在自耕农经济占主导地位的情况下，生产组织一般以家庭为单位，而汉代的家庭形态多为核心式家庭（如人常言的五口之家）。因此，无论是施行耦耕，还是进行耧播，一般都需要夫妇的共同参与。这样，妇上田间也就不足为奇了。

（二）官吏之妻亲自耕田

从文献中我们可以发现很多记载官吏之妻亲田桑的资料。如《汉书·高帝纪》中就曾记载了高祖在做泗水亭长时，其妻吕雉与子在田间劳动的情况："高祖尝告归之田。吕后与两子居田中，有一老父过请饮，吕后因餔之。"[①]又谢承《后汉书》也载：魏霸为巨鹿太守，妻子不到官舍，"妇亲蚕桑，子躬耕"[②]；《后汉书·王良传》载：东汉司徒司直王良之妻，"布裙曳柴，从田中归"[③]。诸如此类，夫为吏，妻亲自耕田的事例在汉代比比皆是。

我们知道，在汉代，夫为官，居于官府，一般是不能与妻子共同赴任的，而且汉代官员俸禄很低，这样也就使得官员之在家的妻子不得不自食其力了。

除文献资料外，我们从大量的考古材料中也可以看到汉代女子从事田间劳动的情形。湖北江陵凤凰山168号汉墓中有竹简云："田者男女各四人，大奴大婢各四人"，9号汉墓中有几十片类似"大婢信，田，操楂"的简[④]。甘肃嘉峪关新城汉墓出土的画像砖中，其中有刻画"一农妇在前播种，一农夫在后打土块"者，也有刻画"一男子在前驱牛耕地，一女在后播种"者，以及"男的持杈扬扬，女的抱麦子""一农妇持连枷打场"者[⑤]。山东黄家岭出土的汉画像砖上，也有"一男子操着一犋耦耕，另一男子操着一犋耙，三个妇女在锄地"的画面[⑥]。

田间劳动不仅包括农耕劳动，而且也包括蚕桑劳动。汉代的文学作品则较

---

①（东汉）班固撰，（唐）颜师古注：《汉书》，中华书局，1962，第5页。

②周天游辑注：《八家后汉书辑注》，上海古籍出版社，1986，第426页。

③（南朝宋）范晔撰，（唐）李贤等注：《后汉书》，中华书局，1965，第933页。

④俞伟超：《古史分期问题的考古学考察》，《文物》1981年第5期，第53—54页。

⑤嘉峪关市文物清理小组：《嘉峪关汉画像砖》，《文物》1972年第12期，第33—36页。

⑥《山东黄家岭汉画像砖墓》，《考古》1972年第8期。

多地描绘了未婚女子独自采桑的情形，如《陌上桑》中写道："秦氏有好女，自名为罗敷。罗敷喜蚕桑，采桑城南隅。"[①]曹植的《美女篇》中也写道："美女妖且闲，采桑歧路间。柔条芬冉冉，叶落何翩翩。"[②]

从上述可知，在汉代，参与农业活动的女性不仅有已婚妇人，而且也有未婚女子；其阶层身份有官吏之妻，也有普通小农家庭之妇；其参与的方式有与夫一起去者，也有与子去者，而且也有独自去者；其参与的劳动内容既有采桑耕种，也有锄地、收割、碾打，可以说农业劳动的全过程都有参与。汉代妇女参与农业活动的情况反映了汉代妇女对农业经济发展的贡献[③]。

三、家庭饲养、酿酒及手工制作

汉代女子的经济活动，除从事纺织、农耕活动外，还从事家庭饲养、酿酒及手工制作等活动。

（一）家庭饲养活动

在自给自足的自然经济占主导地位的时代，家庭饲养业是家庭产业的重要组成部分。而在传统的社会习俗下，承担这一责任的主要是家庭中的女性。女性负责家庭饲养的情形在考古材料中多有反映。如成都土桥东汉墓出土的一块画像石上就刻有一小院，院内鸡、鸭、鹅、猪、狗成群，旁边两位妇人踞坐在

①（宋）郭茂倩编：《乐府诗集》，中华书局，1979，第410页。

②（唐）徐坚等撰：《初学记》，中华书局，1962，第445页。第456页。

③虽然汉代女性并没有直接从国家分得土地，但汉代女性依然参与农业劳动，这二者是不矛盾的。因为中国古代女子授田有文字明确记载是从晋代开始的，如晋代的占田制规定男子一人占田70亩，女子30亩。而汉代的土地分配制度是对前代土地分配制度的继承。如汉代的土地授与制度仍实行秦代的一夫一顷，有军功者依次增加。这表面上看土地似乎是授给男性的，而女性没有被授与土地，但仔细分析似乎并不如此，因为有一夫必有一妇，而且汉代多实行核心家庭制，所以一夫一顷也就意味着是一夫一妇可得一顷土地。况且，汉代土地制度仍然属于土地私有制，国家掌握与分配的土地只是少数，农民获得土地还可靠垦荒、购买或屯田转化等形式。又汉代土地授与的无性别差异制与汉代赋税缴纳的无性别差异制是一致的。汉代的田税按一家占有土地的多少征收，人头税则按人头征收，其间也都无性别差异。

地，似在喂食[①]。这一生动活泼的女性饲养家禽家畜图可谓女性从事家庭饲养的鲜明例证。

（二）家庭酿酒活动

酒是中国传统饮食文化的一大主要内容，自古以来中国人就有以酒佐餐的习惯。酒在日常生活中的消费很大，在汉代，甚至女子饮酒也是很普遍的现象，如汉代的正史资料中多次出现皇帝赐天下女子百户牛酒的记载。酒的消费很普遍，也就意味着酿酒业也是一项非常普遍的产业。而在汉代，从事这一普遍产业生产的不仅有男性，也有女性。女性从事这一生产可从考古出土的画像砖中得到反映。如四川成都市新都县（今新都区）出土一汉画像砖，“画面是一酿酒作坊，正中大釜为酿缸，一妇人左手扶缸，右手正在缸内操作，似在和曲或搅拌，其右一男人似在协助酿酒”[②]。另，彭州市出土的画像砖《酿酒》图中也有妇女参与酿酒的情形。

（三）手工制作业

在未有机器化大生产的古代社会，一切的生活用品及生产用品的制造几乎全靠手工完成。而在这一手工生产时代，女性的双手不仅用于纺织、刺绣、缝纫上，而且还用于制作鞋履、编织筐等用具上。如谢承《后汉书·夏勤》载：“九江夏勤字伯宗，家贫，作履供食，常作一量履断，勤置不卖。出行，妻卖以籴米。勤归炊熟，怪问何所得米，妻以实告。勤责曰：‘卖毁物，歉取其直也。’”[③]这里女子作履是以谋生也。又《后汉书·逸民列传》载，女子孟光“求作布衣、麻屦、织作筐缉绩之具”[④]。这里女子作麻屦、织作筐缉绩之具以备自用也。

当然了，以上考古资料中所反映的饲养家禽家畜及参与酿酒之女子的身份，并不一定都是小农家庭中的女性，其或许有为私家或官府之婢女者，但无

①刘志远、余德章、刘文杰编著：《四川汉代画像砖与汉代社会》，文物出版社，1983，第46页。
②刘志远、余德章、刘文杰编著：《四川汉代画像砖与汉代社会》，文物出版社，1983，第50页。
③周天游辑注：《八家后汉书辑注》，上海古籍出版社，1986，第270页。
④（南朝宋）范晔撰，（唐）李贤等注：《后汉书》，中华书局，1965，第2766页。

论如何，它都说明了一点，即汉代女子从事家庭劳作活动具有广泛性的特点。

四、商业活动

封建社会四大职业类型——士农工商，商业处其末端。在汉代社会，从事商业活动不仅受世俗观念的轻视，也受政府政策的打击。如《汉书·晁错传》载：谪戍，“先发吏有谪及赘婿、贾人，后以尝有市籍者，又后以大父母、父母尝有市籍者，后入闾，取其左”①。也就是说，商人比普通良民更易成为被谪戍边的对象。在一方面商业活动受到社会歧视与政府的打击，另一方面礼教也要求女子居于内，不出外的双重情况下，汉代女子是否仍会抛头露面从事商业活动也就成为一个颇值得探讨的问题。

（一）经营卖酒业

从上述可知，汉代女子的经济活动包括有参与酿酒业。其实在汉代，女子不仅参与酿酒，而且也参与卖酒。《汉书·高帝纪》载，汉高祖刘邦少时“常从王媪、武负贳酒”②，这里的王媪、武负即卖酒的妇人③。《史记·司马相如列传》载，相如回到临邛，“尽卖其车骑，买一酒舍酤酒，而令文君当炉”④。这是汉代著名才女卓文君临街卖酒的文献记载。又汉代辛延年的《羽林朗》中也描写了一位胡姬女子当垆卖酒的情形：“昔有霍家姝，姓冯名子都。依倚将军势，调笑酒家胡。胡姬年十五，春日独当垆。”⑤可见，在汉代，女子开铺卖酒是一个普遍的社会现象。

（二）从事小商小贩之贩卖活动

这种活动与店铺式的酤酒活动不同的是，其以四处奔走为特点，经营范

---

①（东汉）班固撰，（唐）颜师古注：《汉书》，中华书局，1962，第2284页。

②（东汉）班固撰，（唐）颜师古注：《汉书》，中华书局，1962，第2页。

③《史记》卷8《高祖本纪》索隐韦昭云：“媪，妇人长老之称。”参见（西汉）司马迁：《史记》，中华书局，1959，第342页。

④（西汉）司马迁撰，（南朝宋）裴骃集解，（唐）司马贞索隐，（唐）张守节正义：《史记》，中华书局，1959，第3000页。

⑤（宋）郭茂倩编：《乐府诗集》，中华书局，1979，第909页。

围也多为生活日用品。《汉书·东方朔传》载，董偃“与母以卖珠为事，偃年十三，随母出入主家”[①]。《后汉书·朱儁列传》载，朱儁“少孤，母尝贩缯为业。……儁乃窃母缯帛，为规解对。母既失产业，深恚责之”[②]。《三国志·蜀书·先主传》载：“先主少孤，与母贩履织席为业。”[③]以上董偃、朱儁、刘备之母在失去丈夫以后，都曾携带幼子从事过小商贩之贩卖活动。又《后汉书·灵帝纪》载，汉灵帝在后宫设置列肆，“使诸采女贩卖，更相盗窃争斗”[④]。汉灵帝让宫女们装扮贩卖，从侧面也说明了汉代社会存在女子经商活动。

（三）从事某一项大宗的销售活动

居延新简中有这样的材料，《候粟君所责寇恩事》载，粟君为甲渠候官，雇人为其捕鱼卖鱼，并令其妻业跟随卖鱼人寇恩去觻得县卖鱼，兼管理收账事宜。兹录显示粟君妻业参与这次商业活动的简文如下，其中原组简之：

> 简（10）曰：恩到觻得卖鱼尽，钱少，因卖黑牛，并以钱卅二万付粟君妻业
>
> 简（13）曰：恩粂大麦二石付业，直六千。又到北部，为业卖肉十斤，直谷一石，石三千，凡并
>
> 简（14）曰：为钱二万四千六百，皆在粟君所。[⑤]

这是边疆地区为吏者之妻参与商业贩卖活动的一份资料。从这我们可以看出，在汉代，也有女子去外地从事商业销售活动的现象。虽然该资料不具有普遍性的特点，但它至少可以看作是对汉代女子从事商业活动的有力佐证。

从上可知，汉代女子所从事的商业活动多小规模经营，而且经营者的身份多为低级官吏以下家庭中的良家妇女。这一方面说明，汉代的抑商政策主要针对的是脱离农业、专以商业谋取最大利润的大商人，而以谋生为主的小商小贩

①（东汉）班固撰，（唐）颜师古注：《汉书》，中华书局，1962，第2853页。
②（南朝宋）范晔撰，（唐）李贤等注：《后汉书》，中华书局，1965，第2308页。
③（晋）陈寿撰，（南朝宋）裴松之注，陈乃乾校点：《三国志》，中华书局，1959，第871页。
④（南朝宋）范晔撰，（唐）李贤等注：《后汉书》，中华书局，1965，第346页。
⑤甘肃文物研究所等编：《居延新简》，文物出版社，1990，第475—476页。

则不在限制之列；另一方面也反映出普通家庭妇女对家庭经济的贡献，而这正是其家庭地位的保障。

汉代女子从事商业活动，一方面与汉代社会经济发展状况有关，另一方面也与长久以来形成的社会习俗有关。如《周礼》载："大市，日昃而市，百族为主；朝市，朝时而市，商贾为主；夕市，夕时而市，贩夫贩妇为主。"[①]从中我们不难看出在先秦时代女子从事商业活动的情形。又秦简《日书》中有这样的记载："庚寅生子，女为贾。"[②]这里虽然不是对女子经营商业活动的直接描写，但从其以女子出生日来占卜是否以后从事商业，可以看出在秦代，女子经商乃常事。所以在传统的习俗势力影响下，汉代女子从事商业活动也是不难理解的事。

综上可知，汉代女子在现实生活中并非如礼教中所宣扬的那样大门不出，二门不迈，专以家务劳动为职。相反，她们从事的经济活动甚至比男子还更为广泛。恩格斯曾经说过，只要妇女依然被排除于社会的生产劳动之外而只限于从事家庭的私人劳动，那么妇女的解放，妇女同男子的平等，现在和将来都是不可能的。妇女的解放只有在妇女可以大量地、社会规模地参加生产，而家务劳动只占她们极少的工夫的时候，才有可能。毛泽东在《湖南农民运动考察报告》中也曾说过："夫权这种东西，自来在贫农中就比较地弱一点，因为经济上贫农妇女不能不较富有阶级的女子多参加劳动，所以她们取得对于家事的发言权以致决定权的是比较多些。"[③]可见，在马克思主义看来，妇女是否参与社会劳动是判断妇女解放与妇女地位的重要尺度。那么，汉代女子与男子一样参与社会劳动，是否说明在中国历史上，汉代女子在家庭与社会中应拥有较高地位呢？

①（东汉）郑玄注，（唐）贾公彦疏：《周礼注疏》，中华书局，1980，第734页。

②吴小强：《秦简日书集释》，岳麓书社，2000，第101页。

③毛泽东：《毛泽东选集》第1卷，人民出版社，1952，第32页。

第三节
官吏夫妻分居考

在古代阶级社会，官吏属于一个承上启下的群体，而在礼制社会，妻随夫，那么官吏的妻子也可划为一个群体。这既不属于以职业来划分，也不属于按阶级来划分。为了研究这群人的生活形态，姑且把她们列为一类。官吏夫妻分居属于官吏家庭生活的内容，正史没有明确的记载，但它与官僚制度中的官舍相关。所以，在正史资料缺乏的情况下，透过对官舍制度的研究，我们就可以了解到官吏家庭生活的一些方面，然后由此分析官吏妻子在家庭生活中的形态与地位。

既然官舍制度与本节有关，不妨回顾一下学界对此的研究情况。日本学者大庭脩首次将汉代官吏的家庭生活纳入官僚政治体系的研究之中。他在《秦汉法制史研究》之《官吏的舍》一节中，对汉代官吏的家庭生活情况作了简单描述，他认为汉代官吏在工作期间一般是居于官舍的，只有在休沐时才可回家与妻子家人团聚[①]。蔡万进在论及汉代吏休制度时，也谈及汉代官吏的居住问题[②]。他的看法与大庭脩的基本一致。然细读秦汉时期的文献材料，可知汉代官吏夫妻的居住情况具有多样性。

我们知道，秦汉时代官府有供官吏工作时休息的地方。如《史记·李斯列传》：

①［日本］大庭脩：《秦汉法制史研究》，林剑鸣等译，上海人民出版社，1991。

②蔡万进：《尹湾汉简〈元延二年日记〉所反映的汉代吏休制度》，《中国史研究》2003年第2期。

（李斯）年少时，为郡小吏，见吏舍厕中鼠食不絜，近人犬，数惊恐之。[①]

又《史记·叔孙通传》：

叔孙通已出宫，反舍，诸生曰："先生何言之谀也？"[②]

《史记·司马相如传》载相如游梁：

梁孝王令与诸生同舍，相如得与诸生游士居数岁，乃著《子虚之赋》。[③]

《史记·儒林列传·董仲舒传》：

中废为中大夫，居舍，著《灾异之记》。[④]

《汉书·张汤传》：

汤尝病，上自至舍视，其隆贵如此。[⑤]

从以上文献记载可以看出，在汉代，从地方小吏到京城高官，他们在官府中皆有"舍"或"吏舍"供其居住。既然官府为官吏提供了工作时休息之处，那么，是否汉代官吏工作之日都居于吏舍呢？以下我们分地方官与京官、小吏与长官四种情况分别考察。

①（西汉）司马迁撰，（南朝宋）裴骃集解，（唐）司马贞索隐，（唐）张守节正义：《史记》，中华书局，1959，第2539页。
②（西汉）司马迁撰，（南朝宋）裴骃集解，（唐）司马贞索隐，（唐）张守节正义：《史记》，中华书局，1959，第2721页。
③（西汉）司马迁撰，（南朝宋）裴骃集解，（唐）司马贞索隐，（唐）张守节正义：《史记》，中华书局，1959，第2999页。
④（西汉）司马迁撰，（南朝宋）裴骃集解，（唐）司马贞索隐，（唐）张守节正义：《史记》，中华书局，1959，第3128页。
⑤（东汉）班固撰，（唐）颜师古注：《汉书》，中华书局，1962，第2641页。

一、地方小吏

地方小吏即在郡县地方任职的下级官吏。《汉书·薛宣传》载：

> 及日至休吏，贼曹掾张扶独不肯休，坐曹治事。宣出教曰：“盖礼贵和，人道尚通。日至，吏以令休，所繇来久，曹虽有公职事，家亦望私恩意。掾宜从众，归对妻子，设酒肴，请邻里，壹笑相乐，斯亦可矣。”扶惭愧。官属善之。[①]

“日至”日是汉代社会官吏的休假日，张扶为贼曹掾，属于地方小吏，其日至日仍坐曹治事，不肯归家，这说明汉代地方小吏工作时是居于官舍的，只有到了休假时才可回家与家人妻子团聚。

“日至”休假，相当于我们现代社会法定的节假日休假。在汉代，官吏除了法定的节假日可休息外，还有“五日一洗沐”制[②]，即现代社会的星期天休息制。问题是“五日一洗沐”制是否适用于地方小吏？传世文献没有对此的直接说明，不过，我们可从以下材料中分析得知。

谢承《后汉书》：

> （祝皓）为吏归休，先周旋乡里，吊死问疾毕，乃还家。[③]

这里，地方小吏祝皓工作时是与妻子分居的。

《孔雀东南飞》：

> 府君闻此变，因求假暂归。未至二三里，摧藏马悲哀。[④]

庐江府小吏焦仲卿闻听家中有变故请假回家，也反映了其平日夫妻分居的事实。又秦嘉《赠妇诗》：

---

①（东汉）班固撰，（唐）颜师古注：《汉书》，中华书局，1962，第3390页。

②（唐）徐坚等撰：《初学记》，中华书局，1962，第482页。

③周天游辑注：《八家后汉书辑注》，上海古籍出版社，1986，第239页。

④（宋）郭茂倩编：《乐府诗集》，中华书局，1979，第1037页。

既得结大义，欢乐苦不足。念当远离别，思念叙款曲。[①]

徐淑《盘中诗》：

吏人妇，会夫稀……君有行，妾念之，出有日，还无期。[②]

从秦嘉与徐淑夫妇的诗中可以看出，秦嘉在郡任小吏时与妻子徐淑是两地分居的，否则就不会有那么强烈的离别相思之苦。

又《后汉书·列女传》载：

吴许升妻者，吕氏之女也，字荣。……（升）寻被本州辟命，行至寿春，道为盗所害。刺史尹耀捕盗得之。荣迎丧于路，闻而诣州，请甘心仇人。[③]

吴许升在赴任途中被盗所害，妻子吕荣从家中往迎丧，这反映出地方小吏在赴任时是不与妻子同往的。

除以上材料可说明地方小吏任职时是与妻子分居的外，考古材料也给了我们这方面的证明。如尹湾汉简《元延二年日记》中就记载了一个地方小吏的休假情况，从中可以看出其休假并非一成不变地遵循五日一休制，而是可以灵活变通，如将该休的假日可以积累起来一次休；此外，居延简及敦煌简中也有反映边隧隧长或隧卒一次休几十天假的情况[④]。

其实，地方小吏适当地将休假日积累起来休，是与古代不发达的交通情况紧密相关的。谢承《后汉书》："（许荆）家贫为吏，无有船车，休假，常单步荷担上下，清节称于乡里。"[⑤]像许荆这样步行回家，如假日非一天以上，休假归家则是不可想象的。此外，其休假时间的不确定性与其工作时间的可灵活

①（南朝陈）徐陵选编，（清）吴兆宜注，（清）程琰删补：《玉台新咏笺注》，吉林人民出版社，1999，第27页。

②周天游辑注：《八家后汉书辑注》，上海古籍出版社，1986，第363页。

③（南朝宋）范晔撰，（唐）李贤等注：《后汉书》，中华书局，1965，第2795页。

④蔡万进：《尹湾汉简〈元延二年日记〉所反映的汉代吏休制度》，《中国史研究》2003年第2期。

⑤周天游辑注：《八家后汉书辑注》，上海古籍出版社，1986，第151页。

变通性也是相一致的。华峤《后汉书》："刘平为全椒令，掾吏五日一朝，罢门阑卒署，各遣就农。"[①]全椒县掾吏"五日一朝"的情况，反映了地方小吏的工作时间具有地方性特点。既然工作时间可以灵活变通，那么休假方面的灵活变通也就成为可能。

以上地方小吏无论是在法定节假日休假，还是将"五日一洗沐"制的沐浴日积累起来休，其工作时与妻子分居的情况则毋庸置疑。

二、地方长官

这里的地方长官主要指在地方任职的太守、县令、刺史等一级官员。前文已言，汉代官府有官舍可供官员工作时居住，那么作为地方的长官，其工作时是否也和小吏一样夫妻两地分居呢？

《汉书·朱买臣传》：

> 入吴界，见其故妻、妻夫治道。买臣驻车，呼令后车载其夫妻，到太守舍，置园中，给食之。[②]

朱买臣在赴任太守途中，见到其贫困潦倒的前妻与新夫，载其到太守府，并安置在太守舍中。可见，太守舍具有供多人居住生活之功能。

又《后汉书·孝桓帝纪》注引《东观记》曰：

> 时贼乘刺史车，屯据临湘，居太守舍。贼万人以上屯益阳，杀长吏。[③]

众贼居住于太守舍，再次证明太守舍的多人居住功能。这就为长官与妻子同住提供了条件。

事实上，在汉代是允许地方长官赴任时与妻子同往的，正如文献所说"若

---

①周天游辑注：《八家后汉书辑注》，上海古籍出版社，1986，第551页。

②（东汉）班固撰，（唐）颜师古注：《汉书》，中华书局，1962，第2793页。

③（南朝宋）范晔撰，（唐）李贤等注：《后汉书》，中华书局，1965，第310页。

吏妻子居官寺舍”[①]。所以，汉代史籍中不乏地方长官妻子入住官舍的记载，兹举部分以说明。

《汉书·冯野王传》：

（成帝时野王出为琅邪太守）是时，成帝长舅阳平侯王凤为大司马大将军，辅政八九年矣，时数有灾异，京兆尹王章讥凤颛权不可任用，荐野王代凤。上初纳其言，而后诛章，语在《元后传》。于是野王惧不自安，遂病，满三月赐告，与妻子归杜陵就医药。[②]

冯野王为琅邪太守，赐告时与妻子一起归家乡杜陵，说明冯野王之妻子在冯野王为地方太守时，是与他在一起生活的。

《汉书·薛宣传》：

宣弟修，“历郡守、京兆尹、少府，善交接，得州里之称。后母常从修居官”。[③]

此例虽未言及妻子随夫居官，但后母随从居官，也说明家眷是可以随从居官的。

《后汉书·孔奋传》：

时陇西余贼隗茂等夜攻府舍，残杀郡守，贼畏奋追急，乃执其妻子，欲以为质。奋年已五十，唯有一子，终不顾望，遂穷力讨之。[④]

陇西贼攻郡守府舍，执郡守妻子以为质，说明郡守妻子当时与郡守一同居于郡舍。

司马彪《续汉书》：

第五伦迁会稽太守，虽为二千石，常布被布襦，自斩草养马，妻

①（东汉）班固撰，（唐）颜师古注：《汉书》，中华书局，1962，第3733页。
②（东汉）班固撰，（唐）颜师古注：《汉书》，中华书局，1962，第3303页。
③（东汉）班固撰，（唐）颜师古注：《汉书》，中华书局，1962，第3394页。
④（南朝宋）范晔撰，（唐）李贤等注：《后汉书》，中华书局，1965，第1099页。

子炊灶。[①]

伏湛字惠公，更始元年，拜为平原太守。遭仓卒兵起，莫不惊扰，而湛独安然教授。谓妻子曰："一谷不升，国君撤膳。今人皆饥，奈何独饱？且食粗粝。"[②]

谢承《后汉书》：

韩崇为汝南太守，遗妻子粗饭，唯菜茹盐豉而已。[③]

张璠《后汉纪》：

（延熹七年）陈球为零陵太守。球到郡，设方略，期月间贼虏消散。而州兵朱盖等反，与贵阳贼胡兰数万人转攻零陵。零陵下湿，编木为城，不可守备，郡中惶恐。掾吏白请遣家避难。球怒曰："太守分国虎符，受任一郡，岂顾妻孥而沮国威重乎？复言者斩！"乃悉郡内吏民老弱，与共城守。[④]

（建宁元年）景父荣，章、和世为尚书令。初景历位牧守，好善爱士，每岁举孝廉，延请入，上后堂。与家人宴会，如此者数四。[⑤]

《三国志·卫臻传》：

夏侯惇为陈留太守，举（卫）臻计吏，命妇出宴，臻以为"末世之俗，非礼之正"。惇怒，执臻，即而赦之。[⑥]

以上第五伦、伏湛、韩崇、陈球、张景、夏侯惇等为太守、牧守等地方长官时，均与妻子同住官舍，则是对汉代地方长官的妻子可入住官舍的具体说明。

①周天游辑注：《八家后汉书辑注》，上海古籍出版社，1986，第404页。
②周天游辑注：《八家后汉书辑注》，上海古籍出版社，1986，第364页。
③周天游辑注：《八家后汉书辑注》，上海古籍出版社，1986，第203页。
④周天游辑注：《八家后汉书辑注》，上海古籍出版社，1986，第702页。
⑤周天游辑注：《八家后汉书辑注》，上海古籍出版社，1986，第704页。
⑥（晋）陈寿撰，（南朝宋）裴松之注，陈乃乾校点：《三国志》，中华书局，1959，第647页。

汉代地方长官任职一般采取不在本郡的原则，所以在交通不便，又远离家乡的情况下，很难在“五日一洗沐”时与家人团聚，因此，汉朝政府允许地方长官与妻子共同赴任。至于赴边任职者，一则边县条件艰苦，二则更是背井离乡，所以偕妻子赴任更在情理之中。

《列女传·节义篇》：

> 二义者，珠崖令之后妻及前妻之女也。女名初，年十三。珠崖多珠，继母连大珠以为系臂。及令死，当送丧。法，内珠入于关者死。①

珠崖令死后，妻子护丧回关内，这就说明珠崖令在任职时，是与其妻子一起在珠崖生活的。

司马彪《续汉书》：

> （孔奋守姑臧长）在姑臧积四岁，财产不增。奋素孝，自来为长时，供养至谨。在姑臧，唯母极膳，妻子饮食但葱韭。②

孔奋在姑臧任职时，其母亲、妻子一起陪同其在姑臧生活，也可看作赴边县任职者可与家眷之同住明证。

我们知道，汉代官吏的俸禄一般很低，有些甚至不足以养家。因此，在非常注重为官廉洁的时代，妻子脱离生产以家属的身份入住官舍，难免会给讲究廉洁的丈夫的名声带来负面影响。因此，有些官吏从名声、仕途考虑，自动放弃妻子入居官舍的权利。这样就出现许多妻子不入官舍的事例。

《汉书·何并传》：

> 性清廉，妻子不至官舍。③

谢承《后汉书》：

> （魏霸）为巨鹿太守。临郡，终不遣吏归乡里。妻子不令到官

①张涛：《列女传译注》，山东大学出版社，1990，第195页。

②周天游辑注：《八家后汉书辑注》，上海古籍出版社，1986，第379页。

③（东汉）班固撰，（唐）颜师古注：《汉书》，中华书局，1962，第3268页。

舍。常念兄嫂在家勤苦，己独尊乐，故常服粗粝，不食鱼肉之味。妇亲蚕桑，子躬耕，与兄弟同苦乐，不得自异。①

（羊续）为南阳太守，妻与子祕俱到官，闭门不纳妻子。病困，谓子祕曰："吾有马一匹，卖以买棺，牛车一乘，载丧归，勿受郡送。"②

巴祗字敬祖，为扬州刺史，在任不迎妻子，俸禄不使有余。③

（羊茂）为东郡太守，冬坐白羊皮，夏处单板榻，尝食干饭，出界买盐豉，妻子不历官舍。④

（高）弘为琅玡郡相。妻子不历官舍，悉出舍中供设付外，冬坐羊皮，夏坐板榻，以桑杯盛浆水。⑤

《三国志·魏书·裴潜传》注引《魏略》：

（裴潜）虽多所更历，清省恪然。每之官，不将妻子。妻子贫乏，织藜芘以自供。⑥

《三国志·魏书·仓慈传》注引《魏略》：

（令狐劭）后徙丞相主簿，出为弘农太守。所在清如冰雪，妻子希至官省。⑦

《三国志·吴书·吕岱》：

（吕）岱清身奉公，所在可述。初在交州，历年不饷家，妻子

①周天游辑注：《八家后汉书辑注》，上海古籍出版社，1986，第16页。
②周天游辑注：《八家后汉书辑注》，上海古籍出版社，1986，第31页。
③周天游辑注：《八家后汉书辑注》，上海古籍出版社，1986，第157页。
④周天游辑注：《八家后汉书辑注》，上海古籍出版社，1986，第257页。
⑤周天游辑注：《八家后汉书辑注》，上海古籍出版社，1986，第551页。
⑥（晋）陈寿撰，（南朝宋）裴松之注，陈乃乾校点：《三国志》，中华书局，1959，第672页。
⑦（晋）陈寿撰，（南朝宋）裴松之注，陈乃乾校点：《三国志》，中华书局，1959，第515页。

饥乏。[①]

在讲究为官作风清廉的汉代，许多官吏不与妻子共同赴任，加之汉代地方长官任职一般采取不用本郡人的原则，因此，在古代交通不甚便利的情况下，就造成廉洁或循规蹈矩的地方长官长期与妻子分居的事实。

三、京师小吏

京师小吏既包括宫外各衙门中的掾吏，也包括入值宫中之中官。前文已言地方小吏平日工作期间居于官舍，与妻子分居。那么京师小吏是否也如此呢？

《后汉书·应奉传》注引《汝南记》：

> 元义父伯考为尚书仆射，元义还乡里，妻留事姑甚谨，姑憎之，幽闭空室。[②]

司马彪《续汉书》：

> 东海王良字仲子，亦为司徒司直行大司徒事，居贫守约，妻子不之官。
>
> （王良）为大司徒（司直），鲍恢为司徒长史，以事至东海，过其家，见良妻布衣徒跣，曳柴从田中归。[③]

又谢承《后汉书》：

> （鸿）弟育为人所侵辱，育后阴结客报怨，为执法吏所得，当伏罪。时未有立嗣，鸿为太尉掾，在京师，伤育以义刷耻，门户断绝，自分代育，遂劾印还归。欲过家，恐见妻子，亏移其意。到县北亭，预作记，乞代育。[④]

以上文献中，伯考为尚书仆射，其夫人却在乡里；王良为司徒司直，在京

①（晋）陈寿撰，（南朝宋）裴松之注，陈乃乾校点：《三国志》，中华书局，1959，第1386页。
②（南朝宋）范晔撰，（唐）李贤等注：《后汉书》，中华书局，1965，第1067页。
③周天游辑注：《八家后汉书辑注》，上海古籍出版社，1986，第370页。
④周天游辑注：《八家后汉书辑注》，上海古籍出版社，1986，第206页。

中任职，其妻却在乡下家中的农田里劳动；太尉掾李鸿从京师回家欲代其弟受过，又恐见到家中的妻子。这些事例证明京师小吏一般在京中任职时是不带家眷的。

京师小吏不同于地方小吏，其虽然长期居住于官舍，非休假不得与家人团聚，但是，其家属可前来探视。谢承《后汉书》载："（黄香）除郎，以父老求归供养。征拜郎中，诏书召黄香在殿下，问：'父年几何？何故不入公府？'"①皇帝问黄香父何故不入公府，说明京师官员也可在公府中接待家人，当然其中也包括妻子。

至于在宫中任职的中官，不仅不能在平日与妻子团聚，而且还需要夜间值宿于台阁。《后汉书·黄香传》载：

> （黄香为尚书郎）常独止宿台上，昼夜不离省闼，帝闻善之。②

《后汉书·钟离意传》：

> （药崧）家贫为郎，常独直台上，无被，枕杫，食糟糠。帝每夜入台，辄见崧，问其故，甚嘉之，自此诏太官赐尚书以下朝夕餐，给帷被皁袍，及侍史二人。③

尚书郎属于中官。黄香与药崧在任尚书郎时都常独宿于台上，则说明了在封建制度下中官工作的重要性，故在值宿时也受到了特殊待遇，如《后汉书·钟离意传》注引蔡质《汉官仪》载："尚书郎入直台中，……太官供食，五日一美食，下天子一等。尚书郎伯使一人，女侍史二人，皆选端正者。伯使从至止车门还，女侍史洁被服，执香炉烧熏，从入台中，给使护衣服。"④女侍史照顾尚书郎就寝，弥补了其独宿官舍、远离妻子所带来的遗憾⑤。

---

①周天游辑注：《八家后汉书辑注》，上海古籍出版社，1986，第551页。

②（南朝宋）范晔撰，（唐）李贤等注：《后汉书》，中华书局，1965，第2614页。

③（南朝宋）范晔撰，（唐）李贤等注：《后汉书》，中华书局，1965，第1411页。

④（南朝宋）范晔撰，（唐）李贤等注：《后汉书》，中华书局，1965，第1411页。

⑤中国封建社会官吏任职不带家属的时代是官伎盛行的时代。明代官伎不侍官吏而侍商贾，明代官舍可带家属。

四、京师长官

这里的京师长官主要指二千石以上的高级官员或部门长官。汉初，政府曾赐予京师二千石以上高级官吏私宅。如《汉书·高帝纪》载："为列侯食邑者皆佩之印，赐大第室。吏二千石，徙之长安，受小第室。"[①]这样，汉初的京师高官就可以举家迁徙京城。

高帝以后未见有类似诏令，但是与地方长官一样，京师长官也有官舍可居住。《史记·袁盎晁错列传》："（吴相袁盎）乃之丞相舍，求见丞相。"[②]《汉书·张汤传》："（武帝时，张汤为御史大夫）汤尝病，上自至舍视，其隆贵如此。"[③]

京师长官所住的官舍是否会像私宅那样安置其家眷呢？《汉书·何武传》载：

> （何武）后母在郡，遣吏归迎。会成帝崩，吏恐道路有盗贼，后母留止，左右或讥武事亲不笃。哀帝亦欲改易大臣，遂策免武曰："君举错烦苛，不合众心，孝声不闻，恶名流行，无以率示四方。其上大司空印绶，罢归就国。"[④]

何武在京中身为大司空，因未及时迎接母亲以尽孝子之心而被罢官，这一事件说明，一般情况下身为京师长官应该接家眷于官舍。事实上，大多数京师长官也都会将其妻子接到京城居住[⑤]。

《后汉书·桓晔传》：

---

①（东汉）班固撰，（唐）颜师古注：《汉书》，中华书局，1962，第78页。

②（西汉）司马迁撰，（南朝宋）裴骃集解，（唐）司马贞索隐，（唐）张守节正义：《史记》，中华书局，1959，第2741页。

③（东汉）班固撰，（唐）颜师古注：《汉书》，中华书局，1962，第2641页。

④（东汉）班固撰，（唐）颜师古注：《汉书》，中华书局，1962，第3486页。

⑤事实上，汉代的官舍一般具有供长官妻子居住生活之功能。如刘敦桢《大壮室笔记》之《两汉官署》条曰："至两汉官寺皆有官舍寝堂，以处眷属，其在丞相府者，简称府舍，又曰相舍……汉官寺自九卿郡守，迄于县治邮亭传舍，外为厅事，内置官舍，一如古前堂后寝之状，虽体制或有繁简，区布之法固无异也。"转引自廖伯源：《秦汉史论丛》（增订本），中华书局，2008，第358页。

姑为司空杨赐夫人，……后每至京师，未尝舍宿杨氏。[①]

桓晔至京城未尝舍宿于其姑司空夫人舍，可见司空夫妇一起生活在京师。

华峤《后汉书》：

桓荣字春卿，迁太常。明帝即位，尊以师礼，甚见亲重。乘舆幸太常府，荣东面坐，设几杖，会百官，天子亲自执经。即罢，悉以太官供具赐太常家，其恩礼若此。[②]

明帝“悉以太官供具赐太常家”，可见太常将其家眷已迁住太常府。

《后汉书·应奉传》注引《汝南记》：

（华）仲为将作大匠，妻乘朝车出。[③]

华仲妻乘朝车出，说明华仲妻与华仲一起生活在京城。

《后汉书·许劭传》注：

（陈）蕃丧妻，乡人毕至，唯许子将不往。[④]

陈蕃丧妻还葬，说明陈蕃之妻生前是居住于京城的。

谢承《后汉书》：

会稽盛吉字君达，为庭尉，自掌宪，常恳恻垂念之。每冬至节，罪囚当断，夜省坐状，其妻执烛，吉持丹笔，夫妻相向垂泪而决罪。[⑤]

庭尉夜决狱，其妻为之执烛，说明庭尉夫妇是经常一起生活的。

《后汉书·李固传》注引谢承《后汉书》曰：

（李固，司徒郃之子也）每到太学，密入公府，定省父母，不令

①（南朝宋）范晔撰，（唐）李贤等注：《后汉书》，中华书局，1965，第1259页。

②周天游辑注：《八家后汉书辑注》，上海古籍出版社，1986，第554页。

③（南朝宋）范晔撰，（唐）李贤等注：《后汉书》，中华书局，1965，第1607页。

④（南朝宋）范晔撰，（唐）李贤等注：《后汉书》，中华书局，1965，第2161页。

⑤周天游辑注：《八家后汉书辑注》，上海古籍出版社，1986，第257页。

同业诸生知是郃子。[①]

司徒儿子密入公府，省父母，说明司徒夫妇一起生活在公府。

张璠《后汉纪·灵帝纪》载熹平元年：

> 桓帝窦皇后崩，中常侍曹节、王甫欲以贵人礼葬，太尉李咸自扶舆起，捣椒自随，谓妻子曰："若太后不得配桓帝，吾不生还矣。"[②]

太尉李咸上朝前与妻子话别，说明太尉与妻子平日也是一起生活的。

《汉书·赵广汉传》载：

> 广汉（京兆尹）使所亲信长安人为丞相府门卒，令微司丞相门内不法事。地节三年七月中，丞相傅婢有过，自绞死。广汉闻之，疑丞相夫人妒杀之府舍。……遂自将吏卒突入丞相府，召其夫人跪庭下受辞，收奴婢十余人去，责以杀婢事。[③]

丞相夫人在丞相府杀婢，说明丞相府不仅有夫人一起生活，还有其他家人。

又《后汉书·张禹传》载：

> 延平元年，（张禹）迁为太傅，录尚书事。邓太后以殇帝初育，欲令重臣居禁内，乃诏禹舍宫中，给帷帐床褥，太官朝夕进食，五日一归府。[④]

邓太后因殇帝初育，命太傅张禹等重臣居禁内，五日一归府，这一事实恰好说明正常情况下京师的高级官吏平日里是居于宫外的府邸的[⑤]。

①（南朝宋）范晔撰，（唐）李贤等注：《后汉书》，中华书局，1965，第2073页。

②周天游辑注：《八家后汉书辑注》，上海古籍出版社，1986，第706页。

③（东汉）班固撰，（唐）颜师古注：《汉书》，中华书局，1962，第3205页。

④（南朝宋）范晔撰，（唐）李贤等注：《后汉书》，中华书局，1965，第1498页。

⑤这也说明，"五日一洗沐"制对于京师高级官吏来说，并不是意味着"五日一洗沐"时才可归府与家人团聚，而是平日就可与家人团聚，只是在"五日一洗沐"时不用工作，完全休息的意思。然至于五日工作制下休息几天，则史无明文记载。不过，从一些官员在沐日的活动看，沐日当不止一天。

综上可知，在汉代，无论地方小吏，还是京师小吏，原则上在任职时都不能与妻子同住，除休假外，平日都要过两地分居的生活。长官则不同，无论地方长官，还是京师长官，皆有官舍可供其妻子居住。只不过，在汉代官吏俸禄相对较低的情况下，一些地方长官宁愿放弃妻子可以入住官舍的权利，而过夫妻两地分居的生活；至于京师长官，在京城要么有属于自己的私人府邸，要么有官舍，皆可使妻子入住，无须两地分居。

在夫妻两地分居的家庭里，丈夫在外任职，妻子在家料理家务，在雇佣制还不发达的汉代社会，这就意味着妻子要承担起主要的家务劳动及农田劳动。在汉代官吏俸禄微薄的情况下，妻子挑起日常家务重担，这就为其拥有一定的家庭地位和社会地位打下铺垫，也从而使她们远离了“男主外，女主内”的礼教宣传。而在夫妻团聚的家庭里，妻子随夫赴任，不自觉地扮演起照顾丈夫生活起居的角色，这恰好应了礼教之说辞，形成以夫为中心的情况。这也说明小吏妻子在家庭中有自己的经济来源，可以不需要依靠丈夫的供养，因而其在家庭中也就会拥有一定的地位。而京师长官的妻子入住官舍，负责日常家务事，不直接创造财富，须靠丈夫供养，故其家庭地位就相对较低。所以说女性参加工作，经济上不完全依靠丈夫，是其拥有家庭地位的前提。

第四节
宫女的出路

说起宫女，大家多会想到《上阳白发人》，“少亦苦，老亦苦，少苦老苦两如何！”这是白居易用现实主义的笔法描写的唐代宫女的生活状态，是典型的宫怨诗，宫女脸上的幽怨表情跃然纸上。“一入宫门深似海，从此萧郎是路人”，也是对盛唐宫女命运的写照。那么汉代的宫女是否也是这样呢？本节将对汉代宫女的出路做一探究。

有必要说明的是本节所谈的汉代宫女，不仅包括皇帝的妃妾，也包括供宫廷使唤调遣的侍女。她们是汉代妇女中的一个特殊群体，有些权重如山，甚至可以在朝堂上挥斥男性，有些却是婢女身份，不小心的话，随时都有可能丢了性命。虽然她们的境遇有天壤之别，但她们有一个共同特点，就是都有可能因为皇帝一时的喜好而改变命运。所以本节把她们作为一个群体，通过探索她们的出路，来展示汉代妇女的另一种境遇。

汉代宫女的出路有多种，以下分别论述。

一、出宫女

出宫女，即令宫女出宫归家，然后可以嫁。汉代有以下几种出宫女的形式：

（一）皇帝本人诏令自己的妃妾归家

这种情况首先出现在汉文帝时。《汉书·文帝纪》载文帝遗诏："其令天下吏民，令到出临三日，皆释服。无禁取妇嫁女祠祀饮酒食肉。……归夫人以下至少使。"[①]即夫人以下之美人、良人、八子、七子、长使、少使等妃妾皆遣归家，得以再嫁。孝文帝出妃妾之举对其子景帝颇有影响[②]。因此，景帝继承其父作风，在死前也立遗诏："出宫人归其家，复终身。"[③]景帝这次出宫人的范围可能不只限于有名号的妃妾，应该还包括无名号的普通宫女。这种帝王去世前亲令其后宫妃妾出嫁的事例在汉末三国时期也有发生。曹操生前就曾谓其妃妾曰："顾我万年之后，汝曹皆当出嫁"[④]。其实，魏武帝不独令其妃妾在其死后可得归嫁，即便在其生时，也有归嫁妃妾之举。如《三国志·后妃传》裴注引《魏书》曰："帝欲遣任氏，后请于帝曰：'任既乡党名族，德、色、妾等不及也，如何遣之？'帝曰：'任性狷急不婉顺，前后忿吾非一，是以遣之耳。'"[⑤]任氏终因不如帝意而遣归。又《三国志·魏书·文帝纪》载，黄初七年夏五月丙辰，文帝疾笃，"遣后宫淑媛，昭仪已下归其家"[⑥]。

（二）继任之帝王或当权者出先朝时的宫人

这种情况也首先发生在汉文帝时。《汉书·文帝纪》载，十二年春二月，"出孝惠皇帝后宫美人，令得嫁"[⑦]。汉文帝这种做法也被后代仿效。《汉

---

①（东汉）班固撰，（唐）颜师古注：《汉书》，中华书局，1962，第132页。

②如景帝元年十月下诏曰："孝文皇帝临天下，通关梁，不异远方；除诽谤，去肉刑，赏赐长老，收恤孤独，以遂群生；减耆欲，不受献，罪人不孥，不诛亡罪，不私其利也；除宫刑，出美人，重绝人之世也。"参见（东汉）班固撰：《汉书》，中华书局，1962，第137页。

③（东汉）班固撰，（唐）颜师古注：《汉书》，中华书局，1962，第153页。王鸣盛在其《十七史商榷》卷9《出宫人》条中对文景出宫人之制为后世法的思想也有表述："文帝崩，归夫人以下至少使。景帝崩，亦出宫人归其家。至武、昭，乃有奉陵之制。平帝崩，王莽乃复出媵妾，皆归家。要之，文景之制，信可以为后世法。"参见（清）王鸣盛：《十七史商榷》，中华书局，1962，第92页。

④（晋）陈寿撰，（南朝宋）裴松之注，陈乃乾校点：《三国志》，中华书局，1959，第34页。

⑤（晋）陈寿撰，（南朝宋）裴松之注，陈乃乾校点：《三国志》，中华书局，1959，第160页。

⑥（晋）陈寿撰，（南朝宋）裴松之注，陈乃乾校点：《三国志》，中华书局，1959，第86页。

⑦（东汉）班固撰，（唐）颜师古注：《汉书》，中华书局，1962，第123页。

书·平帝纪》载，平帝崩于未央宫，太后下诏曰："皇帝仁惠，无不顾哀，每疾一发，气辄上逆，害于言语，故不及有遗诏。其出媵妾，皆归家得嫁，如孝文时故事。"[①]又《后汉书·孝和孝殇帝纪》载，延平元年，邓太后诏司徒、大司农、长乐少府曰："自建武之初以至于今，八十余年，宫人岁增，房御弥广。又宗室坐事没入者，犹托名公族，甚可愍焉。今悉免遣，及掖庭宫人，皆为庶民，以舒幽隔郁滞之情。"[②]

其实，在汉代，不仅皇帝死后，其妃妾宫人可出而嫁之，即便是皇帝夫人之侍女，在其所服侍之夫人死后也可以出而嫁之。《西京杂记》卷3载："戚夫人侍儿贾佩阑，后出为扶风人段儒妻。说在宫内时，见戚夫人侍高帝，尝以赵王如意为言，而高祖思之，几半日不言……戚夫人死，侍儿皆复出为民妻也。"[③]

（三）皇帝在世时，出宫人中的"不中用者"或年龄长者

这两种情况都首次出现于汉武帝时。《史记·外戚世家》载：卫子夫"入宫岁余，竟不复幸。武帝择宫人'不中用者'，斥出归之。卫子夫得见，涕泣请出"[④]。又《汉武故事》载：帝"起明光宫，发燕赵美女二千人充之，率皆年十五以上，二十以下，满三十者出嫁之。掖庭总籍"[⑤]。这两种情况也都被后世所继承。如哀帝时有"掖庭宫人年三十以下，出嫁之"之令[⑥]，三国吴孙皓则令"二千石大臣子女，皆当岁岁言名，年十五六一简阅，简阅不中，乃得出嫁"[⑦]。哀帝时出宫人的年龄及孙皓的简阅不中乃得出嫁的做法虽与武帝时稍有差异，但性质基本类似，也就是说，不中帝意者与年龄稍大者都有可能

①（东汉）班固撰，（唐）颜师古注：《汉书》，中华书局，1962，第360页。
②（南朝宋）范晔撰，（唐）李贤等注：《后汉书》，中华书局，1965，第197页。
③（晋）葛洪辑，成林、程章灿译注：《西京杂记全译》，贵州人民出版社，1993，第106页。
④（西汉）司马迁撰，（南朝宋）裴骃集解，（唐）司马贞索隐，（唐）张守节正义：《史记》，中华书局，1959，第1978页。
⑤（东汉）班固：《汉武故事》，文渊阁四库全书本，台湾商务印书馆，1986，第286页。
⑥（东汉）班固撰，（唐）颜师古注：《汉书》，中华书局，1962，第336页。
⑦（晋）陈寿撰，（南朝宋）裴松之注，陈乃乾校点：《三国志》，中华书局，1959，第1203页。

出嫁[①]。

（四）臣下以各种理由建议皇帝出宫女

臣下建议出宫女的事最初出现于汉元帝时。《汉书·贡禹传》载，元帝初即位，年岁不登，谏大夫贡禹言：

> “（孝宣帝时）女皆大过度，诸侯妻妾或至数百人，豪富吏民畜歌者至数十人，是以内多怨女，外多旷夫。……（唯陛下）审察后宫，择其贤者留二十人，余悉归之。……”天子纳善其忠。[②]

这是因社会上畜妻妾之风太盛，臣下建议皇帝出宫女以示范天下也。东汉顺帝时，郎颉也从人性、灾祸的角度上疏皇帝应“简出宫女”。如《后汉书·郎颉传》载郎颉上疏之言：

> 今宫人侍御，动以千计，或生而幽隔，人道不通，郁积之气，上感皇天，故遣荧惑……今陛下多积宫人，以违天意，故皇胤多夭，嗣体莫寄。……宜简出宫女，恣其姻嫁，则天自降福，子孙千亿。[③]

桓帝延熹二年，陈蕃又从经济、人性、祸等角度上疏皇帝应出宫女。《后汉书·陈蕃传》载：

> 比年收敛，十伤五六，万人饥寒，不聊生活，而采女数千，食肉衣绮，脂油粉黛，不可赀计。鄙谚言“盗不过五女门”，以女贫家也。今后宫之女，岂不贫国乎。是以倾宫嫁而天下化，楚女悲而西宫灾。且聚而不御，必生忧悲之感，以致并隔水旱之困。……帝颇纳其言，为出宫女五百余人。[④]

延熹九年，荀爽也有类似上书。如《后汉书·荀爽传》载：

---

①明永乐朝，其妇人入宫后，年至五十愿还乡者可出宫。清代宫女年满25—30岁即可出宫出嫁。

②（东汉）班固撰，（唐）颜师古注：《汉书》，中华书局，1962，第3071—3073页。

③（南朝宋）范晔撰，（唐）李贤等注：《后汉书》，中华书局，1965，第1062页。

④（南朝宋）范晔撰，（唐）李贤等注：《后汉书》，中华书局，1965，第2161页。

> 臣窃闻后宫采女五六千人，从官侍使复在其外，冬夏衣服，朝夕禀粮，耗费缣帛，空竭府藏，征调增倍，十而税一，空赋不辜之民，以供无用之女，百姓贫困于外，阴阳隔塞于内。故感动和气，灾异屡臻。臣愚以为诸非礼聘未曾幸御者，一皆遣出，使成妃合。①

臣下以各种理由建议皇帝出宫女之事，反映了在封建社会初期的汉代，社会士人对女性婚姻权利的尊重，同时，也是汉代社会贞节观念淡薄的反映。

综上所述，汉代所出之宫女，既有宫廷侍女，也有掖庭中的普通宫人，也有皇帝的有名号的妃妾；而皇帝出有名号妃妾的情况多发生在汉初及三国时期。这种特点一方面是汉代后宫制度初建的表现，另一方面也是汉代婚姻贞节观念淡薄的反映②。

二、赐宫女与人婚配

在汉代，皇帝可以出宫女令其自嫁，也可以将宫女赐与人婚配。根据赐与对象的不同，可以分为以下几种情况：

---

①（南朝宋）范晔撰，（唐）李贤等注：《后汉书》，中华书局，1965，第2055页。东汉这种因经济因素而出宫女的情况也对后世产生影响。如《三国志》卷61《吴书·陆凯传》："（陆凯上疏）曰：……自昔先帝时，后宫列女，及诸织络，数不满百，米有畜积，货财有余。先帝崩后，幼景在位，更改奢侈，不蹈先迹。伏闻织络及诸徒坐，乃有千数，计其所长，不足为国财，然坐食官廪，岁岁相承，此为无益，愿陛下料出赋嫁，给与无妻者。如此，上应天心，下合地意，天下幸甚。"参见（晋）陈寿撰：《三国志》，中华书局，1959，第1402页。

②关于汉代婚姻贞节观念之淡薄，可略举以下事例说明。《后汉书·孝明八王·梁节王畅传》载："（梁节王）畅渐惧，上疏辞谢曰：臣天性狂愚，生在深宫，长养傅母之手，信惑左右之言。及至归国，不知防禁。……臣畅小妻三十七人，其无子者愿还本家。自选择谨敕奴婢二百人，其余所受虎贲、官骑及诸工技、鼓吹、仓头、奴婢、兵弩、厩马皆上还本署。"参见《后汉书》，第1676页。《后汉书·梁统传附玄孙冀传》载："初，父商献美人友通期于顺帝，通期有微过，帝以归商，商不敢留而出嫁之。冀即遣客盗还通期。"参见《后汉书》，第1180页。又仲长统《昌言》："妇人有朝哭良人，暮适他士，涉历百庭，颜色不愧。"参见（清）严可均校辑：《全上古三代秦汉三国六朝文》卷89《全后汉文》，中华书局，1958，第954页。《汉书·地理志》："淮南王异国中民家有女者，以待游士而妻之。"参见《汉书》，第1668页。以上诸种情况，可见汉代婚姻观念，女性贞节观念在世人眼里之淡薄。

（一）赐与诸侯王

赐宫女与诸侯王在吕后时期即已出现。《史记·外戚世家》载："窦太后，赵之清河观津人也。吕太后时，窦姬以良家子入宫侍太后。太后出宫人以赐诸王，各五人，窦姬与在行中。"[①]从这则史料中可以看出，窦姬是以太后侍女的身份赐与诸侯王的，也就是说，被选入宫的女子不仅有备皇帝之妃妾者，也有为侍女者，在汉代，侍女与皇帝之妃妾统称为宫女。东汉，赐与诸侯王宫女的事层出不穷。如《后汉书·光武十王·东平宪王苍传》载："皇太后崩。既葬，苍乃归国，特赐宫人奴婢五百人，布二十五万匹，及珍宝服御器物。"[②]又《后汉书·章帝八王·清河孝王庆传》载：

> （安）帝所生母左姬，字小娥，小娥姊字大娥，犍为人也。初，伯父圣坐妖言伏诛，家属没官，二娥数岁入掖庭，及长，并有才色。小娥善史书，喜辞赋。和帝赐诸王宫人，因入清河第。庆初闻其美，赏傅母以求之。及后幸爱极盛，姬妾莫比。[③]

在汉代，皇帝可以赐与诸侯王宫女，但是诸侯王却不得主动娶被出之宫女，否则，将按违法处置。如《后汉书·光武十王列传》载：

> （东海恭王强子）政淫欲薄行。后中山简王薨，政诣中山会葬，私取简王姬徐妃，又盗迎掖庭出女。豫州刺史、鲁相奏请诛政，有诏削薛县。[④]

《后汉书·孝明八王列传》载：

> 党急刻不遵法度。旧禁宫人出嫁，不得适诸国。有故掖庭技人哀

①（西汉）司马迁撰，（南朝宋）裴骃集解，（唐）司马贞索隐，（唐）张守节正义：《史记》，中华书局，1959，第1972页。

②（南朝宋）范晔撰，（唐）李贤等注：《后汉书》，中华书局，1965，第1436页。

③（南朝宋）范晔撰，（唐）李贤等注：《后汉书》，中华书局，1965，第1803页。

④（南朝宋）范晔撰，（唐）李贤等注：《后汉书》，中华书局，1965，第1425页。

置，嫁为男子章初妻，党召哀置入宫与通，初欲上书告之，党恐惧。[①]

（孝明皇帝之子陈敬王羡子钧嗣。）钧立，多不法，……后钧取掖庭出女李娆为小妻，复坐削圉、宜禄、扶沟三县。[②]

在汉代，皇帝可以赐与诸侯王宫女，一则是皇权至高无上在汉代已经完全确立的反映，另则是汉代整个社会婚姻伦理观、妇女贞节观还都很淡薄的表现。而诸侯王不能主动娶被出之宫女，则说明汉代婚姻伦理观已处于形成期阶段。

（二）赐与宠臣、将士

在汉代，宫女除被赐与诸侯王外，也有赐与宠臣及将士者。如《汉书·金日磾传》中载，武帝赐金日磾宫女，但金日磾对所赐宫女“不敢近”[③]。《三国志·魏书·夏侯尚传附子玄传》注引《魏略》曰：

韬虽尚公主，丰常约敕不得有所侵取，时得赐钱帛，辄以外施亲族；及得赐官人，多与子弟，而丰皆以与诸外甥。[④]

与皇帝可特赐诸侯王宫女，但诸侯王却不可自行娶掖庭出女一样，汉代的臣子也不敢自行娶宫女，否则，也要受到惩处。如《汉书·元后传》载：

（王根）聘取故掖庭女乐五官殷严、王飞君等，置酒歌舞，捐忘先帝厚恩，背臣子义。及根兄子成都侯况幸得以外戚继父为列侯侍中，不思报厚恩，亦聘取故掖庭贵人以为妻，皆无人臣礼，大不敬不道。[⑤]

又《后汉书·陈蕃列传》载：

（王甫）让蕃曰：“先帝新弃天下，山陵未成，窦武何功，兄弟父子，一门三侯？又多取掖庭官人，作乐饮宴，旬月之间，赀财亿

①（南朝宋）范晔撰，（唐）李贤等注：《后汉书》，中华书局，1965，第1672页。
②（南朝宋）范晔撰，（唐）李贤等注：《后汉书》，中华书局，1965，第1668页。
③（东汉）班固撰，（唐）颜师古注：《汉书》，中华书局，1962，第2962页。
④（晋）陈寿撰，（南朝宋）裴松之注，陈乃乾校点：《三国志》，中华书局，1959，第301页。
⑤（东汉）班固撰，（唐）颜师古注：《汉书》，中华书局，1962，第4028页。

计。大臣若此，是为道邪？”①

在和平时代，皇帝为了笼络臣下，多将宫女赐与诸侯王或大臣，但在政权动荡的年代，当权者为收买将士拼命于战场，也会将宫女赐与将士等普通人。《三国志·蜀书·后主张后传》注引《汉晋春秋》曰：

> 魏以蜀宫人赐诸将之无妻者，李昭仪曰：“我不能二三屈辱。”乃自杀。②

《三国志·吴书·三嗣主·孙皓传》注引《江表传》曰：

> 皓初立，发优诏，恤士民，开仓廪，振贫乏，科出宫女以配无妻。③

《三国志·魏书·贾诩传》注引《献帝纪》曰：

> 傕时召羌、胡数千人，先以御物缯采与之，又许以宫人妇女，欲令攻郭汜。④

政权动荡的年代，将宫女赐与诸将之无妻者、普通士兵，甚至少数民族士兵，说明妇女贞节观念的浓淡是一个历史的范畴，它会受到一定历史条件的影响。

（三）赐与外族首领

赐宫女与外族首领为婚，也是汉代宫女的一条出路。《汉书·西域传》载，元凤四年，“乃立尉屠耆为王，更名其国为鄯善，为刻印章，赐以宫女为夫人，备车骑辎重，丞相将军率百官送至横门外，祖而遣之”⑤。又《汉书·元帝纪》载，元帝竟宁元年，“赐单于待诏掖庭宫人王樯为阏氏”⑥。虽然对于众

①（南朝宋）范晔撰，（唐）李贤等注：《后汉书》，中华书局，1965，第2170页。
②（晋）陈寿撰，陈乃乾校点：《三国志》，中华书局，1959，第907页。
③（晋）陈寿撰，陈乃乾校点：《三国志》，中华书局，1959，第1163页。
④（晋）陈寿撰，陈乃乾校点：《三国志》，中华书局，1959，第327页。
⑤（东汉）班固撰，（唐）颜师古注：《汉书》，中华书局，1962，第3878页。
⑥（东汉）班固撰，（唐）颜师古注：《汉书》，中华书局，1962，第297页。

多宫女来说，被赐与外族首领为夫人，机会是渺茫的，但也仍不失为宫女的一条出路。

奥古斯特·倍倍尔在《妇女与社会主义》中说过："在人的一切自然需求中，性欲是仅次于吃喝的最强烈的需求"，"这种需求深深地植根于每个发育正常的人体中。成熟期，满足这种需求是确保身心健康的重要条件"[①]。所以说，以上赐宫女与人婚配的三种形式，虽然从现代意义上看是剥夺了其婚姻的自主权，但在古代女子普遍无婚姻自主权的情况下，将其婚配，比之将其留在深宫无人问津，无疑是一种解脱[②]。

三、随王就国

以上论述了宫女的两种出路，即出宫女与赐宫女婚配，其实，在汉代，宫女还有一条重要的出路，那就是作为皇帝的妃妾，若生有子，并且其子被封王，那么在皇帝死后，她便可随子就封国，若子死，可归居母家。《汉书·外戚传》载：

> （孝元）冯倢伃男立为信都王，尊倢伃为昭仪。元帝崩，为信都太后，与王俱居储元宫。河平中，随王之国。[③]

《汉书·宣元六王·中山哀王刘竟传》载：

> （孝宣帝五男，戎婕妤生中山哀王竟。）中山哀王竟，初元二年立为清河王。三年，徙中山，以幼少未之国。建昭四年，薨邸，葬杜陵，无子，绝。太后归居外家戎氏。[④]

①曹华卿：《论新时期女作家女性意识的觉醒》，《辽宁大学学报（哲学社会科学版）》1997年第1期，第79页。

②且看被锁深宫无人问津之宫女的生活情形："玉阶生白露，夜久漫罗袜。却下水晶帘，玲珑望秋月。""宿空房，秋夜长，夜长无寐天不明。耿耿残灯背壁影，萧萧暗雨打窗声。"所以说汉代宫女之出嫁，与李白《玉阶怨》中所描写的宫女的深夜孤枕难眠的无奈，及白居易《上阳人》中所描写之守空房的宫女的凄凉孤独的情形相比，应该是一种好的出路。

③（东汉）班固撰，（唐）颜师古注：《汉书》，中华书局，1962，第4005页。

④（东汉）班固撰，（唐）颜师古注：《汉书》，中华书局，1962，第3326页。

《汉书·外戚·孝元傅昭仪传》载：

> 元帝崩，傅昭仪随王归国，称定陶太后。[①]

《后汉书·皇后纪》载：

> （建武二年，郭贵人立为皇后。十七年，遂废为中山王太后。）二十年，中山王辅复徙封沛王，后为沛太后。[②]

当然了，在众多宫女中，有幸有子，且子被封王的是少之又少的，所以，这种出路也只是少数妃妾才可期盼的。

四、置于园陵中

出宫、赐婚配或随王就国，对于汉代宫女来说应是比较好的出路，但是，汉代毕竟是封建伦理纲常已经开始建立的时期，所以，作为受封建伦理纲常贬低的女性，其出路也不是处处尽如人意。如汉武帝时就出现了将平生所宠幸的妃妾置于园陵之制。《汉武故事》载：

> （武帝葬茂陵）常所御，葬毕，悉居茂陵园上，自婕妤以下二百余人。上幸之如平生，而旁人不见也。光觉之，乃更出宫人，增为五百人，因是遂绝。[③]

从这则资料我们可以看出：第一，汉武帝置于园陵之妃子是常御之妃子；

---

①（东汉）班固撰，（唐）颜师古注：《汉书》，中华书局，1962，第4000页。

②（南朝宋）范晔撰，（唐）李贤等注：《后汉书》，中华书局，1965，第403页。

③（东汉）班固：《汉武故事》，文渊阁四库全书本，台湾商务印书馆，1986，第281页。汉武帝除创以上所言三种出宫人之制外，还实行过杀子母之法。《史记》卷49《外戚世家》："帝闲居，问左右曰：'人言云何？'左右对曰：'人言且立其子，何去其母乎？'帝曰：'然。是非儿曹愚人所知也。往古国家所以乱也，由主少母壮也。女主独居骄蹇，淫乱自恣，莫能禁也。女不闻吕后邪？'故诸为武帝生子者，无男女，其母无不谴死。"参见《史记》，第1986页。不过，此制在汉代未甚被继承，只是到了北魏时才再次出现。如《北史》卷13《道武宣穆皇后刘氏传》载，北魏宫中，皇储之母都要被杀。

第二，将常御之妃子置于园陵是为了死后仍能御也；第三，霍光事后又增普通宫人于园陵中。霍光增置宫人于园陵中一事在《汉书·贡禹传》中也有记载：

（元帝初即位，年岁不登，谏大夫贡）禹言："……武帝时又多取妇女至数千人，以填后宫，及弃天下，昭帝幼弱，霍光专事，不知礼正，妄多臧金钱财物，鸟兽鱼鳖牛马虎豹生禽，凡百九十物，尽瘗臧之，又皆以后宫女置于园陵，大失礼，逆天心。"①

霍光置宫女于园陵中的做法虽然已遭到人们的非议，但是，随着女性贞节观念的逐步深入，这种做法还是因与时代观念产生共鸣，而被后世所继承。《后汉书·和熹邓后纪》载：

和帝葬后，宫人并归园，太后赐周、冯贵人策曰："朕与贵人托配后庭，共欢等列，十有余年。不获福佑，先帝早弃天下，孤心茕茕，靡所瞻仰，夙夜永怀，感怆发中。今当以旧典分归外园，惨结增叹，燕燕之诗，曷能喻焉？其赐贵人王青盖车……"②

这里记载了和帝死，置宫人于园陵后，太后给守于园陵中的周、冯二贵人赐物的情况。

如同出宫之宫女一样，园陵中的宫女也有被出的时候。《汉书·贡禹传》载，贡禹谏元帝曰：

"（唯陛下）审察后宫，择其贤者留二十人，余悉归之。及诸陵园女亡子者，宜悉遣。独杜陵宫人数百，诚可哀怜也。……"天子纳善其忠。③

《汉书·成帝纪》载，永始四年：

出杜陵诸未尝御者归家。④

①（东汉）班固撰，（唐）颜师古注：《汉书》，中华书局，1962，第3070页。
②（南朝宋）范晔撰，（唐）李贤等注：《后汉书》，中华书局，1965，第421页。
③（东汉）班固撰，（唐）颜师古注：《汉书》，中华书局，1962，第3072—3073页。
④（东汉）班固撰，（唐）颜师古注：《汉书》，中华书局，1962，第324页。

《后汉书·皇后纪》载，殇帝延平元年，窦太后诏：

> 诸园贵人，其宫人有宗室同族若羸老不任使者，令园监实核上名，自御北宫增喜观阅问之，恣其去留，即日免遣者五六百人。[①]

置于园陵中的女子，或因无子，或因未尝御过，或因年老等原因而被放出的情况，应是汉代社会比较重人性的一种表现。置于园陵中的女子，若其子得势，也可迎其母出园。如司马彪《续汉书》载：

> （孝冲母虞贵人）遭冲、质早夭，政在梁氏，故与质帝母俱抑而无号。……上感其言，即日拜大家为贵人，使中常侍持节就园授印绶。[②]
>
> （孝桓帝即位）追尊父为崇皇，陵曰博陵，匽夫人为博园贵人。和平元年，有司上言为孝崇皇后。即授印绶，宫曰永乐。[③]
>
> 河间慎园董贵人，孝灵帝母也。灵帝即皇帝位，追尊父长为孝仁皇帝，陵曰慎陵。董太夫人曰慎园贵人。及窦太后归政，还长乐宫。迎贵人到京都，奉玺绶，上尊号为孝仁皇后。[④]

以上被置于园陵中的女子，无论有子者[⑤]，还是无子者，抑或未尝御者，皆有被放出的可能，这说明了汉代宫女所处的生存环境还是比较宽松的。

综上所述，汉代宫女的出路主要有四种：出宫女、赐婚配、随王就国，以及置园陵中。其所出宫女不仅有侍女、无名号之普通掖庭宫女，也包括有名号有地位的妃子；其赐宫女婚配，不仅有赐诸侯王以及宠臣、将士者，也有赐少数民族首领者；无论是使出宫女嫁人，还是直接赐与宫女婚配对象，都说明了汉代社会贞节观念的淡薄。当然了，令宫女婚配也与汉代社会极力推进人口增

①（南朝宋）范晔撰，（唐）李贤等注：《后汉书》，中华书局，1965，第422页。

②周天游辑注：《八家后汉书辑注》，上海古籍出版社，1986，第321页。

③周天游辑注：《八家后汉书辑注》，上海古籍出版社，1986，第322页。

④周天游辑注：《八家后汉书辑注》，上海古籍出版社，1986，第323页。

⑤李贤在《后汉书》卷5《安帝纪》中解释诸园贵人，为“宫人无子守陵园者也”（《后汉书》第232页），可见是不全面的。

长政策有关[1]。至于将有子、无子及未尝御之妃子置于园陵中，应是汉代皇权观念、婚姻伦理观念及贞节观念在逐渐增强的表现；而被置于园陵中的女子仍有机会被再次放出，则恰好说明了汉代婚姻伦理观念及贞节观念等还处于形成时期。总之，汉代宫女出路较多，是后世宫女无法比拟的，这说明汉代女性生活在一个相对宽松的社会环境下[2]，与后世相比，其身心要健康很多，这也是汉代很少有宫怨诗的原因。所以鲁迅曾用“遥想汉人多少闳放、豪不拘忌、魄力究竟雄大”等，来盛赞汉代的文化风格。

①如汉惠帝六年下令：“女子年十五以上至三十不嫁，五算。”参见《汉书》卷2《惠帝纪》，第91页。

②汉代宫女处境相对较好，从汉代父母主动送女入宫也可看出。如景帝皇后母臧儿，其女已嫁人，而又夺回送入宫中；又李游君欲献女入宫；伏波将军马援之女，也被其家送入宫中。又《乐府》引蔡邕的《琴操》：“昭君端正闲丽，未尝窥门户。穰以其有异于人，求之者皆不与。年十七，献之元帝。”《世说新语》注引《琴操》：“昭君年十七，形仪绝丽，以节闻国中。长者求之者，王皆不许，乃献汉元帝”。转引自林干等编：《昭君与昭君墓》，内蒙古人民出版社，1979，第93页。汉代父母主动送女入宫与后代官宦之家惧怕选秀女形成鲜明对比。如晋武帝时，聘公卿以下子女，以备六宫，一些名家望族女子一见选秀，便伪装成“败衣瘁貌”，以躲避入宫；唐代选秀女时，民间女子也多如此。又，民间谚语“生男莫喜，生女莫忧，独不见卫子夫霸天下”，也很好地反映了汉代人对女子入宫的看法。唐代虽也有释放宫女之举，但释放人数极其有限，而且多有政治经济原因。这样就使得大多宫女“宫门一入无由出，唯有宫莺得见人”（顾况《宫词》）。又白居易的《上阳人》：“一闭上阳多少春。玄宗末岁初选入，入时十六今六十。同时采择百余人，零落年深残此身。”元稹的《行宫》：“白头宫女在，闲坐说玄宗。”王建的《旧宫人》：“先帝旧宫宫女在，乱丝犹挂凤凰钗。”以上反映了唐代宫女一旦入宫后，便终生凄凉的景象。

第五节
艺伎的形态——辨析倡优、俳优与侏儒

汉代艺伎种类很多，有倡优、俳优、侏儒、歌妓、舞伎、歌舞伎、歌者及杂技艺人。正是这些艺人使得汉代的文化娱乐生活呈现繁荣景象。恩格斯说，斯巴达的妇女和一部分优秀的雅典艺伎，在古希腊，是受人尊崇并认为她们的言行是值得记载的。然而，汉代的艺伎虽不乏优秀者，但由于他们地位卑下，除司马迁的《滑稽列传》有少量记载外，其他史书很少专门记载。即使有记载，也比较散落，以致今人对之认识模糊，甚至有将倡优与俳优等而视之者①。但如果仔细研读史籍中出现的倡优、俳优、侏儒等材料，不难发现其职业特点

①《辞海》的解释：倡优，古代以乐舞、戏谑为业的艺人；俳优，古代以乐舞谐戏为业的艺人。古本有别，后常合称。在先秦一般以演奏音乐为主的为"伶"，以表演乐舞为主的为"倡优"，以表演戏谑为主的为"俳优"，在古书中这三者也往往通用。汉以后，常将优和伶并称，参见《辞海》中倡优、俳优、优伶条。萧亢达认为俳优主要指表演诙谐滑稽节目的男性乐人，倡优主要指表演歌舞技艺的乐人，多数为女性，参见萧亢达：《汉代乐舞百戏艺术研究》，文物出版社，1991，第347页。史延廷认为倡优是古代社会中从事演出的艺人，有时也称俳优；倡优、优俳或俳优在概念上是比较笼统的，参见史延廷：《关于赵文化中邯郸倡优现象的历史考察》，《齐鲁学刊》1994年第6期。李晓云认为俳优曾被称为倡优、伶人、参军等，参见李晓云：《论我国古代俳优的讽谏艺术》，《青海师大学报》1997年第1期。王延信认为战国时俳优的职能更多的是进行杂戏表演，为人提供服务，而非讽谏，参见王延信：《值得关注的一组俳优戏俑——兼论战国优人的表演》，《东南大学学报（哲学社会科学版）》2003年第1期。郎秀华认为倡优是由女性担任的，大致以歌舞为主，俳优是由男性担任的，大致以调笑、滑稽及讽刺表演为主，参见郎秀华：《中国古代帝王与梨园史话》，中国旅游出版社，2001，第7页。吴钊和刘东升将倡优看作是专门表演百戏的演员，参见吴钊、刘东升：《中国音乐史略》，人民音乐出版社，1983。

的差别。本节将在搜集前人研究及有关先秦两汉文献、考古材料的基础上，对汉代倡优、俳优、侏儒等艺人的职业特点、流行状况及其性别等问题进行探索。

一、倡优艺人以音乐表演为主

《说文解字》曰："倡，乐也。"段玉裁注曰："汉有黄门名倡、常从倡、秦倡，皆郑声也。东方朔传有幸倡郭舍人，则倡即俳也。"《说文解字》又曰："俳，戏也。"段注曰："以其戏言也，谓之俳。以其音乐言之谓之倡，亦谓之优。其实一物也。"[①]由此可见，在汉人许慎及清人段玉裁看来，"俳"与"倡"本有分别，一个突出"戏"，一个突出"乐"，只是在清代时二者已经不再有明显的区分。

又《汉书》卷68《霍光传》："大行在前殿，发乐府乐器，引内昌邑乐人，击鼓歌吹作俳倡。（师古曰：俳优，谐戏也。倡，乐人也。）会下还，上前殿，击钟磬，召内泰壹宗庙乐人辇道牟首，鼓吹歌舞，悉奏众乐。"[②]从唐人颜师古之注看，俳倡在汉代时是两个概念，"俳优"指以谐戏为业之人，而"倡"指乐人。这与段玉裁的解释可以说是基本一致的。

《事物纪原》卷9《俳优条》：

> 《列女传》曰夏桀既弃礼义，求倡优侏儒而为奇伟之戏，则优戏已见于夏后之末世。晋献公时有优施，鲁定公会齐侯于夹谷，齐宫中之乐有俳优戏于前，此盖优戏之始也。[③]

《事物纪原》虽然没有直接点明倡优与俳优不同，但它指出倡优戏始于夏后之末世，而俳优戏始于春秋之世，其言外之意二者应该有所不同。

《史记》卷126《滑稽列传》："优孟，（《索隐》案：优者，倡优也。孟，字也。其优旃亦同，旃其字耳。优孟在楚，旃在秦者也。）故楚之乐人

① （东汉）许慎撰，（清）段玉裁注：《说文解字注》，上海古籍出版社，1981，第379页。

② （东汉）班固撰，（唐）颜师古注：《汉书》，中华书局，1962，第2940页。

③ （宋）高承：《事物纪原》，文渊阁四库全书本，台湾商务印书馆，1986，第225页。

也。长八尺，多辩，常以谈笑讽谏。”[①]《史记》之记载及司马贞之索隐，再次说明倡优之职业以音乐为主。

又先秦两汉时期，“倡”通歌唱的“唱”。《史记》卷23《礼书》：“《清庙》之歌，一倡而三叹。（《集解》郑玄曰：倡，发歌句者。三叹，三人从叹。）”[②]《史记》卷24《乐书》：“一倡而三叹，有遗音者矣。（《正义》倡音唱。一唱谓一人始唱歌，三叹谓三人赞叹也。）”[③]所以，从语言文字学角度看，倡优与歌唱当有一定之关系。

通过以上颜师古、司马贞、段玉裁等人对“倡”与“俳”的注释，及在汉代“倡”与“唱”相通的分析，我们得出倡优应该不同于俳优，倡优与音乐表演紧密相连。以下再从具体的语言环境、人物事例等方面作进一步论证。

《史记》卷129《货殖列传》：“中山地薄人众，犹有沙丘纣淫地余民。民俗懁急，仰机利而食。丈夫相聚游戏，悲歌慷慨，起则相随椎剽，休则掘冢作巧奸治，多美物，为倡优。女子则鼓鸣瑟，跕屣，游媚富贵，入后宫，遍诸侯。”[④]从这段资料不仅可以看出倡优之音乐歌唱特点，而且也可以说明中山一地之倡优多为男性。

《汉书》卷85《谷永传》：陛下“损燕私之闲以劳天下，放去淫溺之乐，罢归倡优之笑”[⑤]。这里“放去淫溺之乐，罢归倡优之笑”，淫溺之乐与倡优相连，也说明了倡优之职业与音乐的关系。诸如此类之例证：

《汉书·张禹传》：

禹每将崇入后堂饮食，妇女相对，优人筦弦铿锵极乐，昏夜乃罢。[⑥]

《汉书》卷53《广川惠王刘越传》：

①（东汉）班固撰，（唐）颜师古注：《汉书》，中华书局，1962，第3200页。
②（东汉）班固撰，（唐）颜师古注：《汉书》，中华书局，1962，第1169页。
③（西汉）司马迁撰，（南朝宋）裴骃集解，（唐）司马贞索隐，（唐）张守节正义：《史记》，中华书局，1959，第1184页。
④（西汉）司马迁撰，（南朝宋）裴骃集解，（唐）司马贞索隐，（唐）张守节正义：《史记》，中华书局，1959，第3263页。
⑤（东汉）班固撰，（唐）颜师古注：《汉书》，中华书局，1962，第3445页。
⑥（东汉）班固撰，（唐）颜师古注：《汉书》，中华书局，1962，第3349页。

（广川王）去数置酒，令倡俳裸戏坐中以为乐。相强劾系倡，阑入殿门，奏状。事下考案，倡辞，本为王教修靡夫人望卿弟歌舞。（师古云：倡，乐人也。俳，杂戏者也。）①

《三国志》卷1《魏书·武帝纪》注引《曹瞒传》曰：

太祖为人佻易无威重，好音乐，倡优在侧，常以日达夕。②

《三国志》卷4《魏书·齐王芳纪》注引《魏书》曰：

帝日在后园，倡优音乐自若。③

《三国志》卷25《魏书·高堂隆传》：

然癸、辛之徒，……淫乐是好，倡优是说，作靡靡之乐，安濮上之音。④

《三国志》卷42《蜀书·郤正传》注引桓谭《新论》：

今若足下（指孟尝君），……倡优在前，谄谀侍侧，扬激楚，舞郑妾，流声以娱耳，练色以淫目。⑤

《太平御览》卷82：

《帝王世纪》曰帝桀淫虐，……大进侏儒倡优为烂漫之乐，设奇伟之戏，纵靡靡之声，日夜与妹喜及宫女饮酒。⑥

《太平御览》卷493：

（梁翼）每游观池亭及第内，多从倡优，鸣钟鼓，吹竽，酣乐竟

①（东汉）班固撰，（唐）颜师古注：《汉书》，中华书局，1962，第2431页。
②（晋）陈寿：《三国志》，岳麓书社，1990，第55页。
③（晋）陈寿：《三国志》，岳麓书社，1990，第128页。
④（晋）陈寿：《三国志》，岳麓书社，1990，第716页。
⑤（晋）陈寿：《三国志》，岳麓书社，1990，第1038页。
⑥（宋）李昉等撰：《太平御览》，中华书局，1960，第386页。

路，日夜相继。[①]

《太平御览》卷569：

孝惠帝葬安陵，徙关东倡优乐人五千户以为陵邑。[②]

综合以上考察，我们可以看出倡优的职业特点与音乐的关系较为密切。但需要指出的是从事音乐者并不都是倡优。如《后汉书·宋弘传》："（桓谭）于是召拜议郎给事中，帝每宴，辄令鼓琴，好其繁声。"[③]这里为皇帝提供音乐服务的桓谭的身份为给事中，而非职业倡优也。

二、俳优艺人以言语技能见长

何以言俳优艺人以言语技能见长，我们从司马迁将淳于髡、优孟、优旃三位俳优艺人之传称为《滑稽列传》即可看出大概。《史记》卷71和卷126《索隐》分别引用了邹诞、崔浩、姚察等人对滑稽的解释：

邹诞云："滑，乱也。稽，同也。谓辩捷之人言非若是，言是若非，谓能乱同异也。"[④]

崔浩云："滑音骨。滑稽，流酒器也。转注吐酒，终日不已。言出口成章，词不穷竭，若滑稽之吐酒。故杨雄《酒赋》云'鸱夷滑稽，腹大如壶，尽日盛酒，人复藉沽'是也。"又姚察云："滑稽犹俳谐也。滑读如字，稽音计也。言谐语滑利，其知计疾出，故云滑稽。"[⑤]

---

①（宋）李昉等撰：《太平御览》，中华书局，1960，第2255页。

②（宋）李昉等撰：《太平御览》，中华书局，1960，第2571页。

③（南朝宋）范晔撰，（唐）李贤等注：《后汉书》，中华书局，1965，第904页。

④（西汉）司马迁撰，（南朝宋）裴骃集解，（唐）司马贞索隐，（唐）张守节正义：《史记》，中华书局，1959，第2307页。

⑤（西汉）司马迁撰，（南朝宋）裴骃集解，（唐）司马贞索隐，（唐）张守节正义：《史记》，中华书局，1959，第3203页。

邹诞、崔浩、姚察分别从不同角度对俳优之言作了解释。三人的解释虽各有不同，但都说明了一点，即俳优艺人的言语技能具有滑稽之特点。

又《史记》卷91《黥布列传》：

少年，有客相之曰："当刑而王。"及壮，坐法黥。布欣然笑曰："人相我当刑而王，几是乎？"人有闻者，共俳笑之。（《索隐》谓众共以俳优辈笑之。）①

黥布以囚徒的身份言其以后会因此而当王，这在时人看来如同笑话，故闻此言者皆以其为俳优而笑之。这从而也反映了俳优艺人是以言语逗笑为职业。诸如此类之例证：

《史记》卷112《平津侯主父列传》：

金石丝竹之声不绝于耳，帷帐之私俳优侏儒之笑不乏于前。②

《汉书》卷70《陈汤传》：

春秋夹谷之会，优施笑君，孔子诛之。（师古曰：定十年"齐侯奏宫中之乐，俳优侏儒戏于前，孔子历阶而上曰：'匹夫侮诸侯者，罪应诛。'于是斩侏儒，首足异处，齐侯惧，有惭色"。施者，优人之名。）③

《三国志》卷10《荀彧传》注引《平原祢衡传》：

后衡骄蹇，答祖言俳优饶言，祖以为骂己也，大怒。④

《三国志》卷21《王粲传》注引《魏略》：

①（西汉）司马迁撰，（南朝宋）裴骃集解，（唐）司马贞索隐，（唐）张守节正义：《史记》，中华书局，1959，第2597页。

②（西汉）司马迁撰，（南朝宋）裴骃集解，（唐）司马贞索隐，（唐）张守节正义：《史记》，中华书局，1959，第2957页。

③（东汉）班固撰，（唐）颜师古注：《汉书》，中华书局，1962，第3015页。

④（晋）陈寿：《三国志》，岳麓书社，1990，第311页。

诵俳优小说数千言讫。[①]

由此可见，俳优艺人确实以言语戏笑见长，并且其言语有时可起到讽谏帝王的作用。但需要强调的是，具有言语戏笑幽默讽谏之特点者并非都是俳优艺人。如《汉书》卷87《扬雄传》："往时武帝好神仙，相如上《大人赋》，欲以风，帝反缥缥有凌云之志。繇是言之，赋劝而不止，明矣。又颇似俳优淳于髡、优孟之徒（师古曰：髡、孟皆滑稽）。"[②]《汉书》卷64《严助传》："其尤亲幸者，东方朔、枚皋、严助、吾丘寿王、司马相如。相如常称疾避事，朔、皋不根持论，上颇俳优畜之（师古曰：论议委随，不能持正，如树木之无根柢也）。"[③]《后汉书》卷60《蔡邕传》："东方要幸于谈优（东方朔以善谈笑俳优得幸。班固曰：'朔应谐似优'。杜预注《左传》曰：'优，调戏也。'）。"[④]司马相如、东方朔、枚皋语言皆幽默风趣，在仲长统、司马贞看来似乎都应入《滑稽列传》[⑤]。但司马迁之《滑稽列传》可以说是专为俳优艺人所列之传。单独为俳优艺人列传，一方面反映了司马迁同类入同传的写作原则，另一方面也可以看出俳优艺人在政治地位、社会等级等方面与因滑稽而得宠之官员的不同。这样更显示俳优艺人社会地位的低贱。

三、侏儒为俳优中的一种，亦以调笑逗乐为主

《史记》卷24《乐书》：

今夫新乐，进俯退俯，奸声以淫，溺而不止，及优侏儒，（《集

① （晋）陈寿：《三国志》，岳麓书社，1990，第602页。

② （东汉）班固撰，（唐）颜师古注：《汉书》，中华书局，1962，第3575页。

③ （东汉）班固撰，（唐）颜师古注：《汉书》，中华书局，1962，第2775页。

④ （南朝宋）范晔撰，（唐）李贤等注：《后汉书》，中华书局，1965，第1987页。

⑤《史记》卷66《滑稽列传》："索隐案：仲长统云迁为滑稽列传，序优旃事，不称东方朔，非也。朔之行事，岂值旃、孟之比哉。而桓谭亦以迁为是，又非也。"仲长统之言，及司马贞索隐对桓谭之以迁为是的否定，说明二人是主张将言语幽默者俱入《滑稽列传》的。此外，褚少孙在补《史记·滑稽列传》中又加入其他人之事迹，说明褚少孙也持这种观点。

解》王肃曰：俳优短人也）犹杂子女，不知父子。①

《后汉书》卷80《文苑·张升传》：

昔仲尼暂相，诛齐之侏儒，侏儒，短人，能为俳优也，手足异门而出，故能威震强国，反其侵地。②

《史记·集解》所引王肃之言及《后汉书》李贤注，都明确指出侏儒乃俳优中的短人，可见侏儒为俳优艺人中的一种。侏儒之职业也以逗笑为主，还可证之于以下史料。

《史记》卷112《主父列传》：

金石丝竹之声不绝于耳，帷帐之私俳优侏儒之笑不乏于前。③

《史记》卷126《滑稽列传》：

优旃者，秦倡侏儒也。善为笑言，……优旃曰："汝虽长，何益，幸雨立。我虽短也，幸休居。"④

这里"侏儒之笑"、侏儒"善为笑言"都说明侏儒属于调笑艺人，是倡乐中的"可狎玩者也"⑤。

以上以文献材料为据，论述了侏儒艺人为俳优艺人中的一种，其职业也以逗乐为主。此外，从近年来出土的一些陪葬俑来看，一些表情、动作滑稽的俑，颇类似文献中俳优侏儒之形象。如1957年成都天回山东汉崖墓出土的俳优

①（西汉）司马迁撰，（南朝宋）裴骃集解，（唐）司马贞索隐，（唐）张守节正义：《史记》，中华书局，1959，第1222页。

②（南朝宋）范晔撰，（唐）李贤等注：《后汉书》，中华书局，1965，第2627页。

③（西汉）司马迁撰，（南朝宋）裴骃集解，（唐）司马贞索隐，（唐）张守节正义：《史记》，中华书局，1959，第2957页。

④（西汉）司马迁撰，（南朝宋）裴骃集解，（唐）司马贞索隐，（唐）张守节正义：《史记》，中华书局，1959，第3202页。

⑤《汉书·司马相如传》师古注："俳优侏儒，倡乐之可狎玩者也。"参见（东汉）班固撰，（唐）颜师古注：《汉书》，中华书局，1962，第2571页。

坐俑短胖身材，上身袒裸，大腹如鼓，左臂环抱小鼓，右手握一鼓槌，右足翘举，张口嘻笑，恣意调谑。又1963年郫县宋家岭东汉墓中出土的俳优立像，也是袒身击鼓，龇牙咧嘴，舌头外伸，外貌极为丑陋。1974年金堂县青江公社东汉崖墓出土的一俳优立俑，也是裸身抱鼓，大腹圆凸，头向前伸，张口咋舌，嘿嘿作笑。1979年新都县（今成都市新都区）马家山东汉崖墓出土的一俳优立俑，也是身材短胖，手拿小鼓，张口惺忪作笑，并显示出一副痴呆愚昧的神情[①]。因此，从这些出土实物我们不仅可以知道侏儒艺人为俳优艺人之一种，而且对侏儒艺人有一个更直观的印象，即他们不仅言语幽默滑稽，而且形象、表情、动作也颇为滑稽可笑。

侏儒被统治者拿来娱乐的第一要件是其生理缺陷，即身材短小，但仅此还远远不够，他还必须具备机警聪颖的头脑。如上述秦国侏儒优旃言语之妙与其拥有机灵的智慧是分不开的。通过考察史书，我们还发现《后汉书》卷85《东夷列传·倭传》载："自女王国南四千余里至朱儒国，人长三四尺。"[②]《梁书》卷54《东夷传·倭传》载："其南有侏儒国，人长三四尺。"[③]《新唐书》卷194《阳城传》载："至道州，……州产侏儒，岁贡诸朝。"[④]从这里我们可以知道朝廷拥有侏儒艺人并不困难，地产侏儒与贡侏儒制度是封建统治阶级享受侏儒之乐的保障。

四、倡乐是对倡优、俳优与侏儒等娱乐活动的总称

《说文解字》曰："优，倡也"；"倡，乐也"[⑤]。鲍彪《战国策注》卷4："故钟鼓竽瑟之音不绝，地可广而欲可成，和乐倡优侏儒之笑（倡优，倡乐

①刘志远、余德章、刘文杰编著：《四川汉代画像砖与汉代社会》，文物出版社，1983，第123—125页。

②（南朝宋）范晔撰，（唐）李贤等注：《后汉书》，中华书局，1965，第2822页。

③（唐）姚思廉等：《梁书》，中华书局，1973，第807页。

④（宋）欧阳修、宋祈等：《新唐书》，中华书局，1975，第5569页。

⑤（东汉）许慎：《说文解字》，中华书局，1963，第165页。

也，侏儒，短小人）不乏，诸侯可同日而致也。”[1]可见倡优属于倡乐也。

《后汉书》卷28《桓谭传》：“谭以父任为郎，因好音律，善鼓琴。……性嗜倡乐（倡，俳优也），简易不修威仪，而憙非毁俗儒，由是多见排抵。”[2]这里，李贤将桓谭喜好的倡乐具体化为俳优，可见俳优也属于倡乐。

《汉书》卷57《司马相如传》：“俳优侏儒，狄鞮之倡（师古曰：俳优侏儒，倡乐可狎玩者也），所以娱耳目乐心意者，丽靡烂漫于前，靡曼美色于后。”[3]师古将俳优侏儒解释为倡乐中的可供狎玩者。这也可说明俳优侏儒是倡乐中的一种。

《后汉书·礼仪中·朝会条》引蔡质的《汉仪》，详细记载了汉代倡乐的娱乐活动：

> 正月旦，天子幸德阳殿，临轩。……作九宾散乐。舍利兽从西方来，戏于庭极，乃毕入殿前，激水化为比目鱼，跳跃嗽水，作雾鄣日。毕，化成黄龙，长八丈，出水遨戏于庭，炫耀日光。以两大丝绳系两柱间，相去数丈，两倡女对舞，行于绳上，对面道逢，切肩不倾，又蹋局出身，藏形于斗中。钟磬并作，倡乐毕，作鱼龙曼延。小黄门吹三通，谒者引公卿群臣以次拜，微行出，罢。卑官在前，尊官在后。[4]

这段史料将比目鱼表演、倡女走索对舞表演等都统称为倡乐活动，说明倡乐是汉代艺人娱乐活动的总称。在这里，倡优、俳优属于倡乐之一种，又得到进一步佐证。在有关汉代史料中，以倡乐统称艺人之娱乐活动的事例不胜枚举，兹仅以前四史为例：

《史记》卷85《吕不韦传》：

> 吕不韦恐觉祸及己，乃私求大阴人嫪毐以为舍人，时纵倡乐，使

---

①（南宋）鲍彪：《战国策注》，文渊阁四库全书本，台湾商务印书馆，1986，第558页。
②（南朝宋）范晔撰，（唐）李贤等注：《后汉书》，中华书局，1965，第955页。
③（东汉）班固撰，（唐）颜师古注：《汉书》，中华书局，1962，第2569页。
④（南朝宋）范晔撰，（唐）李贤等注：《后汉书》，中华书局，1965，第3131页。

毐以其阴关桐轮而行，令太后闻之，以啖太后。[①]

《汉书》卷63《广陵厉王刘胥传》：

胥壮大，好倡乐逸游，力扛鼎，空手搏熊彘猛兽。[②]

《汉书》卷72《贡禹传》：

放出园陵之女，罢倡乐，绝郑声。[③]

《后汉书》卷20《王霸传》：

贼复聚众挑战，霸坚卧不出，方飨士作倡乐。[④]

《后汉书》卷70《郑太传》：

卓既迁都长安，天下饥乱，士大夫多不得其命。而公业家有余资，日引宾客高会倡乐，所赡救者甚众。[⑤]

《后汉书》卷85《东夷列传·高句骊传》：

其俗淫，皆洁净自熹，暮夜辄男女群聚为倡乐。[⑥]

《三国志》卷1《魏书·武帝纪》注引《魏书》曰：

初，城阳景王刘章以有功于汉，故其国为立祠，青州诸郡转相仿效，济南尤盛，至六百余祠。贾人或假二千石舆服导从作倡乐，奢侈

①（西汉）司马迁撰，（南朝宋）裴骃集解，（唐）司马贞索隐，（唐）张守节正义：《史记》，中华书局，1959，第2511页。

②（东汉）班固撰，（唐）颜师古注：《汉书》，中华书局，1962，第2760页。

③（东汉）班固撰，（唐）颜师古注：《汉书》，中华书局，1962，1962，第3079页。

④（南朝宋）范晔撰，（唐）李贤等注：《后汉书》，中华书局，1965，第736页。

⑤（南朝宋）范晔撰，（唐）李贤等注：《后汉书》，中华书局，1965，第2260页。

⑥（南朝宋）范晔撰，（唐）李贤等注：《后汉书》，中华书局，1965，第2813页。

日甚，民坐贫穷，历世长吏无敢禁绝者。[①]

从以上资料可以看出，倡乐不仅用来称呼汉代专业艺人的娱乐活动，而且也指平民百姓的自娱其乐活动。可见倡乐作为一种娱乐方式，上自王公贵族，下至平民百姓，都非常流行。

五、倡优比俳优的流行范围更为宽广

在汉代，倡优与俳优不只是技艺各有所长，在流行范围上也有不同。从史料所反映的情况来看，倡优比俳优似乎要更为流行和普遍。

《史记》卷107《魏其武安侯传》：

蚡所爱倡优巧匠之属。[②]

《史记》卷129《货殖列传》：

（中山一地）丈夫相聚游戏，……为倡优，女子则鼓鸣瑟。[③]

《汉书》卷53《广川惠王刘越传》：

（缪王齐太子）好文辞、方技、博弈、倡优。[④]

《汉书》卷63《武五子传·燕王旦传》：

（旦）好星历数术倡优射猎之事。[⑤]

---

①（晋）陈寿：《三国志》，岳麓书社，1990，第4页。

②（西汉）司马迁撰，（南朝宋）裴骃集解，（唐）司马贞索隐，（唐）张守节正义：《史记》，中华书局，1959，第2851页。

③（西汉）司马迁撰，（南朝宋）裴骃集解，（唐）司马贞索隐，（唐）张守节正义：《史记》，中华书局，1959，第3263页。

④（东汉）班固撰，（唐）颜师古注：《汉书》，中华书局，1962，第2428页。

⑤（东汉）班固撰，（唐）颜师古注：《汉书》，中华书局，1962，第2751页。

《汉书》卷65《东方朔传》：

时有幸倡郭舍人，滑稽不穷，（师古曰："幸倡，倡优之见幸遇者也。"）常侍左右。①

《汉书》卷97《外戚传·卫皇后传》：

宣帝立，乃改葬卫后，追谥曰思后，置园邑三百家，长丞周卫奉守焉。（师古曰："葬在杜门外大道东，以倡优杂伎千人乐其园，故号千人聚。"）②

《后汉书》卷51《陈禅传》注引《家语》曰：

齐奏宫中之乐，倡优侏儒戏于前。③

《三国志》卷4《齐王芳传》：

皇帝芳春秋已长，不亲万机，耽淫内宠，沉漫女德，日延倡优，纵其丑谑。④

《盐铁论》卷7《崇礼条》：

夫家人有客，尚有倡优奇变之乐，而况县官乎？⑤

从以上史料中我们可以看出倡优艺人不仅更能赢得人主的喜爱，而且其流行范围也是上至宫廷，下至民间。与之相反，反映俳优侏儒流行范围宽广之史料则不多见。一般，他们的活动多局限于宫廷或诸侯王府。究其原因，可能有以下几个方面：第一，贡侏儒制度使得宫廷比其他各地更易得到有才艺之侏

①（东汉）班固撰，（唐）颜师古注：《汉书》，中华书局，1962，第2844页。

②（东汉）班固撰，（唐）颜师古注：《汉书》，中华书局，1962，第3950页。

③（南朝宋）范晔撰，（唐）李贤等注：《后汉书》，中华书局，1965，第1685页。

④（晋）陈寿：《三国志》，岳麓书社，1990，第128页。

⑤（西汉）桓宽撰，王利器校注：《盐铁论校注》，天津古籍出版社，1983，第445页。

儒。第二，俳优艺人的滑稽表演或多或少带有讽谏的成分在内，而作为一般私家取乐，则更倾向于音乐歌舞表演。第三，中央集权的等级制度也使得私家的娱乐内容不可与宫廷相比。第四，俳优、侏儒的社会认可程度也似乎不如倡优。如上文所引之材料，“昔仲尼之暂相，诛齐之侏儒”，倡优、侏儒同在鲁公前表演，不斩倡优而独斩侏儒，即可说明二者在受欢迎及地位方面存在一定的差异；又东方朔谈优也独谈俳优，并言“今欲尽杀若曹”，也可说明，同为艺人，俳优、侏儒在当时社会上的地位不如倡优。固然倡优艺人比俳优、侏儒艺人境遇要好一些，但同样也受社会轻视。如《管子》卷8言：“倡优侏儒在前而贤大夫在后，是以国家不日益，不月长。”[①]《管子》一书将倡优、侏儒视为祸国者，足见对其之轻视。又司马迁也言其先人“非有剖符丹书之功，文史星历近乎卜祝之间，固主上所戏弄，倡优畜之，流俗之所轻也”[②]。倡优为流俗所轻视于此可见一斑。

六、性别方面之分析

近人有关于汉代艺人性别的论述。萧亢达认为倡优之性别多为女性，俳优之性别则为男性。这是近人对倡优与俳优所作出的最早性别断定。之后，郎秀华也有同样之看法。其实，从史料看，汉代的倡优艺人无性别之分，是男女都有。首先，前文引用《史记·货殖列传》中的史料已言，中山男子善为倡优，则倡优艺人有男性之证也。又《三国志》卷4《魏书·齐王芳纪》：

> 皇帝芳春秋已长，不亲万机，耽淫内宠，沉漫女德，日延倡优，纵其丑谑。迎六宫家人留止内房，毁人伦之叙，乱男女之节。（注引《魏书》曰：日延小优郭怀、袁信等于建始芙蓉殿前裸袒游戏，使与保林、女尚等为乱，亲将后宫瞻观。……怀、信等更行酒，妇女皆

①旧题管仲撰：《管子》，文渊阁四库全书本，台湾商务印书馆，1986年，第88页。
②（东汉）班固撰，（唐）颜师古注：《汉书》，中华书局，1962，第2732页。

醉，戏侮无别。）[①]

郭怀、袁信身为倡优，纵其丑谑，日与保林、女尚等为乱，其男性性别在此一目了然。又汉武帝幸倡郭舍人，也是倡优有男性之证明。

当然，也有不少材料可证明倡优中有女性。《说苑》卷14：

> 陛下筑台干云宫殿五里，建千石之钟，之虡，妇女连百，倡优累千。[②]

《说苑》卷20：

> （秦始皇）关中离宫三百所，关外四百所，皆有钟磬帷帐，妇女倡优，……锦绣文彩，满府有余；妇女倡优，数巨万人；钟鼓之乐，流漫无穷。[③]

《汉书》卷48《贾谊传》：

> 今庶人屋壁得为帝服，倡优下贱得为后饰。[④]

《资治通鉴》卷76《魏纪八》：

> 以帝荒淫无度，亵近倡优。（倡优，女乐也。）[⑤]

《中庸衍义》卷3：

> 卫后以讴者进，李夫人以倡优进。[⑥]

所以根据上述文献资料，我们可以说，倡优艺人是不论男女性别的，男女

---

①（晋）陈寿：《三国志》，岳麓书社，1990，第128页。
②（西汉）刘向撰，向宗鲁校证：《说苑校证》，中华书局，1987，第384页。
③（西汉）刘向撰，向宗鲁校证：《说苑校证》，中华书局，1987，第517页。
④（东汉）班固撰，（唐）颜师古注：《汉书》，中华书局，1962，第2242页。
⑤（宋）司马光：《资治通鉴》，文渊阁四库全书本，台湾商务印书馆，1986，第587页。
⑥（明）夏良胜：《中庸衍义》，文渊阁四库全书本，台湾商务印书馆，1986，第333页。

都可为倡优。此外，从近年出土的汉代舞乐百戏画像砖及大量乐俑来看，进行歌舞乐器演奏之倡优艺人也是既有男性也有女性[①]。

至于俳优艺人，虽然没有直接的文献材料可以证明其一般为男性，但从《史记·滑稽列传》中所收录的俳优艺人淳于髡、优孟、优旃等人之性别看，似乎俳优艺人皆为男性。再者，就考古资料而言，目前已出土之俳优、侏儒俑，大多上身赤裸，相貌丑陋，装饰、表情等颇具男性特点。即使有装扮如女性形象者，也是男子反串女子角色[②]。最后，从社会观念看，儒家礼教教育女性应具有四德，即德、言、容、功也，而俳优艺人之滑稽逗笑式的言语表情，无论如何与妇人应具有之品德都是背道而驰的。所以，就当时的女性观念而言，为了生存，即便有接受歌舞杂耍之职业者，也难以有人突破传统观念而从事滑稽逗笑之俳优职业。因此，汉代俳优、侏儒艺人应该多是男性。也就是说，音乐艺术本无性别之分，但是受世俗观念的影响，特殊逗笑之职业难免会考虑从业人员的性别问题。这可以说是礼教对古代社会女子职业影响的一种反映。此外，男性也可为倡优，且可与女性同场演出[③]，这也说明礼教对社会低贱职业人员的影响相对于普通女性要小得多。

结语

通过以上考察，我们知道，先秦两汉时期之倡优、俳优不是笼统的概念，它们各有所指，倡优指从事音乐歌舞之艺人，俳优指以言语表情而逗笑之艺人，侏儒是俳优艺人中的一种，因身材短小而名之。倡乐是对这些艺人所从事之娱乐活动的总称。作为一种娱乐活动，倡优的流行程度相比俳优要更为广

①参考刘志远、余德章、刘文杰编著：《四川汉代画像砖与汉代社会》，文物出版社，1983，第113—116页；彭松：《中国舞蹈史》，文化艺术出版社，1984，第33—34页。

②王延信：《值得关注的一组俳优戏俑——兼论战国优人的表演》，《东南大学学报（哲学社会科学版）》2003年第1期。

③参考《礼记·乐记》所载："今夫新乐，进俯退俯，奸声以淫，溺而不止。及优侏儒，獶杂子女，不知父子。"

泛。然而无论是倡优还是俳优艺人，纵然他们能给人们带来精神上的欢快，甚至宫廷艺人还可经常出入宫廷，并有机会得到人主的宠爱，但是其身份地位与一般官员不能同日而语，甚至在世俗的眼里是被轻视的对象①。从性别角度看，倡优艺人既包括男性也包括女性，而俳优艺人似乎只限于男性②。通过对汉代倡优、俳优、侏儒的考证，我们不仅可以从艺伎职业这一角度观察儒家礼教对女性影响的程度，而且还可以从女性从事的职业类型看女性的社会活动与女性的地位等问题。

①倡优、俳优等艺人地位的显著下降是在明清时期。如《明史·舆服志》明确记载倡优下贱不许服貂裘，《选举志》记载倡优之家不许入试。《清史稿·食货志》载奴仆倡优为贱，《汤文武传》载倡优不得衣裘帛，《选举志》载倡优之家不得与试。

②俳优艺人在秦汉时代还只限于男性，而到唐代则有女性为俳优者，如《旧唐书》卷4《高宗本纪》中有这样的记载："皇后请禁天下妇人为俳优之戏，诏从之。"武则天为提高女性地位，禁妇女为俳优之戏，说明在武则天看来，妇女从事俳优之戏，是妇女社会地位低下、对妇女不尊重的表现。

第六节
汉武置“营伎”辨析

上一节讲了汉代的艺伎，艺伎在汉代正史中有不少记载，但是“营伎”的记载却很少看到。明代有人在《万物原始》一书中引用《汉武外史》，说汉武帝时军中有营伎。近代王书奴又在《中国娼妓史》中引用了《万物原始》中的说法，并从汉代有女乐、新声、军市等社会现象，推断汉代有营伎[①]。王书奴的书是近代较早研究娼妓史的专著，其观点多为后来学者所称引[②]。这样就在学术界形成了营伎始于汉武的说法。那么汉武时代是否有营伎呢？前辈学者所称引的《汉武外史》为佚书，我们无从观其貌，但可以从王书奴分析的几个汉代社会现象考察起。

一、先秦两汉的“女乐”

“女乐”，简言之，指女性娱乐人员，它是古代贵族阶层娱乐生活的重要组成部分。从学术研究角度讲，它不仅与音乐舞蹈史有关，而且也属于社会生活史及妇女史的研究范畴，研究的重要性不言而喻。然而，或许是因为处于学科边缘的状态，至今很少有人专门论述“女乐”，以致学术界对它的含义还不

---

①王书奴：《中国娼妓史》，三联书店上海分店，1988，第37、41、42页。

②单光鼐也指出汉代军市组织形式及性质与女市一样，参见单光鼐：《中国娼妓——过去与现在》，法律出版社，1995，第56页。台湾学者也有类似看法，参见李敖：《营妓考》，载《中国性研究》，中国友谊出版公司，1999，第153—159页。

甚清楚[1]，所以产生了一些概念上的误解。本节拟就史书中反映出的“女乐”概念作初步探索。女乐起源于先秦，所以本节对女乐的考察从先秦两汉起。

（一）先秦女乐指宫廷中的舞伎

《管子·轻重甲》载：

> 昔者桀之时，女乐三万人，端噪晨乐闻于三衢。[2]

这是目前所见文献对“女乐”的最早记载。意思是说夏桀有三万女乐，早晨在端门操练队列，伴奏的乐声在三衢之外也可听到。可见女乐在最初出现时是指在宫廷中为帝王娱乐的在音乐伴奏下跳舞的女性，也即女性乐舞者。

《史记·秦本纪》载：

> 内史廖曰：“戎王处辟匿，未闻中国之声。君试遗其女乐，以夺其志；为由余请，以疏其间；留而莫遣，以失其期。戎王怪之，必疑由余，君臣有间，乃可虏也。且戎王好乐，必怠于政。”缪公曰：“善”。因与由余曲席而坐，传器而食，问其地形与其兵势尽察，而后令内史廖以女乐二八遗戎王。戎王受而说之，终年不还。[3]

这则史料是对春秋时期诸侯拥有女乐的记载。判断这则史料中的女乐为女性乐舞者，其关键在于对“女乐二八”的认识。《周礼注疏删翼》卷21：“乐

①近代学者王书奴最早将女乐与倡伎联系在一起。参见王书奴：《中国娼妓史》，三联书店上海分店，1988。之后，现代学者孙景琛认为女乐是音乐舞蹈的表演者。参见孙景琛：《中国舞蹈史》（先秦部分），文化艺术出版社，1983。彭松也在其著作中多次使用“女乐”一词，他有时指宫人，有时又将之与宫中美人并列。参见彭松：《中国舞蹈史》（秦汉魏晋南北朝部分），文化艺术出版社，1984。赵维平对女乐的解释有两种，一是指皇帝贵族拥有的女性乐人，一是指音乐中的淫乐。参见赵维平：《日本奈良、平安时期对中国音乐的接纳与变衍——试析“女乐”》，《音乐艺术——上海音乐学院学报》1995年第3期。

②（西汉）刘向校，（清）戴望校正：《管子校正》，诸子集成本，世界书局，1936，第389页。

③（西汉）司马迁撰，（南朝宋）裴骃集解，（唐）司马贞索隐，（唐）张守节正义：《史记》，中华书局，1959，第193页。此外，记载此事的相关史料还有《汉书》卷22《礼乐志》注引应劭、《后汉书》卷79《儒林·谢该传》、《后汉书》卷87《西羌传》等。

舞之数以其每佾八人，故佾之字从八。”[①]可见，“佾”指队列，“八”指每佾或每队列的人数。女乐有队列，且以队列数来说明女乐人数，可见，女乐应是指从事舞蹈表演者。此外，该引文中内史廖所言的“戎王处辟匿，未闻中国之声”中的“声”对理解女乐的工作性质也有一定的帮助。我们说，这里的声应指音乐。据音乐史方面的著作言，在当时，中原的音乐被视为称为“华夏正声”，边疆少数民族音乐被称为“四夷之乐”，它们既有各自独立的继承发展，又相互交融[②]。戎王“未闻中国之声”，说明当时华夏正声还未流传至边疆，所以当缪公遗戎王女乐时，戎王“受而说之，终年不还”。也就是说戎王一方面悦的是中原音乐，另一方面悦的是在中原音乐伴奏下翩翩起舞的女乐们。

《左传·襄公十一年》载：

> 郑人赂晋侯以师悝、师触、师蠲，……歌钟二肆，及其镈磬，女乐二八。晋侯以乐之半赐魏绛，……魏绛于是乎有金石之乐，礼也。[③]

这则史料与上条有相同之处，都提到“女乐二八”。故依据上文对女乐队列的分析，这里的女乐也应指女性舞伎。

《史记·孔子世家》载：

> 齐人闻而惧，曰：“孔子为政必霸，霸则吾地近焉，我之为先并矣。盍致地焉？”黎鉏曰：“请先尝沮之；沮之而不可则致地，庸迟乎！”于是选齐国中女子好者八十人，皆衣文衣而舞《康乐》（索隐，王肃云：舞曲名也），文马三十驷，遗鲁君。陈女乐文马于鲁城南高门外。季桓子微服往观再三，将受，乃语鲁君为周道游（索隐，

①（明）王志长：《周礼注疏删翼》，文渊阁四库全书本，第666页。

②任继愈主编，伍国栋著：《中国音乐史》，商务印书馆，1997，第4页。

③（春秋）左秋明传，（晋）杜预集解：《春秋左传集解》，上海人民出版社，1977，第887页。此外，郑伯赐晋侯女乐之事在《国语·晋语》中也有记述：“十二年，公伐郑，军于萧鱼，郑伯嘉来纳女、工、妾三十八，女乐二八，歌钟二肆及宝镈，辂十五乘。公赐魏绛女乐一八，歌钟一肆，曰：‘……请与子共乐之。’”参见上海师范大学古籍整理组校点：《国语》，上海古籍出版社，1978，第443页。

谓请鲁君为周偏道路游行，因出观齐之女乐），往观终日，怠于政事。……桓子卒受齐女乐，三日不听政；郊，又不致膰俎于大夫。孔子遂行，宿乎屯。……桓子喟然叹曰："夫子罪我以群婢故也夫。"[①]

这里"选齐国中女子好者八十人，皆衣文衣而舞《康乐》"也明显地表现出女乐乃从事乐舞的女性舞伎。而桓子之言"夫子罪我以群婢故也夫"，则是对这些舞伎的身份地位的说明，即这些宫廷舞伎地位等同于奴婢。

关于女乐是指乐舞伎的观点，在《宋书·乐志》中还有更明确更直接的反映：

宋文帝元嘉十三年，司徒彭城王义康于东府正会，依旧给伎。总章工冯大列："相承给诸王伎十四种，其舞伎三十六人。"太常傅隆以为："未祥此人数所由。唯杜预注《左传》佾舞，云诸侯六六三十六人，常以为非。夫舞者所以节八音者也，八音克谐，然后成乐，故必以八人为列，自天子至士，降杀以两，两者，减免二列尔。预以为一列又减二人，至士止余四人，岂复成乐。按服虔注《传》云：'天子八八，诸侯六八，大夫四八，士二八。'其义甚允。今诸王不复舞佾，其总章舞伎，即古之女乐也。殿庭八八，诸王则应六八，理例坦然。又《春秋》，郑伯纳晋悼公女乐二八，晋以一八赐魏绛，此乐以八人为列之证也。若如议者，唯天子八，则郑应纳晋二六，晋应则绛一六也。自天子至士，其文物典章，尊卑差级，莫不以两。未有诸侯既降二列，又一列辄减二八，近降太半，非唯八音不具，于两义亦乖，杜氏之谬可见矣。"[②]

---

①（西汉）司马迁撰，（南朝宋）裴骃集解，（唐）司马贞索隐，（唐）张守节正义：《史记》，中华书局，1959，第1918页。此外，记载"鲁君受齐女乐，孔子行"的史料还有：《史记》卷14《十二诸侯年表》、《史记》卷24《乐书》索隐、《史记》卷33《鲁周公世家》及其集解、《史记》卷83索隐、《汉书》卷22《礼乐志》、《汉书》卷27《五行志》、《汉书》卷51《邹阳传》、《后汉书》卷28《冯衍传》、《后汉书》卷60《蔡邕传》、《三国志》卷38《蜀书·秦宓传》等。

②（南朝梁）沈约：《宋书》，中华书局，1974，第547页。

太常傅隆之言不仅再次充分论证了古代乐舞的队列问题，而且直接指出“总章舞伎，即古之女乐”。可见，古代的女乐，其实就是一种乐舞伎。

所以，通过对先秦时期女乐材料的分析①，我们可以得出这样的结论：先秦时期的女乐是专指供帝王诸侯们娱乐的一种宫廷舞伎，其身份地位仅相当于奴婢。然而她们虽然地位低下，身份卑贱，但是对主人的作用却很大，不仅有供统治者娱目之作用，而且有时还在政治上帮助主人达到离间、瓦解对方的目的。

（二）汉代祭祀天地活动中歌唱的童男童女也称为女乐

《汉书·郊祀志下》载：

> （匡）衡言：“甘泉泰畤紫坛，八觚宣通象八方。五帝坛周环其下，又有群神之坛。以《尚书》禋六宗、望山川、遍群神之义，紫坛有文章采镂黼黻之饰及玉、女乐（师古曰：女乐，即《礼乐志》所云‘使童男童女俱歌’也）、石坛、仙人祠，瘞鸾路、骍驹、寓龙马，不能得其象于古。臣闻郊柴飨帝之义，扫地而祭，上质也。歌大吕舞云门以竢天神，歌太蔟舞咸池以竢地祇，其牲用犊……以为神祇功德至大，虽修精微而备庶物，犹不足以报功，唯至诚为可，故上质不饰，以章天德。紫坛伪饰女乐、鸾路、骍驹、龙马、石坛之属，宜皆勿修。”②

匡衡的这段上疏，是在汉成帝群臣议定祭祀天地地点定于长安南北郊后的

①记载先秦时期女乐的史料还有——《新序》卷2《杂事》：无盐女对齐宣王曰：“……女乐俳优，纵横大笑，外不修诸侯之礼，内不秉国家之治，此四殆也。”参见（西汉）刘向编著，石光瑛校释，陈新整理：《新序校释》，中华书局，2009，第293页。《管子》卷17《七臣七主》：“昔者桀纣是也，……驰车千驷不足乘，材女乐三千人（谓有材能之女乐也），钟石丝竹之音不绝，……遇周武王遂为周氏之禽。”参见（西汉）刘向校，（清）戴望校正：《管子校正》，诸子集成本，世界书局，1936，第287页。《韩非子》卷3《十过》：“十过……六曰耽于女,乐，不顾国政，则亡国之祸也。”参见（清）王先慎：《韩非子集解》，诸子集成本，世界书局，1936，第40页。《后汉书·边让传》中边让《章华赋》对楚国先王“罢女乐，堕瑶台”的记述，参见（南朝宋）范晔撰，（唐）李贤等注：《后汉书》，中华书局，1965，第2644页。

②（东汉）班固撰，（唐）颜师古注：《汉书》，中华书局，1962，第1256页。

又一份奏疏。其大意是建议将以往祭祀天地活动中的一些虚饰性的内容去掉，而在他建议去掉的虚饰性内容中就有女乐。故从此我们知道，在汉代，女乐也用于祭祀天地活动。既然前文我们已经探明先秦女乐是用来指供帝王诸侯娱乐的舞伎，那么这里的女乐是否也是此意义上的女乐呢？师古注将之与《汉书·礼乐志》中所言的“俱歌的童男童女”联系在一起。且不论师古注是否合乎道理，我们先看一下《汉书·礼乐志》中的记载：

> 至武帝定郊祀之礼，祠太一于甘泉，就乾位也；祭后土于汾阴，泽中方丘也。乃立乐府，采诗夜诵，有赵、代、秦、楚之讴。以李延年为协律都尉，多举司马相如等数十人造为诗赋，略论律吕，以合八音之调，作十九章之歌。以正月上辛用事甘泉圜丘，使童男女七十人俱歌，昏祠至明。①

这段材料告诉我们汉武帝在祭祀太一、后土这一天地活动中使用有童男童女的歌唱。而匡衡奏言则称，以往祭祀天地活动中使用有女乐。那么匡衡所言的祭祀天地活动中使用的女乐，是否就是这里所谓的俱歌的童男童女？我们再来看《史记·孝武本纪》的记载：

> 其年，既灭南越，上有嬖臣李延年以好音见。上善之，下公卿议，曰：“民间祠尚有鼓舞之乐，今郊祠而无乐，岂称乎？”公卿曰：“古者祀天地皆有乐，而神祇可得而礼。”……于是塞南越，祷祠泰一、后土，始用乐舞，益召歌儿……②

汉武帝因民间祠尚有鼓舞之乐，于是在祭祀天地活动中也开始使用乐舞，并且再召歌儿。这就说明这些歌儿是被用于乐舞之中。歌儿被用于乐舞中也就从而证明了上述俱歌的童男童女其实就是匡衡言中的女乐，即师古注是正确的。

---

①（东汉）班固撰，（唐）颜师古注：《汉书》，中华书局，1962，第1045页。

②（西汉）司马迁撰，（南朝宋）裴骃集解，（唐）司马贞索隐，（唐）张守节正义：《史记》，中华书局，1959，第472页。此外，该史料还见于《汉书·郊祀志》。

其实，师古在注《汉书》时曾经三次言及“女乐”。第一次在《礼乐志》中：“故秦穆遗戎而由余去，齐人馈鲁而孔子行（师古曰：《论语》云：‘齐人馈女乐，季桓子受之，三日不朝，孔子行’也）”[①]；第二次在《五行志》中：“定公即位，既不能诛季氏，又用其邪说，淫于五乐，而退孔子（师古曰：齐人归女乐，季桓子劝定公受之，君臣相与观之，废朝礼三日，孔子乃行）”[②]；第三次即上文谈到的《郊祀志》中。既然师古曾经三次言及女乐，并且其中两次是有关先秦的，这就说明他对先秦女乐已有认识，因此当他再言及汉代女乐不同于先秦时，也就不会是一种疏忽，而是在他看来事实上确实如此。

既然我们已经证明祭祀活动中歌唱的童男童女也就是匡衡言中的女乐，那么汉武何以要在祭祀天地活动中使用这种形式的女乐呢？下面我们再从汉代祭祀制度方面对祭祀天地活动使用女乐的情况作以进一步分析。

我们知道，祭祀是古代社会一项重大活动，祭祀天、地、祖宗被排在中国五礼之首吉礼的前三项，可见古人对祭祀的重视。然而汉承亡秦，礼乐制度缺微，汉政权需要恢复或重新建立一套新的制度。在祭祀制度上，汉高祖初即位，即命叔孙通制礼，叔孙通因秦乐人制宗庙乐。《汉书·礼乐志》载：

> 大祝迎神于庙门，奏《嘉至》，犹古降神之乐也。皇帝入庙门，奏《永至》，以为行步之节，犹古《采荠》《肆夏》也。乾豆上，奏《登歌》，独上歌，不以管弦乱人声，欲在位者遍闻之，犹古《清庙》之歌也。……高祖庙奏《武德》《文始》《五行》之舞；孝文庙奏《昭德》《文始》《四时》《五行》之舞。孝武庙奏《盛德》《文始》《四时》《五行》之舞。……大氐皆因秦旧事焉。[③]

可见，自汉初伊始，宗庙礼乐已有可遵循的一套完整范式。然而纵观《郊祀志》，祭祀天地活动自汉初开始则一直处于摸索之中，表现为祭祀地点的反

①（东汉）班固撰，（唐）颜师古注：《汉书》，中华书局，1962，第1042页。
②（东汉）班固撰，（唐）颜师古注：《汉书》，中华书局，1962，第1329页。
③（东汉）班固撰，（唐）颜师古注：《汉书》，中华书局，1962，第1043页。

复变化，及对祭祀过程中一些活动内容的不同看法。这说明汉代祭祀天地活动制度还尚未成熟。然而在自认帝王之命受之于天，天地不交，万物不兴，天地自然支配人类的观念下，祭祀天地活动又非常重要[①]，这就使得天子对之不得不重视。因此，在尤好鬼神祭祀的武帝时代，在"古者祀天地皆有乐"的情况下，乐也被用于祭祀天地活动中。而使用童男童女歌唱之乐则是自汉高祖以来已有的历史。《汉书·礼乐志》载：

> 初，高祖既定天下，过沛，与故人父老相乐，醉酒欢哀，作《风起》之诗，令沛中童儿百二十人习而歌之。至孝惠时，以沛宫为原庙，皆令歌儿习吹以相和，常以百二十人为员。文、景之间，礼官肄业而已。至武帝定郊祀之礼，祀太一于甘泉，就乾位也；祭后土于汾阴，泽中方丘也。乃立乐府，采诗夜诵，有赵、代、秦、楚之讴。以李延年为协律都尉，多举司马相如等数十人造为诗赋，略论律吕，以合八音之调，作十九章之歌。以正月上辛用事甘泉圜丘，使童男女七十人俱歌，昏祠至明。[②]

可见，武帝创新祭祀天地活动仪式，在祭祀天地活动中使用童男童女歌唱，是对汉自高祖以来使用小儿歌唱的历史传统的继承与发展，同时，也是"汉承亡秦"，"礼文缺微"[③]，祭祀天地活动仪式一直未有定式所致。

（三）汉代掖庭材人也称女乐

《汉书·元后传》载：

> 根骨肉至亲，社稷大臣，先帝弃天下，根不悲哀思慕，山陵未成，公聘取故掖庭女乐五官殷严、王飞君等（如淳曰：五官，官名也。《外戚传》曰五官视三百石），置酒歌舞，捐忘先帝厚恩，背臣

①林少雄：《天人合一：中国祭祀礼仪的文化意蕴》，《社会科学》1996年第2期，第54—58页。
②（东汉）班固撰，（唐）颜师古注：《汉书》，中华书局，1962，第1045页。
③（东汉）班固撰，（唐）颜师古注：《汉书》，中华书局，1962，第3130页。

子义。[①]

这是正史记载中罕见的一条将皇帝后宫掖庭女性与女乐联系起来的史料。在“公聘取故掖庭女乐五官殷严、王飞君等”这一语句中，掖庭指皇帝后妃聚居之地，五官指后妃等级名号。可见，掖庭中的女性包括五官在内也有被称为女乐者。

其实，将掖庭中某些女性称为女乐也是有一定道理的。我们知道，掖庭中嫔妃不乏才貌俱佳，善歌善舞者，如李游君欲献女入掖庭为女乐即是一例。皇帝后妃除皇后兼具母仪天下之职能外，其他妾也就是专供娱乐享受之用，所以在这个意义上，将这些善歌善舞的女性称为女乐，与先秦时期将供帝王诸侯娱乐的舞伎称为女乐，其用意是一致的。

《汉书·礼乐志》载：

> 内有掖庭材人，外有上林乐府，皆以郑声施于朝廷。[②]

这里又表明掖庭材人也是以俗乐为皇帝服务的。既然它与掖庭女乐都是以俗乐为皇帝服务，那么它们是否一回事呢？

我们知道汉代皇帝嫔妃的称呼在汉初时因秦之称号，妾皆称夫人，此外又有美人、良人、八子、七子、长使、少使之号；至武帝时又增设婕妤、娙娥、容华、充依；元帝又在婕妤前增设昭仪一级，从而形成昭仪，婕妤，娙娥，容华，美人，八子，充依，七子，良人，长使，少使，五官，顺常，无涓、共和、娱灵、保林、良使、夜者等十四个级别[③]。从这里可以看出西汉后妃等级中没有“材人”一级。又《汉书·艺文志》颜师古注“材人”为“天子内官”[④]，可见，西汉时期，材人应是对掖庭嫔妃的泛称，而不是特指某一级别。既然材人与女乐都不是对皇帝妃嫔某一等级的特称，而且都以色艺娱人，那么掖庭材

① (东汉) 班固撰，(唐) 颜师古注：《汉书》，中华书局，1962，第4028页。
② (东汉) 班固撰，(唐) 颜师古注：《汉书》，中华书局，1962，第1071页。
③ (东汉) 班固撰，(唐) 颜师古注：《汉书》，中华书局，1962，第3935页。
④ (东汉) 班固撰，(唐) 颜师古注：《汉书》，中华书局，1962，第1754页。

人与掖庭女乐就应该是所指相同[①]。

不过，这里有必要指出的是，在汉代，材人不仅可以用于称呼皇帝身边善歌善舞有才艺的妃子[②]，而且也可用于称呼诸侯王、太后身边有才的婢女侍者。如《汉书·外戚传》载孝元傅皇后曾“少为上官太后才人”[③]；《史记·仓公列传》载济北王召淳于意为诸女子侍者诊脉时，称竖为“才人女子”[④]。可见，在西汉，材人是对王公贵族身边有才能女子的统称。不过，这些女子因其所属主人不同，身份地位也略有不同。掖庭材人身处皇帝后宫，属于帝王妃妾，而诸侯王、太后身边的材人则属于供使唤的婢女，如济北王入厕，才人女子竖奉剑陪同入厕，可见材人女子竖确为婢女，而且才人女子竖以剑艺著称，与女乐以擅长俗乐歌舞不同。所以说，文献所称的掖庭女乐应是指掖庭中的材人，而非诸侯王等身边之才人。

（四）西汉后期出现贵族私蓄女乐现象

正史中记载西汉时期私家与女乐关系的史料仅有两处。一处是《汉书·礼乐志二》：

> （成帝）时，郑声尤甚。黄门名倡丙彊、景武之属富显于世，贵戚五侯定陵、富平外戚之家（师古曰：五侯，王凤以下也。定陵，淳于长也。富平，张放）淫侈过度，至与人主争女乐。[⑤]

---

①吉联抗曾将后宫女乐与掖庭材人联系在一起。参见吉联抗：《秦汉音乐史料》，上海文艺出版社，1981，第122页注。

②《汉书》卷30《艺文志》“诏赐中山靖王子哙及孺子妾冰未央材人歌诗四篇”中“材人歌诗”，则是对材人以才艺侍君的具体说明。参见（东汉）班固撰，（唐）颜师古注：《汉书》，中华书局，1962，第1754页。汉以后，才人成为皇帝后妃等级的一种。如《三国志·魏书·后妃传》载：“景初元年，（明）帝游后园，召才人以上曲宴极乐。”参见（晋）陈寿撰，（南朝宋）裴松之注，陈乃乾校点：《三国志》卷5《魏书·后妃传》，中华书局，1959，第168页。

③（东汉）班固撰，（唐）颜师古注：《汉书》，中华书局，1962，第3999页。

④（西汉）司马迁撰，（南朝宋）裴骃集解，（唐）司马贞索隐，（唐）张守节正义：《史记》，中华书局，1959，第2805页。

⑤（东汉）班固撰，（唐）颜师古注：《汉书》，中华书局，1962，第1072页。

这则史料反映出西汉成帝时，郑声流行，一方面以郑声为业的名倡富显于世，另一方面一些公卿贵族也开始追求享受郑声，甚至于出现与人主争女乐之事件。同时，从师古注中我们还可以知道，与人主争女乐的人是富平侯张放。那么为了更清楚地了解此事，我们再来看《汉书·张汤传附张放传》的记载：

> 是时上诸舅皆害其宠，白太后。……于是丞相宣、御史大夫方进奏："放骄蹇纵恣，奢淫不制。……知男子李游君欲献女，使乐府音监景武强求不得，使奴康等之其家，贼伤三人……"[①]

从这则史料我们知道，李游君曾有欲献女入宫，而遭张放强夺之事。可见，"至与人主争女乐"之事应该与此事有关。同时，这则史料还告诉我们，张放正是因为此事而遭到丞相、御史大夫的弹劾。那么这是否表明私家蓄女乐在当时社会还未被社会习俗或制度所接受认可，而属于一种新生事物呢？此事件后不久，成帝颁布的禁止私家蓄女乐的诏令即很好地说明了这一点。《汉书·成帝纪》载：

> （永始四年六月甲午）诏曰：……公卿列侯亲属近臣，四方所则，未闻修身遵礼，同心忧国者也。或乃奢侈逸豫，务广第宅，治園池，多畜奴婢，被服绮縠，设钟鼓，备女乐，车服嫁娶葬埋过制。……其申敕有司，以渐禁之。[②]

这则史料反映的时间是汉成帝永始四年。而张放"与人主争女乐"事件据《张放传》所载大致是在鸿嘉年间。也就是说张放事件后没几年政府即发布了针对私家蓄女乐的禁令，可见政府对私家蓄女乐现象的重视，以及在初期私家蓄女乐行动的艰难。

以上材料及分析说明西汉至晚在成帝时出现过私家蓄女乐现象，但由于还不能为社会所认可，所以很快就遭到政府的禁止。这就使得私家蓄女乐现象在西汉时期受到限制。因此可以说西汉后期虽出现私家蓄女乐现象，但还仅处于

①（东汉）班固撰，（唐）颜师古注：《汉书》，中华书局，1962，第2655页。
②（东汉）班固撰，（唐）颜师古注：《汉书》，中华书局，1962，第324页。

一种萌发状态。

（五）东汉以后私家蓄女乐普遍

《后汉书·马融传》载：

> （马融）善鼓琴，好吹笛，达生任性，不拘儒者之节。居宇器服，多存侈饰。常坐高堂，施绛纱帐，前授生徒，后列女乐，弟子以次相传，鲜有入其室者。[①]

这是史书对东汉贵族马融家蓄女乐的明确记载，马融家“前授生徒，后列女乐”的祥和、歌舞升平的气象清晰地显示出来。马融蓄女乐不但未遭到非议，而且范晔对之的评论也只是“既而羞曲士之节，惜不赀之躯，终以奢乐恣性，党附成讥，固知识能匡欲者鲜矣”[②]。这与西汉贵族张放因奢淫放纵，抢夺欲献入宫的女乐，而遭人弹劾形成鲜明对比。这说明在东汉贵族蓄女乐已不再受禁，而且已很普遍。关于这一点还有另一条资料可佐证，《三国志·魏书·杜夔传》注曰：

> 时有扶风马钧，巧思绝世。傅玄序之曰：马先生，天下之名巧也，……其后人有上百戏者，能设而不能动也。帝以问先生：“可动否？”对曰：“可动。”帝曰：“其巧可益否？”对曰：“可益。”受诏作之。以大木雕构，使其形若轮，平地施之，潜以水发焉。设为女乐舞象，至令木人击鼓吹箫；作山岳，使木人跳丸掷剑，缘絙倒立，出入自在。[③]

三国时有人为明帝上演百戏，能设而不能动，马钧则做可动的百戏节目，其中包括女乐表演。这说明女乐表演已进入百戏之中。而百戏又是当时社会普遍流行的娱乐活动，女乐进入其中，说明女乐也已流行于世。

---

①（南朝宋）范晔撰，（唐）李贤等注：《后汉书》，中华书局，1965，第1972页。

②（南朝宋）范晔撰，（唐）李贤等注：《后汉书》，中华书局，1965，第1973页。

③（晋）陈寿撰，（南朝宋）裴松之注，陈乃乾校点：《三国志》，中华书局，1959，第807页。

东汉以后女乐不仅流行于私家，而且私家之女乐有时也被称为女倡。《后汉书·卢植传》载：

> （卢植）少与郑玄俱事马融，能通古今学，好研精而不守章句。融外戚豪家，多列女倡歌舞于前。植侍讲积年，未尝转眄，融以是敬之。①

我们说《后汉书·马融传》称“前授生徒，后列女乐”，而此处又称“多列女倡歌舞于前”，可见，东汉私家所畜之女乐也有被称为女倡的。将私家女乐称为女倡在《三国志·魏书·杨阜传》中也有表述：

> （曹）洪置酒大会，令女倡着罗縠之衣，蹋鼓，一坐皆笑。阜厉声责洪曰：“男女之别，国之大节，何有于广坐之中裸女人形体！虽桀、纣之乱，不甚于此。”遂奋衣辞出。洪立罢女乐，请阜还坐，肃然惮焉。②

曹洪“令女倡着罗縠之衣”，杨阜愤然离去，表明三国时私家对女乐的利用已经近乎娼妓了。因此说，将私家女乐称为女倡，不只是称呼上的一种变化，而是本质上的变化使然。这或许是东汉女乐普遍下移以后发生的细微变化吧。

经过上述（四）、（五）部分的考证分析，我们可以说文献材料已清晰地反映出西汉和东汉时期私家蓄女乐的情况。随着大量考古资料的出土，这一从文献材料中所得出的结论也同样被考古资料所证实。

我们知道，女乐与乐舞息息相关，所以考古出土的大量乐舞图即是对文献所载女乐很好的说明。但是自中国近代考古以来，发现的汉代画像石墓共有二百多座，画像石一万多块。要在有限的篇幅内对这些画像石中的画像题材一一举例介绍几乎是不可能的，因此下表仅以20世纪90年代以来在《考古》《文物》《考古学报》《中原文物》等刊物上发布的有乐舞图的汉代墓葬为

① （南朝宋）范晔撰，（唐）李贤等注：《后汉书》，中华书局，1965，第2113页。
② （晋）陈寿撰，（南朝宋）裴松之注，陈乃乾校点：《三国志》，中华书局，1959，第704页。

例。此外，因为本表需要佐证的是西汉时期出现私家蓄女乐现象的时间问题及两汉时代女乐的流行情况，所以主要以反映有乐舞图的墓葬年代为主，同时，为便于查索，兼附资料出处等内容。

20世纪90年代以来的有乐舞图的墓葬列表

文章标题	有乐舞图的墓葬的年代	文章作者	发表刊物
河南济源县承留汉墓的发掘	东汉中晚期	张新斌、卫平复	《考古》1991年第12期
洛阳机车工厂东汉壁画墓	东汉晚期	洛阳市文物工作队	《文物》1992年第3期
山东济宁师专西汉墓群清理简报	西汉后期	济宁市博物馆	《文物》1992年第9期
南阳市第二化工厂21号画像石墓发掘简报	东汉末年	南阳市文物工作队	《中原文物》1993年第1期
安徽宿县褚兰汉画像石墓	东汉晚期	王步毅	《考古学报》1993年第4期
南阳市药材市场画像石墓发掘简报	汉晚期或魏晋时期	南阳市文物工作队	《中原文物》1994年第1期
山东邹城高李村汉画像石墓	东汉后期	邹城市文物管理所	《文物》1994年第6期
洛阳市南昌路东汉墓发掘简报	东汉晚期	洛阳市第二文物工作队	《中原文物》1995年第4期
河南荥阳苌村汉代壁画墓调查	东汉晚期	郑州市文物考古研究所、荥阳市文物保护管理所	《文物》1996年第3期
河南省邓州市梁寨汉画像石墓	东汉晚期	南阳市文物研究所	《中原文物》1996年第3期
河南省南阳市辛店乡熊营画像石墓	宣帝—东汉早期	南阳市文物研究所	《中原文物》1996年第3期
徐州发现东汉画像石	东汉早期	王黎琳、李银德	《文物》1996年第4期
南阳市邢营画像石墓发掘简报	三国早期	南阳市文物工作队	《中原文物》1996年第1期
江苏徐州市清理五座汉画像石墓	东汉中晚期	徐州博物馆	《考古》1996年第3期
山东章丘区黄土崖东汉画像石墓	东汉晚期	章丘区博物馆	《考古》1996年第10期

（续表）

文章标题	有乐舞图的墓葬的年代	文章作者	发表刊物
陕西神木大保当第11号、第23号汉画像石墓发掘简报	东汉和—顺时期	陕西省考古研究所、榆林地区文物管理委员会	《文物》1997年第9期
山东枣庄小山西汉画像石墓	西汉晚期偏早	枣庄市文物管理委员会、枣庄市博物馆	《文物》1997年第12期
河南南阳蒲山二号汉画像石墓	新莽—东汉早期	南阳市文物研究所	《中原文物》1997年第4期
郑州市南关外汉代画像空心砖墓	西汉中晚期	郑州市文物考古研究所	《中原文物》1997年第3期
山东沂南县近年来发现的汉画像石	东汉晚期	赵文俊、于秋伟	《考古》1998年第4期
贵州金沙县汉画像石墓清理	东汉中晚期	贵州文物考古研究所	《文物》1998年第10期
山东邹城市卧虎山汉画像石墓	西汉晚期—东汉早期	邹城市文物管理局	《考古》1999年第6期
山东微山县西汉画像石墓	西汉中期偏晚	微山县文物管理所	《文物》2000年第10期

注：以上资料来源于20世纪90年代以来在《文物》《中原文物》《考古》《考古学报》等刊物上所发布的有关汉代墓葬的发掘报告文章。

上表列举了20世纪90年代以来《文物》《中原文物》《考古》《考古学报》等刊物中所涉及的共23座有乐舞图的墓葬，其中有乐舞图的墓葬年代最早是西汉中晚期。这与文献记载在成帝时期出现私家蓄女乐现象基本是一致的。上表还显示出属于西汉晚期的墓葬是4座，属于东汉时期的墓葬有17座，而2座介于西汉晚期与东汉早期之间。这一系列直观数字有力地说明西汉晚期虽然出现了乐舞图，但是数量很少，而到了东汉以后，乐舞图则大量出现。这与从文献材料中所得出的私家蓄女乐之情况的结论也是一致的。此外，燕东生与刘智敏也曾对苏鲁豫皖地区发现的西汉至东汉初期墓葬的画像石题材作过分析，其分析结果显示画像石中有乐舞图的题材是在西汉中晚期以后出现的①。这与上述表格从20世纪90年代以来在《文物》《中原文物》《考古》《考古学报》等刊

①燕东生、刘智敏：《苏鲁豫皖交界区西汉石椁墓及其画像石分期》，《中原文物》1995年第1期，第79—98页。

物中所发表的有乐舞图的墓葬分析所得出的结论可以说是不谋而合。这也证明了上述表格结论的可靠性，及以此证明文献材料的可行性。

通过上述考证，我们可以说，先秦女乐最早起于夏桀时期，是专指在宫廷中供帝王娱乐的舞伎。三代以后在诸侯中颇为流行。她们不仅供统治者娱目，而且有时还可以帮助其主人达到破坏、瓦解敌国政治的目的。她们虽然对主人来说有很大的利用价值，但是社会地位、等级身份却很低，几近于婢妾。汉代，新政权建立伊始，经济有待恢复，政治制度也亟须完善，汉王朝面临的首要问题是稳固政权，所以还无暇建立庞大的娱乐体系。但是，祭祀活动相对来说又是封建王朝的重要活动，因此，在武帝好鬼神祭祀的情况下，首次在祭祀天地活动中使用了女乐。但这里的女乐与先秦时期女乐又有明显的不同，它是指在祭祀活动中歌唱的童男童女。自此“女乐”一词开始有了两种含义。随着汉政权的稳定，经济的发展，以及统治者享乐欲的增长，帝王大置宫妾，后妃等级增至十四级，一些有才、善歌善舞的女子充斥后宫，专以声色娱上。而这些女子也就成为史家笔下的汉代第二种形式的女乐。其性质与先秦女乐相同，但是地位明显高于先秦，其已从帝王的歌舞奴婢转而上升为帝王有名号的妃妾。这也从侧面反映了三代以来帝王后宫制度的些微变化。西汉后期，郑声流行，诸侯贵族也开始仿效帝王追求女乐享受，从而出现私家蓄女乐的现象。但在西汉政权尚未完全腐朽的情况下，政府还可以发布诏令，禁止贵族私蓄女乐，所以在西汉一代虽出现私家蓄女乐现象，但尚未普遍。东汉以后，地主庄园经济发展，豪强地主势力日盛，贵族地主贪求淫侈，因此蓄女乐之风蔓延且盛行开来，而且自女乐普遍下移后，女乐的性质也开始发生变化，这时女乐也可称为女倡。到三国时期，中央统一政权不复存在，军阀贵族势力锐不可当，以致他们对女乐的利用已形同娼妓。

二、汉代“新声”初探

“新声”是中国古代音乐史中的重要概念，近年来，引起音乐史学者的关注。如蔡仲德在他的长篇大著《中国音乐美学史》中说，“新声”是中国音乐美学史中的重要范畴，它推动了中国音乐审美观念的发展，它的出现是中国音乐史上的大事[①]。修海林则从人内在情感的表达与音乐的关系入手，对先秦时期“新声”的人道精神作了分析[②]。二者皆论述有理，笔者阅之受益匪浅。然而“新声”不仅仅是音乐美学史中的重要范畴，它同时也是中国礼乐文化中的重要内容。它在先秦、秦汉时期的历史文献中频频出现，应该说与先秦、秦汉时期的社会文化生活有必然联系，理应也在治史者的关注之内。然而由于学界很少对其含义、源流进行研究，产生了一些概念理解上不全面的问题。王书奴在其《中国娼妓史》中首次将“新声”纳入历史学的研究视野之下。但在它的笔下，汉代“新声”被理解为靡靡之声、淫声[③]。那么汉代“新声”是否就是淫声、靡靡之声？淫声、靡靡之声的说法又是怎么来的？在对外交流大发展的汉代，“新声”的内涵有没有变化呢？汉代是儒家雅乐观占据主流意识的时代，“新声”又是怎么流行起来的呢？流行情况如何？下文拟就以上问题对汉代“新声”作初步探索。

（一）先秦“新声”的起源及性质

1. “新声”的出现与流行

据史书记载，“新声”至迟出现于商纣王时代。如《史记·殷本纪》载，商纣王好酒、好淫乐、嬖于妇人，“于是使师涓作新淫声，北里之舞，靡靡之乐”[④]。在先王统治的原始时代，社会结构简单，国家组织还不发达，先王治理人民的一个很重要的方法就是依靠礼乐，如古之先王黄帝作咸池，颛顼作六茎，帝喾作五英，尧作大章，舜作招，禹作夏，汤作濩[⑤]。夏商以后，随着国家机器的加强，王权的巩固，统治者的享乐意识也随之逐渐增强，表现在音乐方面，就是对愉悦心情的新声的喜爱。我们知道，夏商时期，已经出现简单的五

①蔡仲德：《中国音乐美学史》，人民音乐出版社，2003，第72页。

②修海林：《先秦“新声”及其“人道”精神》，《人民音乐》，1988年第8期。

③王书奴：《中国娼妓史》，三联书店上海分店，1988。作者在第三章第五节《汉代之营妓》中曾根据汉代军营有“新声”推测汉代军营有营妓。

④（西汉）司马迁撰，（南朝宋）裴骃集解，（唐）司马贞索隐，（唐）张守节正义：《史记》，中华书局，1959，第105页。

⑤（东汉）班固撰，（唐）颜师古注：《汉书》，中华书局，1962，第1038页。

声音阶，如河南辉县琉璃阁殷墟出土的五孔陶埙能吹出完整五声音阶。周代已经有完整的律学理论与实践，即七声音阶与十二律[①]。那么，周以前的商纣王时期应该出现了七声音阶。七声音阶的出现就为师涓为纣王作新声提供了条件。

春秋战国时期，诸侯多喜欢听新声。新声中运用了七声音阶，旋律更加优美，相比先王时期用来移风易俗、教化人民的古乐更易使人感动。所以，春秋战国时期，当西周的礼乐制度遭到破坏后，诸侯们对新声的钟爱变得更加直言不讳。如魏文侯坦承自己“端冕而听古乐，则唯恐卧；听郑、卫之音，则不知倦”[②]。卫灵公“闻鼓新声者而说之”[③]。齐宣王则坦率地称“寡人非好先王之乐也，直好世俗之乐也”[④]。晋平公也“悦新声”[⑤]。赵列侯更喜爱郑声，甚至要赐给郑地歌者田地万亩[⑥]。此足见新声对人的吸引力之大。

2. “新声”的最初含义

最初“新声”是相对“正声”而言。《汉书·礼乐志》载：“殷纣断弃先祖之乐，乃作淫声，用变乱正声，以说妇人。”[⑦]即新声是对正声的变乱，是淫声。《通典·乐一》曰：“纣弃先祖之乐，乃作淫声。”[⑧]可见，在文献记载里，新声也与先王之乐相对。《诗毛氏传·序》又曰：“雅者，正也，言王政之所由废兴也。”[⑨]这又说明，正声也与雅声互通，它之所以称为正声，是因为它与王政的兴衰有关。孔子也说：“移风易俗，莫善于乐”。[⑩]先王制乐的目的在于教化人民，所以先王之乐、雅声被以儒家为代表的正统思想理所当然地视作

①黎孟德：《中国音乐简史》，四川文艺出版社，2009，第50页。
②（清）孙希旦撰，沈啸寰、王星贤点校：《礼记集解》，中华书局，1989，第1013页。
③（战国）韩非著，陈奇猷校注：《韩非子新校注》，上海古籍出版社，2000，第205页。
④（战国）孟轲著，王立民译：《孟子》，吉林文史出版社，2004，第17页。
⑤赵生群注：《春秋左传新注》，陕西人民出版社，2008，第726页。
⑥（西汉）司马迁撰，（南朝宋）裴骃集解，（唐）司马贞索隐，（唐）张守节正义：《史记》，中华书局，1959，第1797页。
⑦（东汉）班固撰，（唐）颜师古注：《汉书》，中华书局，1962，第1039页。
⑧（唐）杜佑：《通典》，商务印书馆，1935，第733页。
⑨陈奂：《诗毛氏传疏》，商务印书馆，1934，第2页。
⑩（东汉）班固撰，（唐）颜师古注：《汉书》，中华书局，1962，第1028页。

了正声[①]。

何谓正声？从音阶上讲，正声运用的是宫、商、角、徵、羽五声音阶[②]。从音节表现上讲，正声的表现比较温和，强调有节、有度。从演奏手法上讲，正声讲究平和，如医和对晋平公所说："先王之乐，所以节百事也，故有五节。迟速本末以相及，中声以降。五降之后，不容弹矣"[③]。即在以儒家为代表的正统思想看来，五音为本音或正音，所成之乐为正声，出五音之外再加音则为繁手淫声。从运用的场合来讲，正声多运用于郊庙祭祀、朝会典礼等场合。如《周礼·春官·大司乐》载："奏黄钟，歌大吕，舞《云门》，以祀天神。乃奏太簇，歌应钟，舞《咸池》，以祀地祇。乃奏姑洗，歌南吕，舞《大磬》，以祀四望。乃奏蕤宾，歌函钟，舞《大夏》，以祭山川。乃奏夷则，歌小吕，舞《大濩》，以享先妣。乃奏无射，歌夹钟，舞《大武》，以享先祖。"[④]即祭祀天地山川祖先等神灵时用的是钟、磬、鼓等演奏的正声。钟、磬、鼓演奏出的音乐具有庄严肃穆的特点，可以给参加祭祀者一种肃然起敬或神秘的感觉。

"新声"在以上各方面都与"正声"不同。在音阶上，新声运用了七声音阶，即在五声音阶的基础上，加入变宫、变徵，或清角、清羽，或清角、变宫[⑤]。"扬激楚之清宫兮，展新声而长歌"[⑥]，说的就是在新声中增加了清宫。在音阶的表现上，新声中夹杂有淫过凶嫚之声[⑦]。如《汉书·礼乐志》载："然自《雅》《颂》之兴，而所承衰乱之音犹在，是谓淫过凶嫚之声，为设禁焉。"[⑧]

①对于正声与新声，战国早期多以古乐和新乐相称，战国中后期多以先王之乐和世俗之乐称之。

②宫、商、角、徵、羽都是声，声组织起来就构成音，音按高低为序呈阶梯状排列起来，构成音阶。

③（春秋）左丘明传，（晋）杜预集解：《春秋左传集解》，上海人民出版社，1977，第1201页。"五节"即"五声之节"，"迟速"即音乐的速度，"本末"即乐音关系，主音为本，由它派生的音为末。参见吉联抗：《春秋战国音乐史料》，上海文艺出版社，1980，第26页。

④钱玄、钱兴奇、王华宝、谢秉洪注译：《周礼》，岳麓书社，2001，第207页。

⑤变在传统音乐理论中是低的意思，即变宫、变徵比宫、徵分别低半个音阶，清是高的音色，清角、清羽比清、羽分别高半个音阶。

⑥（南朝宋）范晔撰，（唐）李贤等注：《后汉书》，中华书局，1965，第2642页。

⑦无节无度，五声之外的便是淫声；五音发生混乱，互相凌侵，称嫚。

⑧（东汉）班固撰，（唐）颜师古注：《汉书》，中华书局，1962，第1039页。

在演奏手法上，新声多使用了繁手。“美繁手之轻妙兮，嘉新声之弥隆”①及医和所说的“烦手淫声，慆堙心耳，乃忘平和，君子弗听也”②，都说明新声在演奏中使用了繁手的手法③。在运用场合上，新声多用于日常生活的宴饮之中，如前文提到的国君多是在日常宴饮中听新声。

3. “新声”与“郑声”的关系

前文已谈过，新声出现于商纣王时代，是师涓为纣王所作的靡靡之音。西周建立以后，为惩戒殷商之淫风，作《周官》，兴正礼乐，使雅颂之声再次兴盛于朝廷。而表达人真情实感的音乐则流行于民间。春秋时期，诸侯公卿的势力壮大，诸侯乱政，西周以来仿照先王重建的礼乐制度也随之遭到破坏，民间音乐又渗入宫廷。郑声，即为郑国的民间音乐。春秋时期，郑国在今河南新郑地区，在黄河之南，而卫国在今河南杞县地区，黄河之北，两国相邻，音乐风格相近，又都多反映男女的恋情，所以史书中常习惯称之为“郑卫之声”。如《汉书·地理志》载，郑地“土狭而险，山居谷汲，男女亟聚会，故其俗淫。《郑诗》曰‘出其东门，有女如云’；又曰：‘溱与洧，方涣涣兮，士与女，方秉蕑兮’；‘洵訏且乐，惟士与女，伊其相谑’。此其风也”④，卫地“有桑间濮上之阻，男女亦亟聚会，声色生焉，故俗称郑卫之音”⑤。

郑声属于民间音乐，受正统礼乐思想影响较少，曲调清新活泼，真挚感人，更多地反映了世俗人们的情感生活，所以，当郑声传入宫廷后，很快就受到了诸侯们的喜爱。由于春秋时诸侯欣赏的新声多为郑声，所以，春秋以后郑声就几乎成了新声的代名词。

①（南朝宋）范晔撰，（唐）李贤等注：《后汉书》，中华书局，1965，第2643页。

②（春秋）左丘明传，（晋）杜预集解：《春秋左传集解》，上海人民出版社，1977，第1201页。

③在古琴上弹出某一声后，左手指在得出此声的位置上先上后下，频率较快地来回滑动，称为“吟”；如左手指先下后上，频率较慢地来回滑动，叫“猱”；右手弹弦，左手指往上滑到应发出的音高上，为“绰”；左手指往下滑到应发出的音高上，为“注”；泛音是由发音体局部振动产生的，在弦乐器适当位置商应用“虚接”手法，能奏出泛音。这些手法称为繁手或妙手。

④（东汉）班固撰，（唐）颜师古注：《汉书》，中华书局，1962，第1652页。

⑤（东汉）班固撰，（唐）颜师古注：《汉书》，中华书局，1962，第1665页。

4. 为了维护礼乐制度

以儒家为代表的正统思想排斥“新声”，视“新声”为淫声、亡国之声，以儒家为代表的正统音乐观是寓教化于音乐。如《礼记·乐记》载：“乐在宗庙之中，君臣上下同听之则莫不和敬；在族长乡里之中，长幼同听之则莫不和顺；在闺门之内，父子兄弟同听之则莫不和亲。故乐者，审一以定和，比物以饰节，节奏合以成文，所以合父子君臣，附亲万民也。是先王立乐之方也。”[①]由于儒家思想把礼乐视为别尊卑、和人心的重要工具，所以当孔子看到鲁国礼崩乐坏时，他“恶郑声之乱雅乐”[②]，感慨“《韶》尽美矣，又尽善也”[③]，还说“乐则韶舞，放郑声，远佞人。郑声淫，佞人殆”[④]。荀子也说“郑卫之音，使人之心淫”[⑤]。《吕氏春秋·本生》篇中也将郑卫之音视作“伐性之斧”[⑥]。看来，以儒家为代表的正统思想确实是想抵制新声，以便重新恢复西周的礼乐制度[⑦]。

除了新声违背儒家的礼乐教化观之外，以儒家为代表的正统思想视新声为淫声，为亡国之音的另外一个重要原因，就是喜欢听新声的国君几乎都招来了亡国之祸。如史书中记载最早听新声的商纣王，因为荒淫放荡于新声之中，冷落了祭祀祖先的音乐，导致“殷之大师、少师乃持其祭乐器奔周。周武王于是遂率诸候伐纣”[⑧]，商纣政权随之灭亡。卫灵公来到晋国要听新声，师旷阻止说，此亡国之声也，闻此音者国削[⑨]。晋平公好新声，不听师旷的劝阻，依

①（清）孙希旦撰，沈啸寰、王星贤点校：《礼记集解》，中华书局，1989，第1033页。
②陈国庆、何宏注译：《论语》，安徽人民出版社，2001，第360页。
③陈国庆、何宏注译：《论语》，安徽人民出版社，2001，第72页。
④陈国庆、何宏注译：《论语》，安徽人民出版社，2001，第321页。
⑤（清）王先谦：《荀子集解》，诸子集成本，世界书局，1936，第381页。
⑥张双棣、张万彬、殷国光等译注：《吕氏春秋译注》，北京大学出版社，2000，第11页。
⑦其实，这些音乐与雅乐相比讲究抒情，情感真挚热烈，视其为淫乐有点不妥。而且，人们对音乐的审美感知能力是随着实践的发展而提高的，当人的感官认知能力提高后，当七声音阶出现时，还固守五声音阶，是思想落后的一种表现。
⑧（西汉）司马迁撰，（南朝宋）裴骃集解，（唐）司马贞索隐，（唐）张守节正义：《史记》，中华书局，1959，第108页。
⑨（西汉）司马迁撰，（南朝宋）裴骃集解，（唐）司马贞索隐，（唐）张守节正义：《史记》，中华书局，1959，第1235页。

然坚持要师涓为之鼓完新声，结果导致“晋国大旱，赤地三年。平公之身遂癃病”[①]。周景王为追求音声之美，将铸造大钟，单穆公对他说，如果听乐而震的话，就会“患莫甚焉”，“国其危哉！”结果，钟铸成后第二年，王崩[②]。先秦时期喜欢听新声的国君要么得到臣下听新声要亡国的劝诫，要么亡了国。所以，在先秦时期，新声又几乎成了亡国之声的代名词。

（二）汉代“新声”的含义

汉代是中国历史的大发展时期，中央统一政权逐渐稳固，社会经济恢复繁荣，对外交流进一步扩大，文化艺术也出现昌盛繁荣局面。在这样的社会背景下，新声的内涵有无变化呢？[③]考察史书，汉代新声的内涵有以下特点：

1. 使用变声，翻新旧曲

《史记·佞幸传》载，汉武帝李夫人的哥哥“延年善歌，为变新声，而上方兴天地祠，欲造乐诗歌弦之。延年善承意，弦次初诗”[④]。该记载也见于《汉书·佞幸传》中，但有关新声的地方记载不同，特摘录如下：“延年善歌，为新变声。是时上方兴天地诸祠，欲造乐，令司马相如等作诗颂。延年辄承意弦歌所造诗，为之新声曲。”[⑤]此为中华书局点校本中的记载。又，文渊阁四库全书《汉书·佞幸传》中的记载：“延年善歌，为变新声，是时上方兴天地诸祠（宋氏校本云浙本无新字，越本无诸字），欲造乐，令司马相如等作诗颂。延年辄承意弦歌所造诗，为之新声曲（宋代校本云景德本承作丞，又一本无新字）。”[⑥]通过比较我们发现，中华书局点校本《史记·佞幸传》所载与文渊阁四库全书本《汉书·佞幸传》所载皆是“为变新声”；而中华书局点校本《汉

①（战国）韩非著，陈奇猷校注：《韩非子新校注》，上海古籍出版社，2000，第207页。

②（三国吴）韦昭注，明洁辑评：《国语》，上海古籍出版社，2008，第55页。

③作为与新声相对的雅乐，其内涵自孔子提出这一概念后，也在随时代的变化而变化。参见李方元：《周代宫廷雅乐与郑声》，《音乐研究》1991年第1期。

④（西汉）司马迁撰，（南朝宋）裴骃集解，（唐）司马贞索隐，（唐）张守节正义：《史记》，中华书局，1959，第3195页。

⑤（东汉）班固撰，（唐）颜师古注：《汉书》，中华书局，1962，第3725页。

⑥（东汉）班固撰，（唐）颜师古注：《汉书》，文渊阁四库全书本。

书·佞幸传》所载“为新变声”，与文渊阁四库全书本《汉书·佞幸传》宋氏校本所云之浙本“无新字”，即“为变声”，都是把“变声”作为一个概念。又《汉书·外戚传》：“夫人兄延年性知音，善歌舞，武帝爱之。每为新声变曲，闻者莫不感动。”[①]综合以上新声的各种提法，可以分析出，李延年所创的新声应是运用了变声，即运用七声音阶翻新旧曲[②]。如他所作的新声二十八解中的《出塞》《入塞》《望归》等曲就是高祖的戚夫人以往常歌唱的曲子[③]。

2. 在借鉴外来音乐元素时，更多地吸收胡曲的成分

《后汉书·班超传》注引《古今乐录》：“横吹，胡乐也。张骞入西域，传其法于长安，唯得《摩诃兜勒》一曲，李延年因之更造新声二十八解，乘舆以为武乐，后汉以给边将，万人将军得之。”[④]张骞通西域后，把西域横笛演奏的乐曲和演奏方法带回中原，李延年参考它创编了新声二十八解。《乐府诗集·横吹曲辞一》：“北狄诸国，皆马上作乐，故自汉已来，北狄乐总归鼓吹署。”[⑤]这里的鼓吹署即黄门鼓吹署。它位于宫中，与位于上林苑的乐府同掌新声。北狄乐隶属于掌管新声的黄门鼓吹署，可见胡乐对汉代新声的影响之大。

3. 汉代新声中以楚声影响最大

汉代乐府中的乐工是来自各地的民间乐人，这些乐人在乐府中互相交流，将家乡的音乐元素也会带入乐府新声的创作之中。各地音乐的特点及流行情况互不相同，所以对乐府新声的影响也不尽相同。早在战国时，由于楚声的优美，以及楚国势力的强大，所以楚声受到更多人的喜爱。如当时流行的《九歌》《涉江》《蔡灵》《阳阿》《激楚》《楚辞招魂》《下里》《巴人》《阳春》《白雪》，荆轲的《易水》，楚霸王的《拔山》《盖世》曲都是楚声，就

①（东汉）班固撰，（唐）颜师古注：《汉书》，中华书局，1962，第3951页。

②在先秦时，一般将乐曲中使用七声音阶称为“变声”。参见伍国栋：《中国音乐史》，商务印书馆，1997，第51页。

③《晋书·乐志》载：魏晋以来，二十八解不复具存，用者有《黄鹄》、《陇头》、《出关》、《入关》、《出塞》、《入塞》、《折杨柳》、《黄覃子》、《赤之杨》、《望行人》十曲。参见（唐）房玄龄等撰：《晋书》，中华书局，1974，第715页。

④（南朝宋）范晔撰，（唐）李贤等注：《后汉书》，中华书局，1965，第1578页。

⑤（宋）郭茂倩编：《乐府诗集》，中华书局，1979，第309页。

连刘邦项羽垓下决战时汉军所唱也是楚歌。到了汉代，或许由于开国之君刘邦是楚人，所以楚声的流行就更为普遍。如汉代宗庙祭祀所用之乐《房中乐》是楚声。在宫廷里，刘邦常对戚夫人说："为我楚舞，吾为若楚歌。"[①]刘邦的《大风歌》也是标准的楚声。汉代艺术受楚文化的影响很大。近代美学家邓以蛰先生在《辛巳病余录》中曾说："世人多言秦汉，殊不知秦所以结束三代文化，故凡秦之文献，虽至始皇力求变革，终属周之系统也。至汉则焕然一新，迥然与周异趣者，孰使之然？吾敢断言受'楚风'之影响无疑。汉赋源于楚骚，汉画亦莫不源于'楚风'也。何谓楚风，即别于三代之严格图案式，而为气韵生动之作用也。"[②]在汉代艺术普遍受楚风影响的情况下，新声作为一种音乐艺术也不例外。

汉代的新声具有以上三个方面的特点，听起来给人一种耳目一新的感觉，这或许就是汉代新声名为新声的原因吧[③]。

（三）汉代"新声"的普遍流行

在汉代，为维护封建统治秩序，恢复西周的礼乐制度，以儒家为代表的正统思想虽然依然坚持他们的礼乐观念，但是，事实上它并没有影响到汉代新声的流行，而且流行程度还远远超过前代。这从以下方面可以反映出来。

1. 流行人群既有王公贵族，也有文人百姓

如汉武帝就是新声的极大爱好者，他创建专门掌管新声的乐府这一机构就是证明。此后的"汉之三主"也是如此，他们"内置黄门工倡"以方便欣赏新声[④]。其中元帝本人还多才多艺，善鼓琴瑟，喜吹洞箫，而且"自度曲，被歌

①（东汉）班固撰，（唐）颜师古注：《汉书》，中华书局，1962，第2036页。

②邓以蛰：《辛巳病余录》，载《邓以蛰全集》，安徽教育出版社，1988，第281页。

③西晋时的新声名为新声的原因，黎孟德先生有过表述，他说："一方面是由于荀勖采用他制定的新笛律，另一方面则是采用新曲或者文人自创新歌。"参见黎孟德：《中国音乐简史》，四川文艺出版社，2009，第97页。

④（东汉）桓谭：《新论》，载（清）严可均校辑《全上古三代秦汉三国六朝文》，中华书局，1958，第548页。黄门倡是专门演唱俗乐的黄门鼓吹乐人。黄门乐署始于汉武帝。武帝立乐府，大规模采集俗乐，但乐府远在上林苑，征调乐工不甚方便，喜爱后庭游宴的武帝于宫禁设黄门乐人，以便娱乐。

声，分寸节度，穷极幼眇”[①]。元帝没有深厚的音乐功底，不娴熟新声，应是做不到这一步的。成帝是西汉有名的享乐皇帝，在他执政时期，乐府里的“倡优伎乐，盖有千人”之多[②]，这一数字就足以说明成帝对新声的喜爱程度。在喜好新声方面，东汉的皇帝也不逊色。如桓帝善琴笙，灵帝也喜鼓琴，善吹洞箫；琴、笙、箫都是以演奏新声见长。

受最高统治者的影响，官僚贵族亦对新声颇为钟爱。史书中这样的记载很多，如武帝时，大臣田蚡家“前堂罗钟鼓”[③]；成帝时，大臣张禹家里“后堂理丝竹管弦”[④]；“贵戚五侯定陵、富平外戚之家淫侈过度，至与人主争女乐”[⑤]。东汉这种现象更为普遍。如《后汉书·仲长统传》载：“（豪人之室）妖童美妾，填乎绮室；倡讴妓乐，列乎深堂。”[⑥]外戚马融家就是这样，他不但善鼓琴，好吹笛，且“常坐高堂，施绛纱帐，前授生徒，后列女乐”[⑦]。一种社会现象是否已经成为社会普遍现象，一般从当时的文学作品可以察知一二。东汉乐府诗《相逢行》中有这样的描述：“黄金为君门，白玉为君堂。堂上置樽酒，作使邯郸倡。”[⑧]邯郸倡即从事新声表演的艺人；作品描写的是一个侍郎中等官吏家中的情况，那么其他高级官吏之家可略见一斑。再看东汉末期的情况。“（曹）洪置酒大会，令女倡着罗縠之衣，蹋鼓，一坐皆笑。阜厉声责洪曰：‘男女之别，国之大节，何有于广坐之中裸女人形体！虽桀、纣之乱，不甚于此。’”[⑨]女倡们穿着几乎裸体的丝衣表演，一方面说明东汉后期官僚们对女乐的利用已经近乎娼妓[⑩]，另一方面也可反映出新声的流行深度。

---

①（东汉）班固撰，（唐）颜师古注：《汉书》，中华书局，1962，第298页。

②（东汉）桓谭：《新论》，载（清）严可均校辑《全上古三代秦汉三国六朝文》，中华书局，1958，第549页。

③（东汉）班固撰，（唐）颜师古注：《汉书》，中华书局，1962，第2380页。

④（东汉）班固撰，（唐）颜师古注：《汉书》，中华书局，1962，第3349页。

⑤（东汉）班固撰，（唐）颜师古注：《汉书》，中华书局，1962，第1072页。

⑥（南朝宋）范晔撰，（唐）李贤等注：《后汉书》，中华书局，1965，第1648页。

⑦（南朝宋）范晔撰，（唐）李贤等注：《后汉书》，中华书局，1965，第1972页。

⑧（宋）郭茂倩编：《乐府诗集》，中华书局，1979，第508页。

⑨（晋）陈寿撰，（南朝宋）裴松之注，陈乃乾校点：《三国志》，中华书局，1959，第704页。

⑩翟麦玲：《先秦两汉女乐考》，《史学月刊》2005年第3期。

新声不仅是王公贵族官僚们的喜好，同时也是文人的所爱。如西汉名士陆贾“常乘安车驷马，从歌鼓瑟侍者十人”[①]。东汉的桓谭“好音律，善鼓琴”[②]。蔡邕“妙操音律”，“善鼓琴”[③]。另外，我们在东汉文人的作品中也经常可以看到有关新声的描述。如张衡的《南都赋》：“弹筝吹笙，更为新声。”[④]仲长统的《乐志诗序》：“弹南风之雅操，发清商之妙曲。”[⑤]《古诗十九首》：“弹筝角逸响，新声妙入神。”“清商随风发，中曲正徘徊。”[⑥]诗中的清商即属于新声。

衡量一种社会现象是否普遍还有一个重要尺度，就是它在民间的流行情况。新声源于民间，经过艺术家的加工后再返还民间，则会更受民间的喜爱。此外，百姓远离宫廷，受儒家礼乐思想的束缚较少，所以，他们对音乐的欣赏也就能任其天性，自由地选择最能表达人现实生活情感的新声。理论上如此，事实上也确实如此。如西汉宣帝就说过：“女工有绮縠，音乐有郑卫，今世俗犹皆以此虞说耳目。”[⑦]百姓喜好新声已久，所以哀帝时虽然罢黜乐府，但是百姓喜好新声的热情依然未减。正如《汉书·礼乐志》所载：“然百姓渐渍日久，又不制雅乐有以相变，豪富吏民湛沔自若。”[⑧]桓宽的《盐铁论·相刺》“好音生于郑卫，而人皆乐之于耳”说的也是这种情况[⑨]。到了东汉，百姓依旧喜欢新声。

汉代社会普遍欣赏新声，还可从考古材料中得到证实。近代以来考古工作者在很多地区发现不少以宴乐为题材的汉画像石，此外，还发现很多带有乐舞图的汉代墓葬。我们对20世纪90年代以来《文物》《中原文物》《考古》《考古学报》等考古期刊中所发表的汉代墓葬的发掘报告进行研究、统计，有乐舞

①（东汉）班固撰，（唐）颜师古注：《汉书》，中华书局，1962，第2114页。
②（南朝宋）范晔撰，（唐）李贤等注：《后汉书》，中华书局，1965，第955页。
③（南朝宋）范晔撰，（唐）李贤等注：《后汉书》，中华书局，1965，第1980页。
④（东汉）桓谭：《新论》，载（清）严可均校辑《全上古三代秦汉三国六朝文》，中华书局，1958，第768页。
⑤（南朝宋）范晔撰，（唐）李贤等注：《后汉书》，中华书局，1965，第1644页。
⑥（南朝梁）萧统选，李善注，《文选》，万有文库本，第6册，第70页。
⑦（东汉）班固撰，（唐）颜师古注：《汉书》，中华书局，1962，第2829页。
⑧（东汉）班固撰，（唐）颜师古注：《汉书》，中华书局，1962，第1074页。
⑨（西汉）桓宽：《盐铁论》，四库全书本。

图的墓葬有23座，其中4座是西汉晚期的墓葬，2座是介于西汉晚期与东汉早期之间，17座是东汉的墓葬[①]。这么多有乐舞图的墓葬的发现，以及大量以宴乐为题材的汉画像石的发现，有力地说明了新声在汉代流行的事实；东汉带乐舞图的墓葬的数量远远多于西汉，则说明了新声在东汉要比在西汉更为流行。

2. 运用场合既有民歌也有官方用乐场合

新声源于民间，运用于民歌无须赘言，至于运用于官乐中则需要逐一说明。考察史书，汉代的官方用乐大致有以下场合。

一为郊庙祭祀用乐。郊庙祭祀是由皇帝率领百官在京城郊区举行的对天地自然神灵的一种祭祀。西汉初，礼乐制度不完备，郊祭中还没有乐舞。汉武帝时，国家政权稳定，制度建设也趋于完善，郊祭方面，乃“以正月上辛用事甘泉圜丘，使童男女七十人俱歌，昏祠至明”[②]。即汉代武帝时才在郊祭中正式运用了乐舞。乐舞中所用的音乐是《十九章之歌》，也被称为《郊祀歌》。这些歌是司马相如等人作词，协律都尉李延年采用民间曲调谱曲的新歌。这些歌属于新声，在《汉书·礼乐志》中说得很清楚，“今汉郊庙诗歌，未有祖宗之事”，而“皆以郑声施于朝廷”[③]。

二为宗庙祭祀用乐。宗庙祭祀即对大汉皇帝的列祖列宗的祭祀。据《汉书·礼乐志》记载，汉高祖时，用于祭祀宗庙的音乐是《房中乐》。汉惠帝时，乐府令夏侯宽“备其箫管，更名曰《安世乐》”[④]。汉武帝时，司马相如等人又作《安世歌》诗十七章，用于宗庙祭祀[⑤]。这些用于宗庙祭祀的音乐都是新声。首先，《房中乐》是楚声，因为高祖是楚人，爱好楚声[⑥]。夏侯宽改编《房中乐》之曲，使之配合箫管类乐器的演奏后，更擅长表演新声了。司马相如等人在乐府中专门从事新声工作，他们所创作的音乐自然是新声无疑。也正由于乐

①翟麦玲：《先秦两汉女乐考》，《史学月刊》2005年第3期。
②（东汉）班固撰，（唐）颜师古注：《汉书》，中华书局，1962，第1045页。
③（东汉）班固撰，（唐）颜师古注：《汉书》，中华书局，1962，第1071页。
④（东汉）班固撰，（唐）颜师古注：《汉书》，中华书局，1962，第1043页。
⑤（东汉）班固撰，（唐）颜师古注：《汉书》，中华书局，1962，第1045页。
⑥（东汉）班固撰，（唐）颜师古注：《汉书》，中华书局，1962，第1043页。

府所作音乐属于新声，所以才有后来哀帝罢乐府之举[①]。

三为宴饮之乐。即天子宴飨群臣时所用的音乐。蔡邕《礼乐志》曰“黄门鼓吹，天子所以宴乐群臣”[②]，可见，宴乐用的是黄门鼓吹乐。前文已言，黄门鼓吹与乐府虽然所处的地理位置不同，但二者联系紧密，所表演的音乐都属新声。

四为军乐。《晋书·乐志》：“李延年因胡曲更造新声二十八解；乘舆以为武乐。”[③]这里明确说明西汉军乐用的是李延年借鉴胡曲创编的新声二十八解。又，蔡邕的《礼乐志》曰：“短箫、铙歌，军乐也。”[④]可见，东汉的军乐主要演奏的是短箫和铙歌，而短箫、铙歌属于“鼓吹之一章尔”[⑤]，鼓吹是由黄门鼓吹乐人演奏的乐曲，所以也是新声。

新声的运用不再局限于人们的日常生活，而是已渗透到原本属于雅乐的领域。这难免引起一些好古之士的警惕。如汉武帝的弟弟河间献王，史载其有雅材，“以为治道非礼乐不成，因献所集雅乐”[⑥]。然而，由于雅乐已经淡出社会很久，失去了原有社会文化的普遍认同，而新声已为大众所接受，所以皇帝只好将所集雅乐交付大乐官，令其“常存肄之，岁时以备数”[⑦]。这一事件说明雅乐的复兴在汉代已不再容易。

（四）汉代“新声”流行的原因

在儒家的雅乐意识仍占统治地位的情况下，在一些好古人士还在为雅乐的复兴做努力时，汉代的新声又为什么还能流行起来呢？仔细分析，应与以下因素有关。

①汉代，太乐署掌雅乐，乐府掌新声，哀帝罢乐府主要是罢新声。

②（南朝宋）范晔撰，（唐）李贤等注：《后汉书》，中华书局，1965，第3132页。

③（唐）房玄龄等撰：《晋书》，中华书局，1974，第715页。

④（南朝宋）范晔撰，（唐）李贤等注：《后汉书》，中华书局，1965，第3132页。

⑤（晋）陈寿撰，（南朝宋）裴松之注，陈乃乾校点：《三国志》，中华书局，1959，第224页。

⑥（东汉）班固撰，（唐）颜师古注：《汉书》，中华书局，1962，第1070页。

⑦（东汉）班固撰，（唐）颜师古注：《汉书》，中华书局，1962，第1070页。

1. 乐府机构的设立

乐府在秦及汉初已经存在，隶属于少府[①]，但是影响不是很大。如《史记·乐书》载："孝惠、孝文、孝景无所增更，于乐府习常肄旧而已。"[②]肄，即习也，也就是说，汉初乐府的职能只是演习旧曲而已。武帝时，扩建乐府[③]，使之专掌新声。如《汉书·礼乐志》载："（武帝）乃立乐府，采诗夜诵，有赵、代、秦、楚之讴。以李延年为协律都尉，多举司马相如等数十人造为诗赋，略论律吕，以合八音之调，作《十九章》之歌。"[④]从中可以看出，乐府的一项职责就是采集各地民歌，为之定曲。此外，乐府还有其他职责，诸如创编祭祀用乐和宴饮用乐，并参加演出，以及负责管理宫廷中来自各地的民间乐人等事项。这样乐府就成为一个专门掌管新声的音乐机构。正如史书所载："太乐令丞，所职雅乐也；乐府所职，郑卫之乐也。"[⑤]武帝扩展乐府规模与职能，对新声的传播与推广起了很大的促进作用。西汉后期虽然有哀帝罢乐府之举，但是对遏制新声并没有起到多大作用。东汉，宫廷中虽然未设置乐府，但是仍有掌管俗乐的机构，即黄门鼓吹署。而且西汉以来乐府"观采风谣"的风气在东汉仍然存在，如刘秀"广求民瘼，观纳风谣"[⑥]，"和帝即位，分遣使者，皆微服单行，各至州县，观采风谣"[⑦]。这样就会使大量民间歌诗流入宫廷，为宫廷音乐的创作注入新鲜血液。

2. 新声的魅力

新声源于民间，能比较真实地反映人们现实生活中的喜悦与忧郁，并且表达感情自然，不精深奥秘，很容易与人产生情感共鸣。而雅乐虽然具有中正

①《通典·职官七》："秦汉奉常属官有太乐令及丞，又少府属官并有乐府令丞。"参见（唐）杜佑：《通典》，商务印书馆，1935，第148页

②（西汉）司马迁撰，（南朝宋）裴骃集解，（唐）司马贞索隐，（唐）张守节正义：《史记》，中华书局，1959，第1177页。

③有学者认为汉武帝始创乐府，笔者认为汉武帝时扩大了乐府，重新调整了乐府的职能，从而扩大了乐府的影响。

④（东汉）班固撰，（唐）颜师古注：：《汉书》，中华书局，1962，第1045页。

⑤（宋）王应麟：《汉艺文志考证》，四库全书本。

⑥（南朝宋）范晔撰，（唐）李贤等注：《后汉书》，中华书局，1965，第2457页。

⑦（南朝宋）范晔撰，（唐）李贤等注：《后汉书》，中华书局，1965，第2717页。

和睦的审美效果，但是它曲高和寡，一唱三叹，不便满足世俗生活的需要，而且其以乐教人的思想也比较深奥，一般人很难理解。所以，相比之下，新声就很容易为大众所接受。再者，新声的表现形式也多种多样。如相和歌即是新声的一种表现形式，它发展到汉代，已经成为一种有乐器伴奏，人声相和的成熟的艺术形式，这就为新声的发扬光大创造了条件。新声的另一种重要表现形式是歌舞百戏，它也是汉代一种比较繁荣的艺术形式，前文已言及的汉代墓葬中有大量的乐舞图，就是对歌舞百戏在汉代颇受大众喜爱的最好的实物证明。然而，与新声的繁荣相反，雅乐已经淡出了汉代人的生活。即使有保存下来的，也已经无人知其义[①]，即便是乐官，也因“乐尤微眇，以音律为节，又为郑卫所乱故无遗法。汉兴，制氏以雅乐声律，世在乐官，颇能纪其铿锵鼓舞，而不能言其义”[②]，所以，在新声魅力的影响下，雅乐淡出汉代人的生活，这应该是新声流行的根本原因。

3. 汉代人音乐审美观念的变化

先秦以来以儒家为代表的正统音乐观念的核心是讲究音乐的平和，强调音乐的社会功能。到了汉代，这种思想仍然被继承下来，如《史记·乐书》《乐记·乐本》《汉书·礼乐志》中表现出来的音乐观都是如此。此外，汉代还有不少的好古儒士在不断地为恢复雅乐而努力，如武帝时河间献王献所集的雅乐，哀帝时匡衡修改郊祀乐十九章的歌词，王莽时修改十九章的乐曲，都属此类行为。但是，这些复古的行为对音乐的发展并未产生多大影响，事实上，自先秦以来就已经出现的音乐观念——音乐由娱神向娱人转变的倾向更加强化，其表现不仅仅是新声的流行比以前更加广泛，而且已经深深地反映在当时人的著作中。如《淮南子》一书说：“是故世异则事变，时移则俗易。”[③]“先王之制，不宜则废之；末世之事，善则著之。是故礼乐未始有常也。故圣人制礼乐而不

①《汉书·礼乐志》：“春秋乡射，作于学官，希阔不讲。故自公卿大夫观听者，但闻铿锵，不晓其意，而欲以风谕众庶，其道无由。”参见（东汉）班固撰，（唐）颜师古注：《汉书》，中华书局，1962，第1072页。

②（东汉）班固撰，（唐）颜师古注：《汉书》，中华书局，1962，第1712页。

③赵宗乙：《淮南子译注》，黑龙江人民出版社，2003，第544页。

制于礼乐。”[①]这里明显在强调美具有时代性，人的审美情趣要顺应时代的变化。又，傅毅在他的文章《舞赋》中也说：“夫《咸池》《六英》，所以陈清庙，协神人也；郑卫之乐，所以娱密坐，接欢欣也。余日怡荡，非以风民也，其何害哉？”[②]即在傅毅看来，先王时期的雅乐《咸池》《六英》用于宗庙祭祀，而郑卫之乐用于休息娱乐，二者相得益彰，互不影响，没有必要“放郑声”。东汉王充也在《论衡》的《感虚篇》和《纪妖篇》中用大量的篇幅批驳韩非子的淫乐亡国论。这些文章的作者们在其著作中肯定新声的作用，为新声亡国论辩解，反映的不仅仅是作者个人的观点，还是社会普遍观念。可见，汉代人的音乐审美观念已经向前迈进了一大步。

4. 汉代管弦乐器的进一步发展

先秦时的乐器以钟磬等打击乐器为主，如殷墟发掘出的乐器多为钟、磬、鼓、铙、铎等。这些乐器适合演奏雅乐。而汉代的乐器以弹弦乐器和吹管乐器为主，如汉代画像石中出现的乐器，据不完全统计，建鼓出现32次，排箫26次，琴26次，竽12次，箫10次，埙7次，笙6次，瑟和各种笛5次，管4次，磬3次，钟1次。其中以管弦乐器最多。而这些管弦乐器除了中国原有的外，竖吹的箫、横吹的笛（羌笛）、胡笳、角、竖箜篌等都是汉代以后，随着对外交流的扩大，丝绸之路的开拓，从西域传入的新乐器。这些乐器与打击乐器明显不同，其音色特点是纤细、清脆、柔婉，更擅长新声的演奏。如《三国志补注》载，魏武帝的一个宫女，“七岁入汉宫学鼓琴，琴特鸣异，善为新声”[③]。《晋书·乐志下》载：魏晋之世，“列和善吹笛，郝索善弹筝，朱生善琵琶，尤发新声”[④]。《宋书·范晔传》载：“（晔）善弹琵琶，能为新声。”[⑤]这里讲的都是以琴、筝、琵琶、笛之类的弦管乐器演奏新声。汉代，不仅管弦乐器大发展，而且，这些管弦乐器的演奏技法也日趋成熟，表现就是这一时期著名的琴家和

①（南朝宋）范晔撰，（唐）李贤等注：《后汉书》，中华书局，1965，第659页。

②（东汉）桓谭：《新论》，载（清）严可均校辑《全上古三代秦汉三国六朝文》，中华书局，1958，第705页。

③（清）杭世骏：《三国志补注》，文渊阁四库全书本。

④（南朝宋）范晔撰，（唐）李贤等注：《后汉书》，中华书局，1965，第716页。

⑤（南朝梁）沈约：《宋书》，中华书局，1974，第1280页。

琴曲明显增多[1]。这些对新声的流传也都起了重要的促进作用。

此外，新声的流行也与社会秩序的稳定、经济生活的繁荣、人们享乐意识的增强有不可分割的关系。在上述众多因素的交互作用下，新声在汉代获得了普遍的社会文化基础，从而赢得了社会各阶层人士的喜爱[2]。

综上所述，新声与正声、雅乐相对。它来自民间，商纣时流行于宫廷，春秋战国时期又在诸侯中广为流传。由于它与儒家的礼乐思想相悖，所以遭到正统思想的排斥，并被视为靡靡之音，或亡国之音。汉代，国家统一，国力强大，对外交流及文化艺术也随之繁荣，作为文化艺术之一的新声，其内涵也比以前更加丰富，吸收了更多异域音乐元素。虽然汉代的正统思想仍在排斥新声，但是新声仍然在全社会范围内广为流传，而且已经运用到原本属于雅乐的领域，如郊祭乐、宗庙、宫廷宴乐和军乐。其原因不仅与新声自身的魅力有关，而且也与国力的强盛、人们的享乐意识的增强、政府的倡导、对外交流的扩大，以及人们音乐审美观念的变化有关。

三、军市与女市

军市与女市在古代文献典籍中很少出现，而且很少有史家或学者对其加以论述，尤其是对于军市的含义，除个别地方出现对军市现象的记载外，很少有地方对这一现象做具体说明，以致后来学者对其含义理解产生偏差。王书奴在研究中国古代营伎时首次将军市与女市这两个不同的概念联系在一起。那么这两个概念究竟有无联系？下文拟对此作一探索。先看女市的含义。

（一）有关女市的考察

近代以来国人对女市的认识基本有两种情况：一种认为女市是中国官伎的

①《汉书·艺文志》载：“凡乐六家，百六十五篇”。参见（东汉）班固撰，（唐）颜师古注：《汉书》，中华书局，1962，第1711页。

②秦汉到魏晋南北朝时期是中国民间音乐艺术从创作到表演，以及乐器制作、乐律、音乐思想等方面均获得了飞跃发展的时代。参见金文达：《中国古代音乐史》，人民音乐出版社，1994，第95页。

早期形式[①]；一种认为女市是齐桓公宫中所设的女子行商的地方[②]。究竟古代女市意义如何，我们且看文献记载。

文献中女市也被称为女闾。女市或女闾在二十五史中出现有两处，都是对西域古国设女市的记载；而在四库全书中出现有25次之多，除去对西域古国设女市的记载外，大都是对齐桓公宫中置女市的记载与论述。为说明问题，我们且对这些材料作以分析。

《战国策》："齐桓公宫中七（女）市，女闾七百，国人非之。"[③]这是对齐桓公宫中置女市的最早记载。宋人鲍彪《战国策注》曰："闾，里中门，为门为市于宫中，使女子居之。"[④]元人吴师道在其《战国策校注》中也曰："闾，里中门，为门为市于宫中，使女子居之。正曰，宫中为女市女闾，凡七百也。"[⑤]可见，宋人与元人对女市的理解是相同的，都认为女市是女子居住之处。又《韩非子·外储说右上》曰："昔桓公之霸也，内事属鲍叔，外事属管仲，桓公被发而御妇人，日游于市。"[⑥]宋赵鹏飞撰《春秋经荃》也载："桓公宫中女市女庐七百，内嬖如夫人者六人。"[⑦]这两段材料可以看作对《战国策》中女市的补充记载。"桓公被发而御妇人，日游于市"，以及市中有桓公嬖宠如夫人者六人，再次说明了女市的意义，即女色之市也。

明人杨慎撰《升庵集·昆仑九州·独妇山》引《齐记》云："齐有女闾七百，征其夜合之资以充国用。"[⑧]清人褚学稼在《坚瓠集续集·女闾》中也

①以近代学者王书奴为代表。他认为齐桓公于宫中设女市，"这就是我国国际经营娼妓的开头"。参见王书奴：《中国娼妓史》，三联书店上海分店，1988，第30页。

②以《辞海》解释为代表，"女闾"条言："本谓宫中设市，使女子居之，以便行商。旧时即以称娼妓居住的地方。"当代学者去非也援引《辞海》观点，认为齐桓公宫中所设女市里的妇女是经商的商人，而非娼妓。参见去非：《也谈齐婚俗及桓公内行——〈齐"巫儿"婚俗探析〉读后》，《管子学刊》2001年第4期。

③（西汉）刘向集录：《战国策》，上海古籍出版社，1985，第15页。

④（宋）鲍彪：《战国策注》，文渊阁四库全书本，台湾商务印书馆，1986，第12页。

⑤（元）吴师道：《战国策校注》，文渊阁四库全书本，台湾商务印书馆，1986，卷2之第16页。

⑥（清）王先慎：《韩非子集解》，诸子集成本，世界书局，1936，第255页。

⑦（宋）赵鹏飞：《春秋经荃》，文渊阁四库全书本，台湾商务印书馆，1986，卷4之第16页。

⑧（明）杨慎：《升庵集》，文渊阁四库全书本，台湾商务印书馆，1986，卷76之第10页。

引《齐记》曰："管子治齐，置女闾七百，征其夜合之资，以充国用，此即教坊、花粉钱之始也。"[①]这两条材料则是明清以来对管仲置女市之目的的认识，即充国用也。近代学者王书奴对管仲设女市原因做了进一步分析。他认为管仲设女市大致有四个原因，一国家收租税，二容纳奴隶，三优待游士，四供齐桓娱乐[②]。结合上文看，王书奴的分析也不乏一定道理。

春秋后期，越王勾践也效法齐桓公宫中设女市的做法，而为军士设女伎。《越绝书》："独妇山者，勾践将伐吴，徙寡妇致独山上，以为死士示，得专一也。去县四十里，后说之者，盖勾践所以游军士也。"[③]这里虽不名女市，但与女市意义相同。

四库全书中除记载管仲于桓公宫中设女市外，还有一种对古代少数民族置女市现象的记载。《魏书·龟兹传》："（龟兹国）俗性多淫，置女市收男子钱入官。"[④]《太平广记》卷481《蛮夷二·龟兹》引《十三州志》曰："葱岭以东，人好淫僻，故龟兹于阗置女市，以收钱。"[⑤]《钦定皇舆西域图志》卷34引《北史·西域传》："高昌赋税则计田输银钱，无者输麻布。龟兹赋税准地征租，无田者则税银。置女市收男子钱以入官。"[⑥]这里，古西域龟兹于阗国所设女市与齐桓宫中女市意义相同，为女色之市。

综上可知，古代女市或女闾确实乃女色贸易之市[⑦]。既然古代女市为女色贸

---

①（清）褚学稼：《坚瓠集续集》卷1《女闾》引《齐记》，载《笔记小说大观》第二辑，江苏广陵古籍刻印社，1983。

②王书奴：《中国娼妓史》，三联书店上海分店，1988，第31—32页。

③李步嘉：《越绝书校释》，武汉大学出版社，1992，第202页。

④（北齐）魏收：《魏书》，中华书局，1974，第2267页。

⑤（宋）李昉等编：《太平广记》卷481《蛮夷二·龟兹》引《十三州志》，中华书局，1961，第3965页。

⑥《钦定皇舆西域图志》卷34引《北史·西域传》，文渊阁四库全书本，卷34之第32页。此处本应引用第一手资料《北史·西域传》，但《钦定皇舆西域图志》将之做了进一步归纳，而更显简洁明了，故用之。

⑦除上述材料外，四库全书中还有宗教著作及文人诗集对女市的记载。（唐）释道世撰：《法苑珠林》卷6《诸天部之余》："第一谷米市，第二衣服市，……第七淫女市，处处并有市官，是诸市中天子天女往来贸易商量贵贱求索、增减称量断数、具市廛法，虽作是事，以为戏乐。"参见（唐）释道世：《法苑珠林》，文渊阁四库全书本，台湾商务印书馆，1986，卷6之第4页。明曹学佺编《石仓历代诗选》卷50《中唐四》韩翃《送崔秀才赴上元兼省叔父》："练湖东望楼，云阳女市西。"参见（明）曹学佺：《石仓历代诗选》，文渊阁四库全书本，台湾商务印书馆，1986，卷50之第8页。

易之市，而且勾践为军士设女伎也颇类似女市之做法，那么是否因此就可以将军市与女市联系在一起，而说有军市即有女伎呢？下面再看军市的含义。

（二）有关军市的考察

近人对古代军市的理解也存在两种情况：一种认为军市是设在军中的贸易之市①；一种即前文所言的以王书奴为代表对军市的认识，认为军市组织与齐桓之女闾相同。究竟军市组织含义如何，我们还是来看文献记载。

根据文献记载，军市最早出现于战国，至明清时期消失。二十五史中记载军市的有30多处，其中大多是对军中设市的记载，但也有部分是关于天文星象方面的记载。要了解军市为何，我们不妨先看现存最早记载军市的文献《商君书·垦令篇》：

> 令军市无有女子；而命其商人自给甲兵，使视军兴；又使军市无得私输粮者，则奸谋无所于伏，盗粮者不私稽，轻惰之民不游军市。盗粮者无所售，送粮者不私，轻惰之民不游军市，则农民不淫，国粟不劳，则草必垦矣。②

《商君书·垦令篇》包括商鞅督促人民积极耕垦土地的二十条办法，而本文所引即其中之一。其大意是朝廷命令军人市场不得有女子，并且命军市中的商人自备兵器，而且军市不得有私自运粮者，这样军市中就不会有不法的粮食盗卖行为，轻惰之民也就不会游荡军市，从而国家粮食也就不会浪费，如此，荒草必然得到耕垦。理解这段话中军市的含义，关键在于对“令军市无有女子”的理解。我们从《商君书·兵守篇》中知道，在商鞅的守城战略中，把守城军队分成三军，“壮男为一军；壮女为一军；男女之老弱者为一军”，三军各有所职，且禁止互相往来，原因在于“壮男过壮女之军，则男贵女”，这样，男女喜欢在一起相处，战斗力就会消弱；而“壮男壮女过老弱之军，则老使壮

①龚留柱：《中国古代军市初探》，《史学月刊》1994年第3期。

②高亨注译：《商君书注译》，中华书局，1974，第27页。

悲，弱使强怜”[①]，这样慈悲之心生，勇敢的人会改变斗志，胆怯的人也会不肯作战。所以商鞅认为要保持战斗力，就要严格限制三军往来。故，从《兵守篇》我们知道：军中有男有女且军中男女不得往来。如此，我们也就很容易理解商鞅为什么“令军市无有女子”了。

又《汉书·李陵传》：

> 连战，士卒中矢伤，三创者载辇，两创者将车，一创者持兵战。陵曰：“吾士气少衰而鼓不起者，何也？军中岂有女子乎？”始军出时，关东群盗妻子徙边者随军为卒妻妇，大匿车中。陵搜得，皆剑斩之。明日复战，斩首三千余级。[②]

汉代西北边疆的移民政策中有重罪被处死后，妻子徙边之条。从被徙边的妻子藏匿车中被李陵搜出斩首一事，可以看出，汉代军中是不允许有女子的。这可能与当时的神秘主义观念，女子妨害军事有关。人类文化学家弗雷泽指出：战士不得接近女人的原因是惧怕染上女性的软弱与怯懦。为了保证军队的战斗力的最大发挥，既然军市连女军都不容许存在，那就更谈不上女伎了。因此，可以说这段话已经明确表示军市中是根本不可能有女伎的。

另外，从《兵守篇》大谈不得在军市中有倒卖粮食现象看[③]，军市应该是一个物品交易市场。关于军市是一个物品交易市场，我们从以下材料中还可以得到证实。

我们先看有关汉代军市的材料。《汉书·胡建传》载：

> 胡建字子孟，河东人也。孝武天汉中，守军正丞（师古曰，南北军各有正，正又置丞，而建未得真官，兼守之。），贫亡车马，常步与走卒起居，所以尉荐走卒，甚得其心。时监军御史为奸，穿北军

①高亨注译：《商君书注译》，中华书局，1974，第101页。

②（东汉）班固撰，（唐）颜师古注：《汉书》，中华书局，1962，第2453页。

③其实在秦国不仅禁止军市中有倒卖粮食现象，就是一般的倒卖军粮、冒领军粮也要受到重罚。如《睡虎地秦墓竹简》中即有这样的简文：“不当禀军中而禀者，皆赀二甲，法（废）；……军人买（卖）禀禀所及过县，赀戍二岁；……军人禀所、所过县百姓买其禀，赀二甲，入粟公。”参见睡虎地秦墓竹简整理小组编：《睡虎地秦墓竹简》，文物出版社，1978，第133—134页。

> 垒垣以为贾区，（师古曰，坐卖曰贾，为卖物之区也。区者，小室之名，若今之小庵屋之类耳。故卫士之屋谓之区庐，宿卫宫外之士称为区士也。）建欲诛之，……遂上奏曰："臣闻军法，立武以威众，诛恶以禁邪。今监御史穿军垣以求贾利，私买卖以与士市，不立刚毅之心，勇猛之节，亡以帅先士大夫，尤失理不公。"[1]

监军御史"穿北军垒垣以为贾区"，贾者坐卖也，区者小室也，贾区为卖物之区[2]。这就说明军市是军中所设贾区，属买卖物品之地。监军御史"私买卖以与士市"乃属奸邪行为，因此被胡建斩首。这是军市中商业弊端的一种表现。

既然军市是一商业现象，那么对军市征税则是在所难免的。《史记·冯唐传》载：

> 臣大父言，李牧为赵将居边，军市之租皆自用飨士，（索隐案，谓军中立市，市有税。税即租也。）赏赐决于外，不从中扰也。……今臣窃闻魏尚为云中守，其军市租尽以飨士卒，出私养钱，（集解服虔曰："私廪假钱"是也。或云官所别廪给也。）五日一椎牛，飨宾客军吏舍人，是以匈奴远避，不近云中之塞。[3]

这段话则表明虽然对军市征税，但所征之税仍然用于军中。这也许就是军市不同于一般民间市场之处。军市之税仍用于军中，这从另一方面也说明军市是设在军中的市场这一特殊性。

作为物品交易市场，军市也有专门的管理人员。《后汉书·祭遵传》载：

> （祭遵）从征河北，为军市令。舍中儿犯法，遵格杀之。光武怒，命收遵。时主簿陈副谏曰："明公常欲众军整齐，今遵奉法不

①（东汉）班固撰，（唐）颜师古注：《汉书》，中华书局，1962，第2910页。以下所引该书版本同。

②王书奴将军市贾区的墙垣理解为别置女伎之用。参见王书奴：《中国娼妓史》，三联书店上海分店，1988，第41、42页。

③（西汉）司马迁撰，（南朝宋）裴骃集解，（唐）司马贞索隐，（唐）张守节正义：《史记》，中华书局，1959，第2758页。

避，是教令所行也。”[①]

可见，军市令是军市交易秩序的具体管理人员，一般由从军将吏兼任。若有人违反规定，军市令有权处决。然而虽然有军市令掌管秩序，但违反军市秩序的现象仍然不断，所以时人有言：“欲以承平之法治暴秦之绪，犹以乡饮酒之礼理军市也。”[②]军市有军市令具体掌管秩序，但是仍然难以治理，这是军市商业行为难以避免的特点之一。

《三国志·吴书·潘璋传》载：

> 璋为人粗猛，禁令肃然，好立功业，所领兵马不过数千，而其所在常如万人。征伐止顿，便立军市，他军所无，皆仰取足。然性奢泰，末年弥甚，服物僭拟。吏兵富者，或杀取其财物，数不奉法。监司举奏，权惜其功而辄原不问。[③]

这段材料说明：第一，设军市的目的是令士兵能够“皆仰取足”，也就是说是为便利士兵各取所需而设；第二，军市是在“征伐止顿”时设立，而非随时皆有也；第三，军士有自己的私有财物，这为其在军市获取所需提供了必不可少的物质条件；第四，并非每个军中皆有军市，而是根据需要设立。因此，正如文中所说，军中没有设军市的皆来潘璋军中购买所需，以致璋的军中人数倍增。这就再次说明军市乃物品交换之市场也。

《三国志·魏书·仓慈传》注引《魏略》曰：

> 斐又清己，仰奉而已，于是吏民恐其迁转也。至青龙中，司马宣王在长安立军市，而军中吏士多侵侮县民，斐以白宣王。宣王乃发怒召军市候，便于斐前杖一百。[④]

这段材料则进一步说明，来军市中买卖的不仅有军士，而且有县民。这和

---

①（南朝宋）范晔撰，（唐）李贤等注：《后汉书》，中华书局，1965，第738页。

②（东汉）班固撰，（唐）颜师古注：《汉书》，中华书局，1962，第2920页。

③（晋）陈寿撰，（南朝宋）裴松之注，陈乃乾校点：《三国志》，中华书局，1959，第1300页。

④（晋）陈寿撰，（南朝宋）裴松之注，陈乃乾校点：《三国志》，中华书局，1959，第513页。

《商君书·垦令篇》中言轻惰之民不游“军市”在某种程度上可以说是一致的。

以上先秦两汉时期有关军市的材料，无论是师古对军中贾区的解释，还是军市令的设立、职责，军市租税的征收，军市弊端的表现等等，都集中说明了军市是指设在军中的物品交易市场，而与女色未表现出有任何联系。

我们再看汉代以后的材料。《旧唐书·李皋传》：

> 皋以上蒙尘于外，不敢居城府，乃于西塞山上游大洲屯军，从近县为军市，商货毕至。①

《资治通鉴》五代后周显德六年胡三省注曰：

> 军中有市，听军人各以土物自相贸易。②

《宋史·食货志·盐》：

> 又并边州军市刍粮，给钞过多，故钞及盐甚贱，官价自分为二。③

《元史·王庆端传》：

> 与士卒同甘苦，昼则擐甲执兵迎敌，夜卧不解衣，暇则俾士卒为军市，自相懋迁。④

这些材料说明汉以后军市仍是作为军中物品交易市场而出现，与女色交易没有丝毫联系。

军市不仅用来指军中的商业经济现象，而且也用来反映天上之星象。《晋书·天文志》曰：

> 军市十三星在参东南，天军贸易之市，使有无通也。⑤

---

①（后晋）刘昫等：《旧唐书》，中华书局，1975，第3639页。

②（宋）司马光撰，（元）胡三省注：《资治通鉴》，中华书局，1956，第9597页。

③（元）脱脱等：《宋史》，中华书局，1985，第4422页。

④（明）宋濂等：《元史》，中华书局，1976，第3574页。

⑤（唐）房玄龄等：《晋书》，中华书局，1974，306页。

《宋史·天文志四》：

> 军市十三星，状如天钱，天军贸易之市，有无相通也。中星众，则军余粮。小，则军饥。月入，为兵起，主不安。[①]

可见，古人以军市指天上星象，起源于用天象来预测说明战争之状况。所以反映在天上星象方面，也是指天军贸易之市。故，从反映天上星象的军市含义来看，人间军中所设军市也应指为军人设立的物品贸易之市。

所以综上所述，无论人间军中之军市，还是天上星象之军市，其自始至终一直指物品贸易之市，而非女色交易之市也。

通过上述考证可知，女市是女色交易之市，起源于春秋时期齐桓公宫中的女市，春秋后期越王勾践曾为了死去的将士而徙寡妇到独山上。魏晋南北朝时，西域龟兹国有女市。而军市是指设在军中的物品贸易之市，起源于战国时的秦国，一直到明清时消亡。汉代对军市管理严格，有不法现象要被斩首。而且汉代多忌讳，认为军中有女子会妨害军事。所以即便军市中存在不法商品的贸易，那也应该不会有女色贸易。

通过以上问题的考察，可以说汉武帝时期军营中应该不会有营伎。然东汉三国以后，随着女乐的下移，人们对女乐的利用趋近于娼妓，再加之新声俗乐的发展及三国时期妇女拟配军营制度，则促使了魏晋时期营伎的出现。魏晋时期出现营伎，还与这一时期社会上声色歌伎流行有关。因此这一时期的正史里明确出现了营伎的记载。马克思主义认为，卖淫与经济结构相联系，卖淫是男女不平等的表现，是对妇女的侮辱。既然汉代社会还没出现营伎，那么我们是不是可以说，汉代女性还生活在相对健康的社会环境里，汉代的性观念还没有被扭曲？这当然与汉代女性有广泛的经济活动，在经济生活中还与男性有着近乎同样的权益有密不可分的关系。

---

①（元）脱脱等：《宋史》，中华书局，1985，第1054页。

第七节 “女子乘亭鄣”中女子身份的考察

中国古代女子生活中的形象不仅有身份地位的差异，也有民族、地域的不同。西北边疆地处中国大陆的西部，大部分地区气候干旱，风沙巨大，自然生活条件恶劣，人口稀少。在两汉的统治范围内，西北边疆是两汉政府用力最勤但同时也是最难控制的地区。从地域文化角度来讲，西北边疆女子的生活具有一定的特殊性。先秦史料中不少战争场面的描写涉及女性。汉代与匈奴战争频繁，西北边疆女子是否也参战呢？这将是本节探讨的中心问题。

顾颉刚先生曾撰《女子当兵与服徭役》一文[①]，列举了战国至汉初女子服兵役的现象，其中就包括汉武帝时，汉匈两方在边境发生战争，汉方“女子乘亭鄣”之事。很明显，顾先生是把其中的“女子”当作政府征发的女兵了。那么，这些女子是不是政府征发的女兵？要搞清楚其身份，先要弄明白“女子乘亭鄣”一事。

一、“女子乘亭鄣”的文献出处

“女子乘亭鄣”在《汉书·贾捐之传》、《后汉书·南匈奴列传》、《西汉会要》卷64和66、《资治通鉴》卷28、《通志》卷99、《历代名臣奏议》卷227

①顾颉刚：《女子当兵与服徭役》，载《史林杂识初编》，中华书局，1963，第93页。

等文献中曾多次出现，皆述一事。其最早出现是在《汉书·贾捐之传》中：

> 至孝武皇帝元狩六年，太仓之粟红腐而不可食，都内之钱贯朽而不可校。乃探平城之事，录冒顿以来数为边害，籍兵厉马，因富民以攘服之。西连诸国至于安息，东过碣石以玄菟、乐浪为郡。北却匈奴万里，更起营塞，制南海以为八郡，则天下断狱万数，民赋数百，造盐铁酒榷之利以佐用度，犹不能足。当此之时，寇贼并起，军旅数发，父战死于前，子斗伤于后，女子乘亭鄣，孤儿号于道，老母寡妇饮泣巷哭，遥设虚祭，想魂乎万里之外。[①]

该言是贾捐之上奏汉元帝奏言中的一部分。当时珠厓郡反，朝廷欲发兵击之，贾捐之上奏元帝，希图用汉武帝元狩六年汉军与匈奴交战，“父战死于前，子斗伤于后，女子乘亭鄣，孤儿号于道，老母寡妇饮泣巷哭”的悲惨场面说服元帝不要发兵珠厓郡。

二、前人对“女子乘亭鄣”的解释

“鄣”通“障”。《史记·匈奴列传》张守节之《正义》引顾胤之言：“障，山中小城。亭，候望所居也。”[②]《汉书·武帝纪》颜师古注：“汉制，每塞要处别筑为城，置人镇守，谓之候城，此即障也。”[③]《史记·白起列传》司马贞之《索隐》：“鄣，堡城也。”[④]《史记·秦始皇本纪》：“筑亭障以逐戎人。”[⑤]可见，亭障是古时为防御戎人，在边塞修筑的有戍兵镇守的城堡。又

①（东汉）班固撰，（唐）颜师古注：《汉书》，中华书局，1962，第2832页。

②（西汉）司马迁撰，（南朝宋）裴骃集解，（唐）司马贞索隐，（唐）张守节正义：《史记》，中华书局，1959，第2916页。

③（东汉）班固撰，（唐）颜师古注：《汉书》，中华书局，1962，第202页。

④（西汉）司马迁撰，（南朝宋）裴骃集解，（唐）司马贞索隐，（唐）张守节正义：《史记》，中华书局，1959，第2333页。

⑤（西汉）司马迁撰，（南朝宋）裴骃集解，（唐）司马贞索隐，（唐）张守节正义：《史记》，中华书局，1959，第253页。

《汉书·高帝纪》师古注："乘，登也，谓上城而守也。"[①]所以，"女子乘亭鄣"则是指女子登上城堡参加战斗。

古人只对"亭障"与"乘"作有解释，而对其中女子的身份没有解释，那么，这些女子的身份确实是女兵吗？或者有可能是什么呢？由于这些女子身处北方边塞，所以需要对北方边塞女子的来源加以考察。

三、西汉北方边塞女性的来源

《汉书·晁错传》：

> 令远方之卒守塞，一岁而更，不知胡人之能，不如选常居者，家室田作，且以备之。……先为室屋，具田器，乃募罪人及免徒复作令居之。不足，募以丁奴婢赎罪及输奴婢欲以拜爵者。不足，乃募民之欲往者。皆赐高爵，复其家。[②]

可见，在西汉屯田令下，有不少女性随同家人徙边，且屯且戍。又《汉书·宣元六王传》："京房及博兄弟三人皆弃市，妻子徙边。"[③]可见，在西汉时还有犯罪人被处死后，其妻子被罚坐徙边的现象。又《汉书·西域传下》：

> 时戊己校尉刀护病，遣史陈良屯桓且谷备匈奴寇，史终带取粮食，司马丞韩玄领诸壁，右曲候任商领诸垒，相与谋曰："西域诸国颇背叛，匈奴欲大侵，要死。可杀校尉，将人众降匈奴。"即将数千骑至校尉府，胁诸亭令燔积薪，分告诸壁曰："匈奴十万骑来入，吏士皆持兵，后者斩。"得三四百人，去校尉府数里止，晨火然。校尉开门击鼓收吏士，良等随入，遂杀校尉刀护及子男四人、诸昆弟子男，独遗妇女小儿。止留戊己校尉城，遣人与匈奴南将军相闻，南将

① (东汉）班固撰，（唐）颜师古注：《汉书》，中华书局，1962，第21页。
② (东汉）班固撰，（唐）颜师古注：《汉书》，中华书局，1962，第2286页。
③ (东汉）班固撰，（唐）颜师古注：《汉书》，中华书局，1962，第3318页。

军以二千骑迎良等。良等尽胁略戊己校尉吏士男女二千余人入匈奴。[①]

在这场谋划防备匈奴的战役中，汉将戊己校尉刀护及其子男、诸昆弟子男等皆被其部下陈良等所杀，“独遗妇女小儿”。这说明校尉刀护在任职期间，其妻子等女性家属也一起随军。陈良在最后投降匈奴时，又“尽胁略戊己校尉吏士男女二千余人入匈奴”，这里的“吏士男女二千余人”中也当有下级军吏的随军妻子在内。边塞女性中有下级军吏的家属从简牍资料中也可得到说明。如《居延汉简释文合校》：

三　燧长居延西道里公乘徐宗年五十
妻妻　宅一区直三千妻妻一人
子男一人　田五十亩直五千　男子一人　子男二人
男同产一人　用牛二直五千　子女二人
女同产二人男同产二人
女同产二人[②]

燧长徐宗的家属成员及财产登记簿中，有关于女性成员的记载，说明戍边的下级军吏也可带妻子家属等。

《敦煌汉简释文》：

五校吏士妻子议遣乌孙归义候　清子女到大煎都候鄣（90）
凡外塞吏子使女卅三人　积三千六百一十二人（303）
出外塞吏子奴婢小男女二人　凡积二百六十人（304）[③]

此类简牍甚多，兹不赘述。简牍说明边塞女性中还有身份为奴婢者。

①（东汉）班固撰，（唐）颜师古注：《汉书》，中华书局，1962，第3926页。
②谢桂华、李均明、朱国炤：《居延汉简释文合校》，文物出版社，1987，第34、35页。
③吴礽骧、李永良、马建华释校，甘肃文物考古研究所编：《敦煌汉简释文》，甘肃人民出版社，1991，第9、31页。

四、军制方面的考察

以上从边塞女性的来源方面论证了西汉未有集女兵于北方边塞的现象，下面再从军制方面加以考察。汉代的集兵方式比较多样化，除征兵与募兵两种主要方式外，还实行过谪兵制、发恶少年及刑徒兵制[①]。

（一）征兵与募兵这两种主要的集兵方式

《史记·孝景本纪》："男子二十而得傅。"[②]"傅"，荀悦云："正卒也。"[③]又《汉书·景帝纪》："令天下男子年二十始傅。"[④]颜师古曰："著也，言著名籍给公家徭役也。"[⑤]可见，汉代著籍服役者为20岁以上男性。又《盐铁论·执务篇》：

> 若今（武帝时）则徭役极远，尽寒苦之地，危难之处，涉胡、越之域，今兹往而来岁旋，父母延颈而西望，男女怨旷而相思。[⑥]

《盐铁论·徭役篇》：

> 今中国为一统，而方内不安，徭役远而外内烦也。古者，无过年之徭，无逾时之役。今近者数千里，远者过万里，历二期。长子不还，父母愁忧，妻子咏叹……[⑦]

从服役人员处于远离父母妻子、男女怨旷之状况，可以判断这些服役者

①黄今言：《秦汉军制史论》，江西人民出版社，1993，第46页。

②（西汉）司马迁撰，（南朝宋）裴骃集解，（唐）司马贞索隐，（唐）张守节正义：《史记》，中华书局，1959，第439页。

③（西汉）司马迁撰，（南朝宋）裴骃集解，（唐）司马贞索隐，（唐）张守节正义：《史记》，中华书局，1959，第440页。

④（东汉）班固撰，（唐）颜师古注：《汉书》，中华书局，1962，第141页。

⑤（东汉）班固撰，（唐）颜师古注：《汉书》，中华书局，1962，第38页。

⑥（西汉）桓宽撰，王利器校注：《盐铁论校注》，天津古籍出版社，1983，第464页。

⑦（西汉）桓宽撰，王利器校注：《盐铁论校注》，天津古籍出版社，1983，第531页。

的身份是男性。另外，在汉史资料中也可看到大量募男士戍边的现象，如《汉书·盖宽饶传》：

宽饶为人刚直高节，志在奉公。家贫，奉钱月数千，半以给吏民为耳目言事者。身为司隶，子常步行自戍北边。[①]

《资治通鉴》卷37载王莽始建国二年：

（击匈奴）募天下囚徒、丁男、甲卒三十万人，转输衣裘、兵器、粮食……[②]

未见有记载女子出征或戍边的材料。

（二）刑徒兵制

刑徒兵即“弛刑”兵，在文献和汉简中又称“弛刑士”“弛刑屯士”或“弛刑卒士”，指被减罪后服役的刑徒。那么弛刑兵中是否有女性呢？由于弛刑兵与刑制有一定关系，所以，我们可通过对刑制的考察来分析。

女刑名之一“舂”。《汉书·惠帝纪》注引应劭曰：“舂者，妇人不豫外徭，但舂作米：皆四岁刑也。”[③]《后汉书·明帝纪》注云：“舂者，妇人犯罪，不任军役之事，但令舂以食徒者。”[④]这里明确说明被罚作“舂”刑的女犯是不任军役的。

女刑名之二“复作”。《汉书·宣帝纪》注引李奇曰：“复作者，女徒也。谓轻罪，男子守边一岁，女子软弱不任守，复令作于官，亦一岁，故谓之复作徒也。”[⑤]可见，女徒“复作”也是不用戍边的，戍边者只限于男性。

---

①（东汉）班固撰，（唐）颜师古注：《汉书》，中华书局，1962，第3245页。
②（宋）司马光撰，（元）胡三省注：《资治通鉴》，中华书局，1956，第1187页。
③（东汉）班固撰，（唐）颜师古注：《汉书》，中华书局，1962，第87页。
④（南朝宋）范晔撰，（唐）李贤等注：《后汉书》，中华书局，1965，第98页。
⑤（东汉）班固撰，（唐）颜师古注：《汉书》，中华书局，1962，第236页。

女刑名之三“顾山”。《汉书·平帝纪》：

> （平帝元始二年）天下女徒已论，归家，雇山钱月三百。（如淳曰：“已论者，罪已定也。令甲，女子犯罪，作如徒六月，顾山遣归。说以为当于山伐木，听使入钱顾功直，故谓之顾山”。应劭曰：“旧刑鬼薪，取薪于山以给宗庙，今使女徒出钱顾薪，故曰顾山也”。师古曰：“如说近之。谓女徒论罪已定，并放归家，不亲役之，但令一月出钱三百，以顾人也。为此恩者，所以行太皇太后之德，施惠政于妇人。”）①

《后汉书·光武帝纪》：

> （建武三年，诏令）女徒雇山归家。注引《前书音义》曰：“《令甲》：女子犯徒，遣归家，每月出钱雇人于山伐木”。②

“顾山”即“雇山”。从以上有关女徒顾山的法令条文，及如淳、应劭、师古等人的解释可以看出，自有女徒“顾山”之刑名后，女徒即使被罚作劳役，也可不亲役，只须出钱雇人役之便可。既然汉代“顾山”女徒可不亲役劳作，那就更谈不上亲服兵役了。

汉代女刑徒不被罚作戍边是汉代法律性别特征的体现，是法律对女性弱势群体相对体恤的表现。

（三）谪兵制及发恶少年

《汉书·武帝纪》：四年春正月，“发天下七科谪及勇敢士，遣贰师将军李广利将六万骑、步兵七万人出朔方”。颜师古在注释“七科谪”时引张晏语：“吏有罪一、亡命二、赘婿三、贾人四、故有市籍五、父母有市籍六、大

①（东汉）班固撰，（唐）颜师古注：《汉书》，中华书局，1962，第351页。

②（南朝宋）范晔撰，（唐）李贤等注：《后汉书》，中华书局，1965，第35页。

父母有市籍七，凡七科也。”[①]这七科被谪的对象大致包括罪吏、赘婿、亡命、商贾四类人。毫无疑问，罪吏、赘婿皆为男性；而亡命者则指脱离国家户籍之人，户籍是国家征发徭役的凭据，由于在汉代一般征发的都是傅籍的男子，所以，此处捕获的亡命者也应系男性；至于商贾，我们知道，汉代实行重农抑商政策，但是，它打击抑制的是富商大贾，至于妇女行商，多是做小商小贩之买卖，与政府打击的目标不同，况且，汉代弛刑制也不发女性，所以，实际上被政府谪戍的商贾也都是男性。至于发恶少年参战之事，在《汉书·李广利传》中就有记载：“太初元年，以广利为贰师将军，发属国六千骑及郡国恶少年数万人以往。”[②]这里的恶少无疑也是男性。

综上所述，“女子乘亭鄣”中的女子似乎不应是政府征发的女兵，她们应是平时居住于边塞，在战时临时被召集起来保卫家园的女性，她们的身份或是徙边屯田者的妻女，或是任职边塞的军吏的家属，或是因坐罪而徙边的女性。

①（东汉）班固撰，（唐）颜师古注：《汉书》，中华书局，1962，第205页。
②（东汉）班固撰，（唐）颜师古注：《汉书》，中华书局，1962，第2699页。

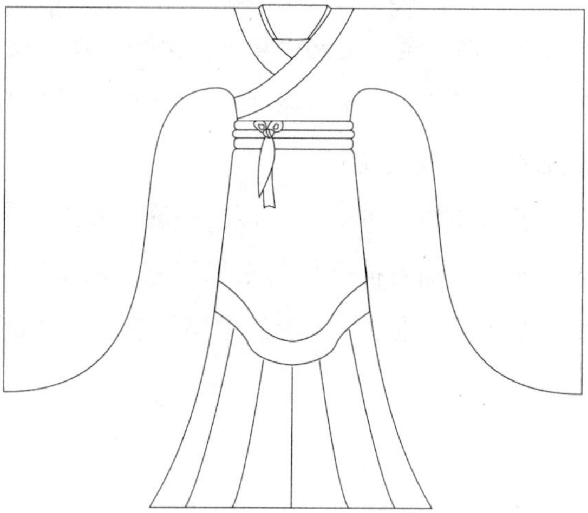

第三章

汉代的法律与女性

法律是人类社会进入阶级社会以后的产物，它不仅维护一定的社会制度，也规范了人类社会的行为准则。它是一定时代伦理道德观念的反映，也是一定时代社会结构及人们在社会中整体面貌的反映。所以，要研究汉代女性的形象与地位，不得不研究汉代的法律。本章拟从法律的性别特征、女子的财产继承权、奴婢的法律地位三个方面论述。

第一节
汉代法律的性别特征

中国封建社会的法律具有阶级性已无可争议。瞿同祖在《中国法律与中国社会》一书中指出，中国古代法律的特征主要表现在家族主义和阶级概念上[①]。其实，中国古代社会不只是一个阶级不平等的社会，也是一个性别不平等的社会[②]。性别差异不仅广泛地存在于各种社会观念中，也存在于反映这些观念的法律中。本节拟对汉代法律的性别特征作以论述。汉承秦制，汉代的不少法律来源于秦代，所以以下律令会涉及秦代。

一、刑名方面

汉代法律的性别特征，首先表现在刑名上。我们知道，秦汉时期的刑名有多种，据史书记载，死刑有夷三族、枭首、腰斩、磔、弃市，肉刑有宫、斩右趾、斩左趾、劓、墨、黥，髡刑有髡钳城旦舂，作刑有三年鬼薪白粲、二年司寇作、一年罚作复作，此外还有赎刑、罚金、夺爵、除名、徙边、鞭杖、禁锢等多种。而这些刑名中又有不少存在性别差异，如肉刑中的宫刑，髡刑中的髡钳城旦舂，作刑中的鬼薪白粲、司寇作、罚作复作等。兹分别论之。

①瞿同祖：《中国法律与中国社会》，中华书局，1981，导论页。

②中国社会人的分异，于社会上主要以贵贱论；于家庭中，则主要以辈分、年龄、亲等、性别论。虽然性别差异主要反映在家庭中，但其在家庭中的差异必然也会投射于社会。

（一）宫刑

宫刑起源很早，《尚书·吕刑》中即有对它的记载："爰始淫为劓、刵、椓、黥（今文作'膑、宫、割、劓、头庶剠'）。"[①]文中"黥"通"剠"，"椓"指割去男性生殖器。从这段引文中，我们可以看出，今文尚书用"宫"与"割"代替"椓"，并将之相提并论，这就说明在今文尚书中，"宫"与"割"有不同之处。"宫"起先应是针对女性而言，而"割"是针对男性而言。之后以"宫"统"割"[②]。

虽然后来宫刑在称呼上已经显示不出性别差异，但其在施刑上的性别差异则仍然存在。具体地说，对于男子，名割势，即割去生殖器，关于这一点学术界已没有异议；然对于女子如何施刑，则历来存在不同看法。一种认为是闭于宫中，令不得出也；另一种认为是对女性生殖器的破坏[③]。此处无意探究自古以来宫刑是如何对女性施刑的，但有必要说明的是其在汉代的施刑情况。

关于汉代女子宫刑的施刑情况有以下史料可资参考：《后汉书·光武帝纪下》载，建武二十八年冬十月癸酉，"诏令死罪系囚皆一切募下蚕室，其女子宫"[④]。《后汉书·明帝纪》载，永平八年，"大逆无道殊死者，一切募下蚕室"[⑤]。《后汉书·章帝纪》载，建初七年，元和元年，章和元年，诏"及犯殊死，一切募下蚕室；其女子宫"[⑥]。《后汉书·和帝纪》载，永元八年，诏"其犯大逆，募下蚕室；其女子宫"[⑦]。在这些史料中，"下蚕室"与"女子宫"相提并论，说明女子不用"下蚕室"。既然"女子宫"不用下蚕室养伤，那就说

①（清）皮锡瑞：《今文尚书考证》，中华书局，1989，第439页。

②（清）皮锡瑞：《今文尚书考证》，中华书局，1989，第440页

③孔林山：《"幽闭"考辨》，《政法论坛》1986年第5期，第74—76页。

④（南朝宋）范晔撰，（唐）李贤等注：《后汉书》，中华书局，1965，第81页。

⑤（南朝宋）范晔撰，（唐）李贤等注：《后汉书》，中华书局，1965，第111页。

⑥（南朝宋）范晔撰，（唐）李贤等注：《后汉书》，中华书局，1965，第143、147、158页。

⑦（南朝宋）范晔撰，（唐）李贤等注：《后汉书》，中华书局，1965，第182页。

明“女子宫”应未受刀伤[①]。

又《尚书·刑德放》曰：“宫者，女子淫乱，执置宫中不得出。割者，丈夫淫，割其势也已。”[②]《白虎通·五刑》云：“宫者，女子淫，执置宫中，不得出也。丈夫淫，割去其势也。”[③]《周礼·秋官·司刑》郑康成注宫刑曰：“宫者，丈夫则割其势，女子闭于宫中，若今宦男女也。”[④]《尚书·周书·吕刑》孔安国注曰：“宫，淫刑也，男子割势，妇人幽闭，次死之刑。”[⑤]从汉唐学者对宫刑的解释，以及结合上文对“女子宫”的分析，可见宫刑在汉代对女子采取的依然是一种拘禁的办法，而非肉体生殖器的残害[⑥]。

在汉代，宫刑对于男性可谓名副其实的肉刑，但对于女性则只不过是一种拘禁[⑦]。这虽然与当时的医疗技术有一定关系，但也不能不说是汉代法律性别特征的一种反映。

（二）城旦舂

城旦作为一种刑罚名，起源于秦代。《史记·秦始皇本纪》载，丞相李斯曰：“臣请史官非秦记皆烧之。……令下三十日不烧，黥为城旦。”[⑧]舂最早是一种劳役名。《周礼·地官·司徒》载：“舂人，奄二人，女舂抌二人，奚五

①《汉书》卷59《张安世传》师古注曰：蚕室，“谓腐刑也。凡养蚕者，欲其温而早成，故为密室畜火以置之。而新腐刑亦有中风之患，须入密室乃得以全，因呼为蚕室耳”。参见（东汉）班固撰，（唐）颜师古注：《汉书》，中华书局，1962，第2651页。宫刑在刀割以后皆须养温室百日，这样伤口才可愈合。

②（宋）李昉等编：《太平御览》，中华书局，1960，第2899页。

③（东汉）班固撰集，（清）陈立疏证，吴则虞点校：《白虎通疏证》，中华书局，1994，第441页。

④（汉）郑玄注，（唐）贾公彦疏：《周礼注疏》，中华书局，1980，第880页。

⑤（西汉）孔安国注，（唐）孔颖达正义：《尚书正义》，中华书局，1980第249页。

⑥《列女传·辨通篇·齐威虞姬传》载：周破胡恶虞姬尝与北郭先生通，告王，“王疑之，乃闭虞姬于九层之台，而使有司即穷验问”。参见张涛：《列女传译注》，山东大学出版社，1990，第227页。这里，对犯淫罪女子的处罚即闭于宫中也。

⑦吕思勉：《三国史话》宦官条，载《问学集林》，上海教育出版社，1987。

⑧（西汉）司马迁撰，（南朝宋）裴骃集解，（唐）司马贞索隐，（唐）张守节正义：《史记》，中华书局，1959，第255页。

人。（郑氏注：女舂抌，女奴能舂与抌者。抌，抒臼也。）”[①]城旦舂合起来指罪名始于秦汉。卫宏的《汉官旧仪》载：“秦制：凡有罪，男髡钳为城旦，城旦者治城也。女为舂，舂者治米也。皆作五岁，完四岁。”[②]可见，同为五岁作刑，因性别不同，其称呼与具体劳作也皆不同。又《汉书·惠帝纪》注引应劭言：“城旦者，旦起行治城。舂者，妇人不豫外徭，但舂作米：皆四岁刑也。”[③]《后汉书·明帝纪》注引《前书音义》曰：“城旦者，昼日伺寇虏，夜暮筑长城。舂者，妇人犯罪，不任军役之事，但令舂以食徒者。”[④]也就是说，但令女徒舂米以食徒者是体恤女性，不令其服军役也。

城旦舂作为一种刑徒名，无论是男性刑徒城旦还是女性刑徒舂，其身份标志及服刑年限皆同[⑤]，不同的是因性别不同而所从事的具体劳作不同。其具体劳作的不同反映了法律对女性的一种照顾。

（三）鬼薪白粲

鬼薪白粲作为一种刑名，也始于秦代。《史记·秦始皇本纪》曰：“及其

①（汉）郑玄注，（唐）贾公彦疏：《周礼注疏》，中华书局，1980，第700页。

②（清）孙星衍等辑，周天游点校：《汉官六种》，中华书局，1990，第85页。

③（东汉）班固撰，（唐）颜师古注：《汉书》，中华书局，1962，第87页。

④（南朝宋）范晔撰，（唐）李贤等注：《后汉书》，中华书局，1965，第98页。

⑤其身份标志或为黥，或为髡钳，或为完。如《二年律令·具律》：“死罪不得自气鞫，其父、母、兄、姊、弟、夫、妻、子欲为气鞫，许之。其不审，黥为城旦舂。”《二年律令·亡律》：“取（娶）人妻及亡人以为妻，及为亡人妻，取（娶）及所取（娶），为谋（媒）者，智（知）其请（情），皆黥为城旦舂”。《二年律令·贼律》：“鬼薪白粲殴庶人以上，黥为城旦舂。城旦舂也，黥之”。《奏谳书》：“夫生而自嫁，及取者，皆黥为城旦舂”。[以上简文分别见张家山二四七号汉墓竹简整理小组编：《张家山汉墓竹简（二四七号墓）》，文物出版社，2001，第149，156，138，227页。以下所引该书版本同。]这些律条不仅具体说明了罚为城旦舂者具体所犯之法，而且显示出这些城旦舂者是“黥为城旦舂”，黥即在犯人脸上刺刻涂墨，黥成为城旦舂刑徒的共同标志。又《汉书·刑法志》曰：“诸当完者，完为城旦舂；当黥者，髡钳为城旦舂”。参见《汉书》，第1099页。髡钳即剃去头发，并用刑具束颈；完是较轻的一种刑罚，即不亏其体，但居作也。可见，城旦舂还有髡钳及完这两种身份。其服役年限则是根据其身份是黥、髡钳还是完而定。

舍人，轻者为鬼薪。”[①]又《汉旧仪》载：“秦制：鬼薪者，男为祠祀鬼神，伐山之薪蒸也；女为白粲者，以为祠祀择米也，皆作三岁。”[②]也就是说，在秦代，同为三岁作刑，男徒名鬼薪，任务是给宗庙取薪，女徒名白粲，任务是为宗庙祭祀择米。汉承秦制，仍有鬼薪与白粲男女刑徒之分。如《汉书·功臣表》载，元狩三年，成侯董朝“坐为济南太守与城阳王女通，耐为鬼薪”[③]。《汉书·王子侯表》载，元封四年，毕梁侯刘婴“坐首匿罪人，为鬼薪”；离石侯刘绾“坐上书谩，耐为鬼薪”[④]。《史记·功臣表》载，“（平棘）侯（林）辟强有罪，为鬼薪，国除”；“（成阳）侯（赵）信罪鬼薪，国除”[⑤]。《汉书·刘辅传》载，“上乃徙系辅共工狱，减死罪一等，论为鬼薪”[⑥]。此皆是对男性论为鬼薪的记载。

同样，鬼薪白粲刑徒之因性别不同而具体劳作内容不同，也反映了法律对女性的一种体恤。

（四）司寇作

司寇作作为一种刑名，始于汉代。其中司寇指男性徒，作指女性徒。如《汉旧仪》记载：“司寇男备守，女为作，如司寇，皆作二岁。”[⑦]又《汉书·王子侯表》载，孝景四年，杨丘侯偃“坐出国界，耐为司寇”；元狩五年，沈猷侯受“坐为宗正听请，不具宗室，耐为司寇”[⑧]。《汉书·功臣表》载，孝景后三年，吴房严侯杨去疾“有罪，耐为司寇”；元朔元年，衍简侯翟不疑

---

①（西汉）司马迁撰，（南朝宋）裴骃集解，（唐）司马贞索隐，（唐）张守节正义：《史记》，中华书局，1959，第227页。

②（清）孙星衍等辑，周天游点校：《汉官六种》，中华书局，1990，第85页。

③（东汉）班固撰，（唐）颜师古注：《汉书》，中华书局，1962，第551页。

④（东汉）班固撰，（唐）颜师古注：《汉书》，中华书局，1962，第447、453页。

⑤（西汉）司马迁撰，（南朝宋）裴骃集解，（唐）司马贞索隐，（唐）张守节正义：《史记》，中华书局，1959，第933、970页。

⑥（东汉）班固撰，（唐）颜师古注：《汉书》，中华书局，1962，第3254页。

⑦（清）孙星衍等辑，周天游点校：《汉官六种》，中华书局，1990，第85页。

⑧（东汉）班固撰，（唐）颜师古注：《汉书》，中华书局，1962，第431、434页。

“坐挟诏书论，耐为司寇”[①]。此皆是对男性被罚为司寇的记载。虽然我们从现有史料中看不出司寇作的具体劳作有何区别，但二者在刑名上的性别差异则是显然的。

（五）罚作复作

罚作复作作为一种刑名也是始于秦代。《汉旧仪》载：“秦制：男为戍罚作，女为复作，皆一岁到三月”[②]。即在秦代，戍罚作和复作已用来指不同性别的一岁作刑徒。汉承秦制，只不过改秦之“戍罚作”为“罚作”也。如《汉书·文帝纪》元年注苏林曰：“一岁为罚作”[③]。又《汉书·宣帝纪》载：“邴吉为廷尉监，治巫蛊于郡邸，怜曾孙之亡辜，使女徒复作淮阳赵征卿、渭城胡组更乳养（注：李奇曰：复作者，女徒也。谓轻罪，男子守边一岁，女子软弱不任守，复令作于官，亦一岁，故谓之复作徒也）。”[④]可见，在汉代女徒复作的任务是“作于官”一岁，而男徒罚作则是守边一岁。

（六）女徒雇山

雇山是西汉后期出现的一种刑名，专用来指女徒。《汉书·平帝纪》：

> （平帝元始元年）天下女徒已论，归家，顾山钱月三百。（如淳曰：“已论者，罪已定也。令甲，女子犯罪，作如徒六月，顾山

---

①（东汉）班固撰，（唐）颜师古注：《汉书》，中华书局，1962，第590、607页。

②（清）孙星衍等辑，周天游点校：《汉官六种》，中华书局，1990，第85页。

③（东汉）班固撰，（唐）颜师古注：《汉书》，中华书局，1962，第114页。

④（东汉）班固撰，（唐）颜师古注：《汉书》，中华书局，1962，第236页。此外，在汉代，复作还有另一种解释。《汉书·宣帝纪》注：“孟康曰：‘复音服，谓弛刑徒也，有赦令诏书去其钳钛赭衣。更犯事，不从徒加，与民为例，故当复为官作，满其本罪年月日，律名为复作也’。师故曰：‘孟说是也’。”参见《汉书》，第235页。可见，复作在汉代也用来指一种弛刑徒。又如《汉书·王子侯表》载，平侯遂“坐知人盗官母马为臧，会赦，复作。师古曰：有人盗马，为臧匿之，虽会赦，犹复作。复作者，徒役也”。参见《汉书》，第452页。《汉书·晁错传》：“乃募罪人及免徒复作令居之。注：臣瓒曰，募有罪者及罪人遇赦复作竟其日月者，今皆除其罚，令居之也。”参见《汉书》，第2286页。《汉书·食货志》：“徒复作，得输粟于县官以除罪”。参见《汉书》，第1135页。我们认为，无论复作是否也用来指弛刑徒，都不能否定复作也曾用来指女性一岁作刑徒的事实。

遣归。说以为当于山伐木，听使入钱顾功直，故谓之顾山”。应劭曰：“旧刑鬼薪，取薪于山以给宗庙，今使女徒出钱顾薪，故曰顾山也”。师古曰：“如说近之。谓女徒论罪已定，并放归家，不亲役之，但令一月出钱三百，以顾人也。为此恩者，所以行太皇太后之德，施惠政于妇人。”）①

由以上如淳、应劭、师古对雇山（亦即顾山）的解释，可以知道，雇山也是对女性刑徒的一种特殊优待。需要指出的是，雇山虽是对女性刑徒的一种优待，但只针对论罪以后认真服刑的女徒，论罪以后仍有犯事者则不可享受。《后汉书·桓谭传》载：“今宜申明旧令，若已伏官诛而私相伤杀者，虽一身逃亡，皆徙家属于边，其相伤者，常加二等，不得雇山赎罪。”②虽然如此，听使女徒雇山仍反映了在同等条件下法律对女性的一种宽容。

（七）隶臣妾

秦以前，隶臣妾多用来泛指身份卑贱之人。如《左传》僖公十七年传载：“男为人臣，女为人妾，故名男曰圉，女曰妾。（杜氏注，圉，养马者，不聘曰妾）”③秦汉时期，隶臣妾则被用来指刑徒④。如《睡虎地秦墓竹简·军爵》载：“欲归爵二级以免亲父母为隶臣妾者一人，及隶臣斩首为公士，谒归公士而免故妻隶妾一人者，许之，免以为庶人。”⑤《二年律令·贼律》：“毁封，以它完封印印之，耐为隶臣妾”；“斗殴变人，耐为隶臣妾”；“殴兄、姊及亲父母之同产，耐为隶臣妾”⑥。

①（东汉）班固撰，（唐）颜师古注：《汉书》，中华书局，1962，第351页。

②（南朝宋）范晔撰，（唐）李贤等注：《后汉书》，中华书局，1965，第958页。

③（晋）杜预注，（唐）孔颖达疏：《春秋左传正义》，中华书局，1980，第1809页。

④清人沈家本以《汉旧仪》所言秦制，鬼薪、白粲之次无隶臣妾之名，推断秦代隶臣妾还未用来指刑徒，用来指刑徒是汉代所增。参见（清）沈家本撰，邓经元、骈宇骞点校：《历代刑法考》，中华书局，1985，第297页。但参考出土的云梦秦简，隶臣妾在秦代似乎已经用来指刑徒。

⑤睡虎地秦墓竹简整理小组编：《睡虎地秦墓竹简》，文物出版社，1978，第93页。

⑥张家山二四七号汉墓竹简整理小组编：《张家山汉墓竹简（二四七号墓）》，文物出版社，2001，第136、138、140页。

隶臣妾用来指刑徒，继承了以前隶臣、隶妾区分的性别特征，隶臣用来指男性刑徒[①]，隶妾指女性刑徒[②]。《汉书·刑法志》载：

鬼薪白粲一岁，为隶臣妾。隶臣妾一岁，免为庶人。隶臣妾满二岁，为司寇。司寇一岁，及作如司寇二岁，皆免为庶人。师古曰："男子为隶臣，女子为隶妾。鬼薪白粲满一岁为隶臣，隶臣一岁免为庶人。隶妾亦然也。"[③]

从以上对宫刑、城旦舂、鬼薪白粲、司寇作、罚作复作、女徒雇山、隶臣妾等刑名的施刑及具体劳作上分析，我们发现，作为肉刑之一的宫刑，起初对于男子名割，对于女子名宫，这一称呼的不同，可谓秦汉以前法律性别特征的反映。虽然后来皆以宫名之，但在施刑上，仍表现出明显的性别特征。如对男性实施的宫刑无疑是一种肉体的残害，可谓名副其实的肉刑；而对女性（在汉代）却仅是拘置于宫中令不得出，无肉体伤害之实。这虽然可能与当时医疗水平有关，但也不能否认是当时法律对女性的一种体恤与照顾。在作刑方面，城旦舂、鬼薪白粲、罚作复作等刑名，不仅在刑名称呼上表现出明显的性别特征，而且在具体劳作上也有性别差异，表现为女徒的劳作明显要轻于男徒。而女徒雇山，则无疑是对女徒的一种恩惠。至于司寇作与隶臣妾，我们现在虽然无法从现有的史料了解其具体劳作上的性别差异，但仅从其刑名的分别称呼也可看出当时法律所具有的性别特征。

①《汉书·功臣表》载，武阳侯萧胜"坐不斋，耐为隶臣"；戚侯季信成"坐为太常纵丞相侵神道，为隶臣"；藏侯张胜"有罪，为隶臣"；南宫侯张生"有罪，为隶臣"；襄城侯韩释之"坐诈疾不从，耐为隶臣"。参见（东汉）班固撰，（唐）颜师古注：《汉书》，中华书局，1962，第543、611、617、619、630页。这是汉代隶臣指男性刑徒的例证。

②《睡虎地秦墓竹简·司空》："百姓有母及同生为隶妾，非适（谪）罪也，而欲为冗边五岁，毋赏（偿）兴日，以免一人为庶人，许之。"参见睡虎地秦墓竹简整理小组编：《睡虎地秦墓竹简》，文物出版社，1978，第91页。《二年律令·亡律》："女子已坐亡赎耐，后复亡当赎耐者，耐以为隶妾。"张家山二四七号汉墓竹简整理小组编：《张家山汉墓竹简（二四七号墓）》，文物出版社，第154页。《二年律令·贼律》："妻殴夫，耐为隶妾。"参见《张家山汉墓竹简（二四七号墓）》，第139页。这是秦汉时代隶妾指女性刑徒的例证。

③（东汉）班固撰，（唐）颜师古注：《汉书》，中华书局，1962，第1099页。

二、施刑与减刑方面

秦汉法律在施刑与减刑方面也体现出其明显的性别特征。

其一，在施刑方面，一般情况下犯人服刑要戴刑具，但汉律规定，非身犯罪而从坐之女性可以免戴刑具。《汉书·平帝纪》载：

（元始四年春正月）诏曰："盖夫妇正则父子亲，人伦定矣。前诏有司复贞妇，归女徒，诚欲以防邪辟，全贞信。及眊悼之人，刑罚所不加，圣王之所制也。惟苛暴吏多拘系犯法者亲属，妇女老弱，构怨伤化，百姓苦之。其明敕百僚，妇女非身犯法，及男子年八十以上、七岁以下，家非坐不道，诏所名捕，它皆无得系。其当验者，即验问。定著令。"①

《后汉书·光武帝纪》载：

（建武三年秋七月庚辰）诏曰："男子八十以上，十岁以下，及妇人从坐者，自非不道，诏所名捕，皆不得系，当验回者即就验。女徒雇山归家。"②

从坐的家属有男有女，但平帝及光武帝的诏令皆区别对待，特别著令对从坐的女子及一定年龄的老人与幼童不得系。这既是法律体恤弱者的表现，也是法律具有性别特征的表现。其性别特征具体表现为对女性的恩惠。其实，在汉代，这种恩惠还施行于官吏。《汉书·惠帝纪》载：

爵五大夫、吏六百石以上及宦皇帝而知名者有罪当盗械者，皆颂系。如淳曰："知名，请宦人教帝书学，有可表异者也。盗者逃也，恐其逃亡，故著械也。颂者容也，言见宽容，但处曹吏舍，不入狴牢

① （东汉）班固撰，（唐）颜师古注：《汉书》，中华书局，1962，第356页。
② （南朝宋）范晔撰，（唐）李贤等注：《后汉书》，中华书局，1965，第35页。

也。”[1]

爵五大夫、吏六百石以上及早事惠帝而知名的宦官若犯罪可以不系刑具，但处曹舍，不入狴牢也，此即法律阶级性的表现。也就是说，秦汉时的法律不仅具有阶级性，也具有性别性。性别性主要体现为对女性的宽容与照顾。

其二，在减刑方面，汉律不仅在施刑方面照顾女性，而且在减刑方面也优先照顾女性。《后汉书·和帝纪》载，永元十一年二月，“诏郡国中都官徒及笃癃老小女徒各除半刑，其未竟三月者，皆免归田里”[2]。这里在减免刑罚时又专门提到女徒，可见对女徒的照顾。又《二年律令·具律》载：“女子当磔若腰斩者，弃市。”[3]我们知道，在汉代的死刑中，磔刑与腰斩比弃市要重。所以吕后的《二年律令》将女子当磔及腰斩者改为弃市，可谓是对女性的一种优待。

三、量刑方面

以上论述了秦汉法律在刑名、施刑、减刑等方面的性别特征。与此同时，秦汉法律在量刑时也存在一定的性别特征，只是量刑时的性别特征不仅仅是对女性的体恤与照顾，而是在不同情况下有不同对待。大致来讲，如果量刑时对女性的判决，与上述刑名、施刑、减刑所体现出的对女性的体恤与照顾一样不会影响到男性利益时，那么法律仍然会表现出对女性的宽容与优待；而若刑事本身牵涉到男女利益对比时，法律则是尽力维护男性利益，轻视女性利益。

法律在量刑时，对女性的体恤与照顾可以从以下两个方面表现出来。

其一，从具体法律条文看。如法律在论处奸淫罪时，明显表现为对女性的优待。《二年律令·襍律》载：“奴取主、主之母及主妻、子以为妻，若与奸，

①（东汉）班固撰，（唐）颜师古注：《汉书》，中华书局，1962，第85页。

②（南朝宋）范晔撰，（唐）李贤等注：《后汉书》，中华书局，1965，第185页。

③张家山二四七号汉墓竹简整理小组编：《张家山汉墓竹简（二四七号墓）》，文物出版社，2001，第146页。

弃市，而耐其女子以为隶妾。”[①]意即为人奴者若娶主或主之母、主之妻、主之子以为妻，若与他人奸，则弃市，而耐其所奸之女子为隶妾。又《二年律令·襍律》载：“诸与人妻和奸，及其所与皆完为城旦舂。其吏也，以强奸论之。”[②]意即若与他人之妻和奸，则和奸双方皆完为城旦舂，但若和奸的男性为官吏，则以强奸罪论处。比较这两条法令，我们可以看出，前一条法令对和奸中的男子弃市，而对女子是耐为隶妾，这显然是同罪不同罚且对女子罚之轻的表现[③]；而后一条法令对于同样和奸的双方则处以城旦舂，虽然这里对男女处罚的差异没有上一条的大，但正如前文已论，“城旦”与“舂”本身就包含着对女性的照顾。又这两条法令有差异，也是法律阶级性的体现，因为在前一条法令里，与人和奸的男子所娶之妻身份明显高过男子，所以，对他与人和奸的处罚必然不同于一般男子的与人和奸。后一条法令中，“其吏也，以强奸论之”固然反映的是法律对官吏通奸行为的惩罚更为严格，但同时也体现了法律在论处奸淫罪时所持有的性别原则。因为，对于强奸罪，一般不追究女性的责任，而对于男性或处以弃市，或腐以为宫隶臣。如《二年律令·襍律》载：“其强与奸，除所强。”[④]《二年律令·捕律》载：“□亡人、略妻、略卖人、强奸、伪写印者弃市。”[⑤]《二年律令·襍律》载：“强与人奸者，府（腐）以为宫隶臣。”[⑥]对

①张家山二四七号汉墓竹简整理小组编：《张家山汉墓竹简（二四七号墓）》，文物出版社，2001，第158页。

②张家山二四七号汉墓竹简整理小组编：《张家山汉墓竹简（二四七号墓）》，文物出版社，2001，第159页。

③中世纪大多数西欧国家对于通奸罪中的男女双方一般处以相同的刑罚，但有时，女犯所受的刑罚要比犯同样罪行的男犯温和。参见［以色列］苏拉密斯·萨哈：《第四等级——中世纪欧洲妇女史》，林英译，广东人民出版社，2003，第115—122页。

④张家山二四七号汉墓竹简整理小组编：《张家山汉墓竹简（二四七号墓）》，文物出版社，2001，第158页。

⑤张家山二四七号汉墓竹简整理小组编：《张家山汉墓竹简（二四七号墓）》，文物出版社，2001，第152页。

⑥张家山二四七号汉墓竹简整理小组编：《张家山汉墓竹简（二四七号墓）》，文物出版社，2001，第159页。

被强奸的女子不予计较，也是法律在量刑时所持性别原则的体现[①]。

其二，从具体案件的量刑分析中看。第一个案例，《汉书·孔光传》载：

定陵侯淳于长坐大逆诛，长小妻乃始等六人皆以长事未发觉时弃去，或更嫁。及长事发，丞相方进、大司空武议，以为"令，犯法者各以法时律令论之，明有所讫也。长犯大逆时，乃始等见为长妻，已有当坐之罪，与身犯法无异。后乃弃去，于法无以解。请论"。光议以为"大逆无道，父母妻子同产无少长皆弃市，欲惩后犯法者也。夫妇之道，有义则合，无义则离。长未自知当坐大逆之法，而弃去乃始等，或更嫁，义已绝，而欲以为长妻论杀之，名不正，不当坐"。有诏光议是。[②]

淳于长犯大逆罪，其已弃之妻乃始在其犯法时仍为其妻，按律例当坐罪，本无可议，然此案被丞相等大臣拿来议论，且最终以不坐而定论，这可看作是时代观念对女性的保护在法律上的体现。第二个案例，《三国志·魏书·卢毓传》：

时天下草创，多逋逃，故重士亡法，罪及妻子。亡士妻白等，始适夫家数日，未与夫相见，大理奏弃市。毓驳之曰："夫女子之情，以接见而恩生，成妇而义重。故《诗》云：'未见君子，我心伤悲。亦既见止，我心则夷。'又《礼》：'未庙见之妇而死，归葬女氏之党，以未成妇也。'今白等生有未见之悲，死有非妇之痛，而吏议欲肆之大辟，则若同牢合卺之后，罪何所加？且《记》曰：'附从轻'，言附人之罪，以轻者为比也。又《书》云：'与其杀不辜，宁

①中国现代社会的法律对强奸案件的处理仍然只是针对男性。这可以说是中国文化影响的结果，也可以说是对古代法律的延续与继承。然而在中世纪的欧洲，对于强奸案，立法者与法官并非全站在女性一边。他们或认为女性是为了强迫被告与之结婚或为了报复仇人，让他被处死或断手足而做假起诉，或者要仔细查证强奸罪是否成立，或证据已确凿还要怀疑女性是否从中得到快感。13世纪的英格兰，如果一个妇女因强奸怀孕，法官将撤回她的起诉。参见［以色列］苏拉密斯·萨哈：《第四等级——中世纪欧洲妇女史》，林英译，广东人民出版社，2003，第17页。

②（东汉）班固撰，（唐）颜师古注：中华书局，1962，第3355页。

失不经。’恐过重也。苟以白等皆受礼聘，已入门庭，刑之为可，杀之为重。”太祖曰：“毓执之是也。又引经典有意，使孤叹息。”[①]

按照士亡法，军士逃亡，罪及妻子，妻子当弃市。亡士之妻白因始适夫家数日而未与夫相见，在卢毓的辩驳下终免弃市。并于此后不久改“军征士亡，考竟其妻子”为“贷其妻子”[②]。所以对亡士妻白法外开恩的事件与其说是卢毓辩驳的结果，不如说是法律之时代精神对女性宽容的反映。

以上两条是关于妻坐夫罪的案例，此外还有如关于私为人妻的案例，《太平御览》卷640引董仲舒《春秋决狱》：

甲夫乙将船，会海盛风，船没溺流死亡，不得葬。四月，甲母丙即嫁甲，欲皆何论。或曰，甲夫死未葬，法无许嫁，以私为人妻，当弃市。议曰：臣愚，以为春秋之义，言夫人归于齐，言夫死无男，有更嫁之道也。妇人无专制擅恣之行，听从为顺，嫁之者归也，甲又尊者所嫁，无淫佚之心，非私为人妻也。明决于事，皆无罪名，不当坐。[③]

董仲舒依春秋经义之精神，为甲夫死未葬而嫁人的做法开脱罪责，同样也是当时法律精神对女性宽容的表现。又有三男共娶一妻的案例，《初学记》卷12引谢承《后汉书》：

范延寿，宣帝时为庭尉。时燕赵之间，有三男共娶一妻，生四子，长各求离别，争财分子，至闻于县。县不能决断，谳之于庭尉。于是延寿决之，以为悖逆人伦，比之禽兽，生子属其母。以子并付母，尸三男于市。奏免郡太守令长等，无师化之道。天子遂可其奏。[④]

在封建社会，一夫多妻属正常状况，而一妻多夫则悖于社会风俗与伦理

①（晋）陈寿撰，（南朝宋）裴松之注，陈乃乾校点：《三国志》，中华书局，1959，第650页。
②（晋）陈寿撰，（南朝宋）裴松之注，陈乃乾校点：《三国志》，第684页。
③（宋）李昉等撰：《太平御览》，中华书局，1960，第2868页。
④（唐）徐坚等撰：《初学记》卷12《大理卿》引谢承《后汉书》，中华书局，1962，第310页。另外，此材料还见于《搜神记》卷6。

道德。然范延寿在处理此案时，着重处理三男，对实行多夫之妻未加处理。范延寿的这一判案法若不是将惩罚的矛头对准男子，而将婚姻中的女性视为受害者，则很难理解。

以上四则案例虽不像法令条文那样直接体现法律的性别特征，但其量刑过程无不体现出对女性的体恤与宽容，与具体的法律条文及刑名、施刑、减刑中的性别精神呈现一致性。

法律性别特征中之维护男性利益、轻视女性利益的特点从以下有关法令条文中即可看出。

其一，夫妇婚姻离异权的性别差异。在婚姻离异中，丈夫有“七去”妻子的权利，而妻子没有。如《大戴礼记》载：

> 妇有七去：不顺父母去，无子去，淫去，妒去，有恶疾去，多言去，盗窃去。不顺父母去，为其逆德也；无子，为其绝世也；淫，为其乱族也；妒，为其乱家也；有恶疾，为其不可与共粢盛也；口多言，为其离亲也；盗窃，为其反义也。①

其二，对待夫妻间殴打处罚上的性别差异。《睡虎地秦墓竹简·法律答问》载：“妻悍，夫殴治之，夬（决）其耳，若折支（肢）指，胅（体），问夫可（何）论？当耐。”②《二年律令·贼律》载：“妻悍而夫殴笞之，非以兵刃也，虽伤之，毋罪。妻殴夫，耐为隶妾。”③在秦汉法律中，夫殴妻须折列肢体才论罪，而妻只要殴夫就治罪，这分明是法律对男性利益的维护。

其三，对夫妇首匿的区别对待。在秦代，妻匿夫，有罪。《睡虎地秦墓竹简·法律答问》载：

①高明注译：《大戴礼记今注今译》，天津古籍出版社，1988，第469页。我们知道“七出”原属于风俗或礼教中的说教，但据学者研究，在汉代时“七出”已被列入汉律。如董家遵之《汉唐时“七出”研究》一文中引李慈铭《赵缦堂日记》：“七出沿于汉律。”参见董家遵：《中国古代婚姻史研究》，广东人民出版社，1995，第292页。

②睡虎地秦墓竹简整理小组编：《睡虎地秦墓竹简》，文物出版社，1978，第185页。

③张家山二四七号汉墓竹简整理小组编：《张家山汉墓竹简（二四七号墓）》，文物出版社，2001，第139页。

夫盗千钱，妻所匿三百，可（何）以论妻？妻智（知）夫盗而匿之，当以三百论为盗。……夫盗二百钱，妻所匿百一十，何以论妻？妻智（知）夫盗，以百一十为盗。

削（宵）盗，臧（赃）直（值）百一十，其妻、子智（知），与食肉，当同罪。

夫有罪，妻先告，不收。[①]

汉代，妻匿夫，不罪。《汉书·宣帝纪》载："自今（地节四年）子首匿父母，妻匿夫，孙匿大父母，皆勿坐。其父母匿子，夫匿妻，大父母匿孙，罪殊死，皆上请廷尉以闻。"[②]汉代，法律对妻匿夫者不治罪，而对夫匿妻者处以死刑，虽然表明上看来是对女性的一种仁慈，但其实质是对礼法中妻子从属于丈夫的一种认可。

其四，对于殴夫之父母与妻之父母的不同处罚。《二年律令·贼律》载：

妇贼伤、殴詈夫之泰父母、父母、主母、后母，皆弃市。……殴父偏妻父母、男子同产之妻，泰父母之同产，及夫父母同产、夫之同产，若殴妻之父母，皆赎耐。[③]

妇殴夫之父母处以弃市，夫殴妇之父母赎耐，间接反映了法律对夫妻利益的不同维护。

以上维护男性利益的法令条文，普遍反映出对女性利益的轻视多发生在其与男性利益相冲突时。

①睡虎地秦墓竹简整理小组编：《睡虎地秦墓竹简》，文物出版社，1978，第157、158、224页。

②（东汉）班固撰，（唐）颜师古注：《汉书》，中华书局，1962，第251页。

③张家山二四七号汉墓竹简整理小组编：《张家山汉墓竹简（二四七号墓）》，文物出版社，2001，第140页。

四、原因分析

从以上可知，秦汉法律具有明显的性别特征。其表现为当男女利益不发生冲突时，在同等条件下法律明显地表现出对女性的宽容与照顾①；而当同时涉及男女双方利益时，法律则明显地维护男性利益，而轻视女性利益。分析其原因，维护男性利益不外乎是礼教中尊男贱女思想对法律影响的结果。在礼教中，妇人以夫为天，夫有处置妻的权力，妻只有顺从夫的份，所以在婚姻离异方面夫握有绝对的主动权，这种思想习俗久而久之由习惯而成法律。又由于夫是妻的天，所以妻不可犯夫，倘若有殴夫行为，则必治于重罚，而夫殴妻则不必如此。至于妻可匿夫，而夫不可匿妻等，也都是中国古代法律产生形成过程中以礼入法，礼与法结合的产物。

秦汉法律所表现出的对女性的体恤与宽容与以下因素有关：

其一，先秦时期法律性别观念的影响。上古法律既有阶级性②，也有性别性。如《左传·襄公十九年》：“妇人无刑。虽有刑，不在朝市。”③又《周礼·秋官·司厉》载：“其奴男子入于罪隶，女子入于舂稿。”④以上妇人无肉刑，妇人行刑不于市，以及周代男奴与女奴在不同地方服刑，可谓先秦时期法律之性别观念的反映。这种观念对后世秦汉之法律无疑也产生了一定影响。

①在中世纪欧洲的一些国家中，法律对女性也表现出一定的宽容。如在德国，妇女不用去监狱服刑，而是关在家里；妇女不会被以五马分尸的方式处死；再次犯罪的女犯将被割掉耳朵，男犯将被处死。在布拉邦特，女犯把肉刑减为罚金要比男犯容易。在法国和荷兰，怀孕或哺乳期的女犯不受刑。大多数国家延迟对怀孕女犯的刑罚以保护胎儿的生命。在法国女犯不戴枷锁。参见［以色列］苏拉密斯·萨哈：《第四等级——中世纪欧洲妇女史》，林英译，广东人民出版社，2003，第19页。

②上古法律规定，尊老不刑于市，即是上古法律阶级性的一种表现。

③（晋）杜预注，（唐）孔颖达疏：《春秋左传正义》，中华书局，1980，第1968页。与中国上古“妇人无刑”有点类似的是，欧洲中世纪有妇人不用绞刑的观念，据西方历史学家认为，对妇女不用绞刑是出于禁欲观念。被绞死德男犯将被暴尸数日，以警示所有德男性犯罪分子。但同样展示女犯尸体显然不符合中世纪的观念。参见［以色列］苏拉密斯·萨哈：《第四等级——中世纪欧洲妇女史》，林英译，广东人民出版社，2003，第20页。中国之妇人无刑虽也有性别观念影响的因素，即不暴女尸于街头也，但也不排除恤弱观念的影响。

④（汉）郑玄注，（唐）贾公彦疏：《周礼注疏》，中华书局，1980，第882页。

其二，秦汉法律整体上有保护、照顾弱势群体的特点[①]。《汉书·刑法志》载，“（孝景）三年复下诏曰：高年老长，人所尊敬也。鳏寡不属逮者，人所哀怜也。其著令：年八十以上、八岁以下，及孕者未乳，师、侏儒当鞠系者，颂系之”[②]。颂系即宽容不带桎梏也。《汉书·惠帝纪》载：“民年七十以上若不满十岁有罪当刑者，皆完之。”[③]又《风俗通义·怪神篇》引汉律：“不得屠杀少齿。”[④]又《后汉书·光武帝纪》载，建武六年，“其命郡国有谷者，给禀高年、鳏、寡、孤、独及笃癃无家属贫不能自存者，如《律》”[⑤]。秦汉法律有恤弱的特点，而在秦汉时代，女性也被视为弱势群体，如上文所论及的施刑与减刑诏令中，往往是将女性与其他弱势群体联系在一起。

其三，秦汉法律所表现出的对女性的宽容与秦汉社会对女子生育功能的重视有关。《汉书·高帝纪》载，七年，“民产子，复勿事二岁”[⑥]；《汉书·惠帝纪》载，六年，“女子年十五以上至三十不嫁，五算”[⑦]；《汉书·刑法志》载，“孕者未乳，师、侏儒当鞠系者，颂系之”[⑧]；《后汉书·章帝纪》载，元和二年正月，“诏曰：《令》云‘人有产子者复，勿算三岁’。今诸怀妊者，赐胎养谷人三斛，复其夫，勿算一岁，著以为令”[⑨]；又汉代还有孕妇缓刑[⑩]，无子听妻入狱之律[⑪]，这与汉代胎养令的颁布、女子不嫁倍赋，孕妇颂系，民产子复勿事等律，都可看作是汉代社会对人口增长及女子生育功能重视的表现，

①先秦法律也有体恤弱者的特点。如《周礼·秋官·司刑》：“壹赦曰幼弱，再赦曰老旄。”参见（汉）郑玄注，（唐）贾公彦疏：《周礼注疏》，中华书局，1980，第880页。

②（东汉）班固撰，（唐）颜师古注：《汉书》，中华书局，1962，第1106页。

③（东汉）班固撰，（唐）颜师古注：《汉书》，中华书局，1962，第85页。

④（东汉）应劭撰，吴树平校释：《风俗通义校释》之《怪神·会稽俗多淫祀》，天津人民出版社，1980，第339页。

⑤（南朝宋）范晔撰，（唐）李贤等注：《后汉书》，中华书局，1965，第47页。

⑥（东汉）班固撰，（唐）颜师古注：《汉书》，中华书局，1962，第63页。

⑦（东汉）班固撰，（唐）颜师古注：《汉书》，中华书局，1962，第91页。

⑧（东汉）班固撰，（唐）颜师古注：《汉书》，中华书局，1962，第1106页。

⑨（南朝宋）范晔撰，（唐）李贤等注：《后汉书》，中华书局，1965，第148页。

⑩如《汉书·王莽传》载，莽子“宇妻焉怀子，系狱，须产子已，杀之”。参见《汉书》，第4065页。

⑪如《后汉书·吴祐传》载，吴祐曾使安丘男子毋丘长之妻入狱与之同宿，待其怀孕后，乃于冬日对毋丘长行刑。参见（南朝宋）范晔撰，（唐）李贤等注：《后汉书》，中华书局，1965，第2101页。

而对女子生育功能的重视，又势必会影响到法律上对女性的宽容或优待。

以上从三个方面分析了秦汉法律体恤、宽容、优待女性的原因。其实，从整体上观察秦汉法律的性别特征，虽然其有当涉及男女之分别利益时维护男性的特点，但其整体上在设置刑名，制定施刑、减刑法令，以及量刑时所表现出的体恤女性的一面占据主导地位，并且这种体恤女性的精神也被后代的法律精神所继承①。然而虽然后代法律也有这种恤弱精神，但其作为法律之性别特征却是在秦汉之法律中体现最为充分，具体表现为秦汉法律不仅有施刑、减刑及量刑等方面对女性的优待，而且也有针对不同性别而设置的刑名，而这是其他时代之法律所不具备的。秦汉法律的性别特征较之后世更为明显，与秦汉妇女享有较高社会、家庭地位是紧密联系的。

通过对秦汉法律性别特征的考察，我们发现：其一，秦汉时代不仅是一个阶级的社会，也是一个性别的社会。其社会的性别特征不只表现为对男权的维护，也表现出对女性的体恤与宽容。对男权的维护是礼与俗入法的表现；对女性的宽容，则与女性属于弱势群体，又承担生养下一代的责任有关。其二，法律作为国家的统治工具，它与礼一样，都在协调社会两性关系，保障社会稳定与持续发展方面起着重要作用。

①如《魏书·刑罚志》序载，明帝“除妇人加笞之制”。参见（北齐）魏收：《魏书》，中华书局，1974，第287页。《晋书·刑法志》载晋律：“轻过误少女人当罚金杖罚者，皆令半之。”参见（唐）房玄龄等撰：《晋书》，中华书局，1974，，第927页。又《晋书·中宗元帝纪》载：“复三族刑，惟不及妇人。”参见《晋书》，第163页。《隋书·刑法志》载，梁律：“（罚金）女子各半之。……将吏已上及女人应有罚者，以罚金代之。……父、子、同产男，无少长，皆弃市。母、妻、姊妹及应从坐弃市者妻、子女、妾、同补奚官为奴婢。”参见（唐）魏徵、令狐德棻：《隋书》，中华书局，1973，第698页。《魏书·刑罚志》：“大逆不道腰斩，诛其同籍，年十四已下腐刑，女子没县官。”参见《魏书》，第2874页。《旧唐书·职官二》：“凡死罪，枷而杻。妇人及流刑，枷而不杻。”参见（后晋）刘昫等：《旧唐书》，中华书局，1974，第1838页。以上无论是对女徒免受皮肉之苦还是对某些罪之女徒可以罚金代之，或是在同样从坐罪时，男性被处以弃市，而女性则是没为官婢等情况，都显示出古代法律的性别特色。

第二节
汉代女子的财产继承权

现代社会男女平等很重要的一项表现就是儿子与女儿在法律中拥有同样的财产继承权。其实，在古代社会，女子是否拥有财产继承权也是决定女子地位的一项重要指标。研究妇女史的学者对此多有论述：通史角度研究者基本上认为唐宋以后的女子才拥有财产继承权，也有个别汉史研究者认为汉代女子就已经拥有财产继承权①，但也有一些汉史研究者否认汉代女子拥有财产继承权②。学界对汉代女子有无继承权可谓众说纷纭。本节拟在掌握简牍和文献资料的基础上对这一问题作专门讨论。

在礼教宣传中女子是没有财产权的，如《礼记·内则》曰：

> 子妇无私货，无私畜，无私器，不敢私假，不敢私与。妇或赐之饮食、衣服、布帛、佩帨、茝兰，则受而献诸舅姑，舅姑受之则喜，如新受赐；若反赐之，则辞；不得命，如更受赐，藏以待乏。妇若有

①涉及汉代女子继承权的文章——杨剑虹：《从〈先令券书〉看汉代有关遗产的继承问题》，《武汉大学学报》1988年第3期；［美］韩献博：《汉代遗嘱所见女性、亲戚关系和财产》，载李学勤、谢桂华主编《简帛研究》，广西师范大学出版社，2001；虞明英：《汉晋时期塔里木盆地东南地区少数民族的家庭与婚姻概貌——兼谈收继婚》，《新疆大学学报》1987年第4期；高凯：《〈二年律令〉与汉代女性权益保护》，《光明日报》2002年11月5日；李均明：《张家山汉简所见规范继承关系的法律》，《中国历史文物》2002年第2期。

②黄金山：《汉代家庭成员的地位和义务》，《历史研究》1988年第2期，第33-50页。

私亲兄弟，将与之，则必复请其故，赐而后与之。[①]

礼教中，为人妇者不享有财产权，即使受人所赐也要献于舅姑。但是，现实生活中，女子拥有私财及继承财产的情况比比皆是。纵观汉代的文献及简牍资料，现实生活中女子继承财产的情况有以下几种：

一、出嫁时获得嫁资

女儿出嫁时获得嫁资是女儿对娘家财产继承的最常见的方式，其多少与娘家财产的丰厚程度有关，娘家家资丰厚，给予女儿的嫁资也会相应较多。如卓文君的父亲富于蜀，文君二嫁与司马相如时，其父虽对其婚姻不满，但仍“分予文君僮百人，钱百万，及其嫁时衣被财物”，而待司马相如至蜀做官以后，其父又“厚分与其女财，与男等同”[②]，即文君与其弟获得同样多的家产。大贵族马融嫁女与袁隗时，也由于家世丰豪，给其女的“装遣甚盛”[③]。又，《华阳国志》卷10下载：礼珪家的两个儿妇皆是贵豪之家的女儿，出嫁时“从婢七八，资财自富”[④]。

此外，若儿女之婚姻发自女方，女方家一般也会多给女儿嫁资。如《汉书·张耳传》载，外黄富人家的女儿欲与丈夫决裂，之再嫁与张耳，嫁时“女家厚俸给耳”[⑤]。又，《后汉书·列女传》载，勃海人鲍宣之妻的父亲欲嫁女于鲍宣，“装送资贿甚盛”[⑥]。

以上是富人家的女儿获得娘家丰厚嫁资的情况。其实，不论娘家经济条件如何，女儿出嫁时总能从娘家取得一定量的嫁资，这可谓是女儿继承娘家财产的一种最常见的方式。

---

①（清）孙希旦撰，沈啸寰、王星贤点校：《礼记集解》，中华书局，1989，第740页。

②（西汉）司马迁撰，（南朝宋）裴骃集解，（唐）司马贞索隐，（唐）张守节正义：《史记》，中华书局，1959，第3001、3047页。

③（南朝宋）范晔撰，（唐）李贤等注：《后汉书》，中华书局，1965，第2796页。

④（晋）常璩撰，任乃强校注：《华阳国志校补图注》，上海古籍出版社，1987，第608页。

⑤（东汉）班固撰，（唐）颜师古注：《汉书》，中华书局，1962，第1829页。

⑥（南朝宋）范晔撰，（唐）李贤等注：《后汉书》，中华书局，1965，第2781页。

二、出嫁后仍从娘家获得其他财产

江苏扬州胥浦101号汉墓出土的竹简木牍的封检中记载了这样一件事：

> 妪言公文年十五去家，自出为姓，遂居外，未尝持一钱来归。妪予子真子方自为产业，子女仙君弱君等贫毋产业，五年四月十日妪以稻田一处桑田二处分予弱君，波田一处分予仙君，于至十二月公文伤人为徒，贫无产业，于至十二月十一日仙君弱君各归田于妪，让予公文，妪即受田以田分予公文，稻田二处，桑田二处，田界易如故，公文不得移卖田予他人。[①]

这个考古发现是证明汉代女儿出嫁后还可从娘家获得田产接济的一份重要材料[②]。其中写到，母亲妪因为两个出嫁女仙君和弱君家境贫穷，故将自家的稻田、桑田与波田分别给予这两个女儿使用；当服刑的儿子公文回来后，贫无产业，其母亲妪又收回了给予两个女儿的田产，而给予儿子公文。这一事件说明，在汉代，女儿即使在出嫁以后，也有从娘家再次得到财产甚至是田产的可能。另外，卓文君在已经嫁给司马相如以后，其父又分与女儿与儿子等同的家财之事，也是对出嫁女出嫁后还有可能从娘家获得财产的证明。但是出嫁女出嫁后能否从娘家再次获得财产，则要看娘家人的意愿。上述第一则事例是在女儿婚后极度贫困的情况下，母亲心疼女儿而给予女儿田产资助。卓文君之父分与卓文君与其弟等同的财产，是在司马相如回蜀做官以后，所以其举有笼络女婿之嫌。然不管情况如何，总之能说明女儿出嫁后还有从娘家再次获得财产的可能。

---

①李均明、何双全编：《散见简牍合辑》，文物出版社，1990，第106页。

②陈平、王勤金：《江苏仪征胥浦101号西汉墓“先令券书”初考》，《文物》，1987年第1期；［美］韩献博著：《汉代遗嘱所见女性、亲戚关系和财产》，载李学勤、谢桂华主编《简帛研究》，广西师范大学出版社，2001；李均明：《张家山汉简所见规范继承关系的法律》，《中国历史文物》2002年第2期。以上几篇文章认为此材料是汉代存在遗嘱继承方式的证明。魏道明《中国古代遗嘱继承制度质疑》（《历史研究》2000年第6期）否认上述看法。

三、继承娘家财产

《水经注》卷31《淯水篇》载：

> 蜀郡太守，姓王字子雅，南阳西鄂人，有三女无男，而家累千金。父没当葬，女自相谓曰："先君生我姊妹，无男兄弟。今当安神玄宅，翳灵后土，冥冥绝后，何以彰吾君之德？"各出钱五百万，一女筑墓，二女建楼，以表孝思。①

蜀郡太守王子雅死后，因无儿子，所以三个女儿"各出钱五百万"为其父筑墓建楼。从这一事件看，这三个女儿应为出嫁女。因为若为在室女，家庭财产共享，没有必要"各出钱"。既然是"各出钱"，那就说明三个女儿是各自经济独立的，也就是说，三个人是各有室家了。既然这三个女儿各有室家，其父死后又能各出钱五百万葬其父，这说明三个女儿在其夫家中拥有一定的财产支配权。又由于其娘家是"家累千金"而无后，所以这三女应该是其娘家财产的继承人，其各出的五百万也应该是其继承财产的一部分。

《风俗通义佚文》载：

> （西汉时）陈留有富老，年九十无男，娶田家女为妻，一交即气绝，后生得男。其女曰："我父死时年尊，何一夕便有子。"争财数年不决。丞相邴吉出上殿决狱云，……因以财与男。②

富老之女儿因不承认其父后娶妇所生子为其父之子，所以与之争财。这从反面说明，娘家若无子，出嫁女则是理所当然的财产继承人。

《风俗通义佚文》中还有记载：

> 沛郡有富家公，赀（资）二千余万。小妇子年裁数岁，顷失其母，又无亲近。其女不贤，公病困，思念恐争其财，儿必不全，因呼族人为遗令书："悉以财属女，但遗一剑与儿，年十五以还付之。"其后又不肯与。

---

①陈桥驿：《水经注校释》，杭州大学出版社，1999，第547页。

②（东汉）应劭撰，吴树平校释：《风俗通义校释》，天津人民出版社，1980，第420页。

> 儿诣郡自言求剑。谨按时太守大司空何武也。得其辞，因录女及婿，省其手书，顾谓掾史曰："女性强梁，婿复贪鄙，畏贼害其儿，又计小儿正得此，则不能全护，故且俾与女，内实寄之耳，不当以剑与之乎？亦所以决断，限年十五者，智力足以自居。度此女婿必不复还其剑，当问县官，县官或能证察，得见伸展，此凡庸何能用虑强远如是哉！"悉夺取财以与子，曰："弊女恶婿温饱十岁，亦以幸矣。"于是论者乃服。①

沛郡富豪年老，因儿子年小，无力经营财产，而将财产托付与女儿代为经营，待儿子长大成人后再返还儿子。这说明女儿在一定条件下也可继承父亲的财产，但继承顺序在儿子之后。

四、财产的所有权及支配权

《后汉书·列女传》载：

> （鲍）宣尝就少君父学，父奇其清苦，故以女妻之，装送资贿甚盛。宣不悦，谓妻曰："少君生富骄，习美饰，而吾实贫贱，不敢当礼。"妻曰："大人以先生修德守约，故使贱妾侍执巾栉。既奉承君子，唯命是从。"宣笑曰："能如是，是吾志也。"妻乃悉归侍御服饰，更著短布裳，与宣共挽鹿车归乡里。②

鲍宣妻为了遂丈夫心愿，与丈夫一起过清淡生活，而将从娘家陪嫁来的侍御服饰等归还娘家。这就说明鲍宣妻对其嫁资拥有所有权及支配权。又如上文已言及的，卓文君在二嫁相如时，因其属于私奔，其父大怒，不欲分其"一分钱也"，但后来在昆弟等人的相劝下，不得已，又"分予文君僮百人，钱百万，及其嫁时衣被财物"。文君之父将其第一次"嫁时衣被财物"再次陪嫁给卓文君，这说明卓文君在寡归时从夫家带回了自己的陪嫁物。也就是说，陪嫁物一般属妻所有。又《后汉书·独行传》载：

① （东汉）应劭撰，吴树平校释：《风俗通义校释》，天津人民出版社，1980，第421页。

② （南朝宋）范晔撰，（唐）李贤等注：《后汉书》，中华书局，1965，第2781页。

> 李充字大逊，陈留人也。家贫，兄弟六人同食，递衣。妻窃谓充曰："今贫居如此，难以久安，妾有私财，愿思分异。"①

李充妻因有私财，建议其夫与其兄弟分家，这里的私财应该就是其陪嫁时的嫁资。

女子不仅在娘家无后的情况下可以继承娘家财产，而且对继承来的这些财产拥有支配权②。

五、继承夫家财产

《三国志·吴书·骆统传》载：

> （骆统）姊仁爱有行，寡归无子，见统甚哀之，数问其故。统曰："士大夫糟糠不足，我何心独饱！"姊曰："诚如是，何不告我，而自苦若此？"乃自以私粟与统，又以告母，母亦贤之，遂使分施，由是显名。③

骆统的姐姐寡归娘家后，"以私粟"交与骆统，而后告知母亲，再由骆统施舍与大家，以满足其贤德之心。骆统姐姐与其弟"私粟"这一先斩后奏的行为，说明其给予弟弟的"私粟"是其寡归时从夫家带回的，也就是说在其丈夫去世后是她继承了在夫家的财产，而且这些财产属她个人所有，任其支配。

六、土地买卖权

汉代，女子不仅对家庭财产享有支配权，而且也享有买卖土地的大权。如东汉人吴汉的妻子在丈夫出征后，"在后买田。汉还，让之曰：'军师在外，

①（南朝宋）范晔撰，（唐）李贤等注：《后汉书》，中华书局，1965，第2684页。

②西方中世纪妻子对嫁妆也拥有所有权及支配权。参见［以色列］苏拉密斯·萨哈：《第四等级——中世纪欧洲妇女史》，林英译，广东人民出版社，2003，第99页。

③（晋）陈寿撰，（南朝宋）裴松之注，陈乃乾校点：《三国志》，中华书局，1959，第1334页。

吏士不足，何多买田宅乎？’遂尽以分与昆弟外家。”[①]虽然吴汉回来后将妻子买的田分与昆弟等人，但妻子自己做主买卖土地已是事实。

简牍资料中也有关于女子买卖土地的记载。《房桃枝买地铅券》载：

> 中平五年（188年）三月壬午朔，七日戊午。洛阳大女房桃枝，从同县大女赵敬买广德亭部罗西造步兵道东冢下余地一亩，直钱三千，钱即毕。田中有伏尸，男为奴，女为婢。田东、西、南比旧□，北比樊汉昌。时旁人樊汉昌，王阿顺皆知券约，沽酒各半，钱千无五十。[②]

《刘元台买地砖券》载：

> 熹平五年（176年）七月庚寅朔，十四日癸卯，广武乡乐成里刘元台从同县刘文平妻买得代夷里冢地一处，贾钱二万，即日钱毕。圉致官道，西尽坟渎，东与房亲，北与刘景口，为冢时临知者刘元泥、枕（沈？）安居，共为券书，平□不当卖，辛为左右所禁固平□为是正，如律令。[③]

以上两份买地券虽然都是关于冢地的买卖，但我们不能简单地视之为迷信性质的明器，其应反映了当时土地买卖的实际情况[④]。也就是说，在生活中女子也具有土地买卖权。女子享有土地买卖权，不仅是对女子可继承田产的说明，也是对女子享有财产支配权的说明。

以上论述了生活中汉代女子继承财产及支配财产的情况。在法制还不健全的古代社会，民间事务的处理一般按照习俗惯例，在没有诉讼的情况下，法律一般不予干涉，对财产的继承问题也是如此。但若涉及法律纠纷，法律裁决也会参考习俗惯例。也就是说，汉代的法律也承认女子的财产继承权，以及对财产的所有权及支配权。汉承秦律，秦代的法律即保护女子的财产所有权。如《睡虎地秦墓竹简·法律答问》：“夫有罪，妻先告，不收。妻媵臣妾、衣服当

①（南朝宋）范晔撰，（唐）李贤等注：《后汉书》中华书局，1965，第683页。

②朱绍侯：《秦汉土地制度与阶级关系》，中州古籍出版社，1985，第40页。

③蒋华：《扬州甘泉山出土东汉刘元台买地砖券》，《文物》1980年第6期，第57–58页。

④朱绍侯：《秦汉土地制度与阶级关系》，中州古籍出版社，1985，第42页。

收不收？不当收。”[①]在丈夫有罪的情况下，妻子提前告发，法律则保护妻子的财产、媵臣妾及衣服之类不被没收，这就说明秦律承认这些东西为妻子所有。汉律也规定“弃妻畀所赍”[②]，即弃妻时，应当给予妻子出嫁时所携带来的陪嫁物。又《二年律令·置后律》384条：“女子为父母后而出嫁者，令夫以妻田宅盈其田宅。宅不比，弗得。其弃妻，及夫死，妻得复取以为户。弃妻，畀之其财。”[③]这条法令规定，女子为父母的继承人，出嫁后，若田宅与夫家为邻，可以合并在一起，不为邻则不可。如果夫弃妻，或夫死，妻则可还回继承父母家门户。丈夫弃妻时，应给回属于妻子的财物。

由上述可知，虽然在礼教宣传中不主张女子拥有私财，但是在汉代的现实生活中女子不仅拥有一定的私财，而且还可以继承一定的财产，并受法律的保护，这是汉代女子享有较高社会地位的表现[④]。汉代现实生活中女子拥有财产的状况与礼教的宣传存在差异，说明汉代的礼教观念还未深入人心，它对社会习俗的影响还很浅。在礼与俗不一致的情况下，法律既维护礼制规定，又尊重生活习俗，说明汉代法律是对礼与俗的协调。

---

①睡虎地秦墓竹简整理小组编：《睡虎地秦墓竹简》，文物出版社，1978，第224页。

②（清）孙希旦撰，沈啸寰、王星贤点校：《礼记集解》，中华书局，1989，第1124页。

③张家山二四七号汉墓竹简整理小组编：《张家山汉墓竹简（二四七号墓）》，文物出版社，2001，第184页。

④欧洲中世纪有些国家直到10至12世纪才确立了妇女的继承权，而且也是儿子总是比女儿优先拥有继承权。参见［以色列］苏拉密斯·萨哈：《第四等级——中世纪欧洲妇女史》，林英译，广东人民出版社，2003，第139页。

第三节
汉代奴婢的法律地位

中国古代社会的奴婢问题研究一直是中古史研究的重要内容，因为它与古史的分期及性质紧密相关，汉代奴婢研究也不例外[①]。奴婢是一个发展变化的历史概念：商周时期有奴、有妾、无婢，妾相当于婢，春秋以后出现奴婢的称呼，一般男曰奴，女曰婢。随着社会发展，奴婢的地位也在发生变化。随着张家山汉简的公布，有学者从法律角度研究西汉私家奴婢的地位，指出西汉私家奴婢比商周时的奴隶生活状况有了改善[②]。本节欲在前人研究的基础上，综合简牍与文献资料，拟从法律角度对两汉时代官私奴婢的社会地位作较为全面的考察。

我们知道，汉代文献资料中有两首描写奴婢生活状况的著名诗作，一首是

①20世纪80年代以来从奴婢角度研究，认为汉代社会性质非奴隶社会的文章主要有吕名中：《汉代奴婢的阶级地位问题》，《华中师院学报（哲学社会科学版）》1980年第1期；林剑鸣：《论汉代奴婢不是奴隶》，《学术月刊》1982年第3期；杨生民：《汉代地主在农业上使用佃农与奴婢经济效益的比较》，《首都师范大学学报》1992年第5期；赵沛：《试论两汉的家内奴隶——兼谈对中国古代社会性质的认识问题》，《徐州工程学院学报》2006年第1期。认为汉代奴婢与奴隶无本质区别的主要有刘耀辉：《浅谈汉代的奴婢问题》，《成都大学学报》1985年第1期。

②王彦辉认为西汉法律规定的奴婢的生存状况比殷周有了改善，参见王彦辉：《从张家山汉简看西汉时期私奴婢的社会地位》，《东北师范大学学报》2003年第2期。

蔡邕的《青衣赋》，其描述的婢女是，“绮袖丹裳，蹑蹈丝屝”[①]，另一首是乔道元的《与天公笺》，其描写的奴婢“形如惊獐”[②]；两首诗中的奴婢形象简直是天壤之别。我们不能因为有些奴婢遇到善良主人，其生活状况较好，就断定这个时代奴婢生活状况很好，也不能因为有些奴婢境遇很糟，就断言整个社会奴婢的生活状况很差。奴婢的生活状况确实与其侍奉主人家的状况有关，但是，要了解这个时代奴婢的整体生存状态，还是要通过法律的视角。且看以下汉代法令对奴婢的规定。

一、下令免除奴婢身份

汉代奴婢有官奴和私奴两种。西汉时期，私奴婢免为庶人的途径，学者据张家山汉简材料指出有三种情况：主人主动放免、和主人生有子女的御婢在主人死后可免、主人死后无合法继承人可免[③]。此外，西汉政府在政权建立之初下诏免去自卖为奴婢者的奴婢身份，如《汉书·高帝纪》载，高祖五年诏曰，“民以饥饿自卖为人奴婢者，皆免为庶人”[④]。东汉时期不仅免去自卖为奴婢者的奴婢身份，而且还免去被略为奴婢者的奴婢身份，如《后汉书·光武帝纪》载：

（建武二年五月）诏曰：“民有嫁妻卖子欲归父母者，恣听之，

①（唐）徐坚等撰：《初学记》，中华书局，1962，第465页。东汉蔡邕《青衣赋》：“金生砂砾，珠出蚌泥。叹兹窈窕，产于卑微。盼倩淑丽，皓齿蛾眉。纵横接发，叶如低葵。绮袖丹裳，蹑蹈丝屝。盘跚蹴踈，坐起低昂。和畅善笑，动杨朱唇。都冶妩媚，卓跞多姿。精惠小心，趋事如飞。中馈裁割，莫能双追。关雎之洁，不陷邪非。察其所履，世之鲜希。宜作夫人，为众女使（师）。”

②（唐）徐坚等撰：《初学记》，中华书局，1962，第466页。乔道元《与天公笺》：“奴曰高安，两手并残。指如竹筒，畏风恶寒。……长婢来成，左目失明。动则入井，已死复生。次婢良信，有桓公司马之疹。行步虽旷，了无前进。隐疾难明，辞不尽韵。小婢从成，南方之奚，形如惊獐。”

③《二年律令·亡律》：“奴婢为善而主欲免者，许之，奴命曰私属，婢为庶人，皆复使及算，事之如奴婢。主死若有罪，以私属为庶人，刑者以为隐官。所免不善，身免者得复入奴婢之。其亡，有它罪，以奴婢律论之”。参见张家山二四七号汉墓竹简整理小组编：《张家山汉墓竹简（二四七号墓）》，文物出版社，2001，第155页。《二年律令·置后律》：“婢御其主而有子，主死，免其婢为庶人”。“死毋后而有奴婢者，免奴婢以为庶人。”参见张家山二四七号汉墓竹简整理小组编：《张家山汉墓竹简（二四七号墓）》，文物出版社，2001，第185、184页。

④（东汉）班固撰，（唐）颜师古注：《汉书》，中华书局，1962，第54页。

敢拘执，论如律。”[①]

（建武七年五月）甲寅，诏吏人遭饥乱及为青、徐贼所略为奴婢下妻，欲去留者，恣听之。敢拘制不还，以卖人法从事。[②]

（建武十二年三月癸酉）诏陇、蜀民被略为奴婢自讼者，及狱官未报，一切免为庶人。[③]

（建武十三年）冬十二月甲寅，诏益州民自八年以来被略为奴婢者，皆一切免为庶人。或依托为人下妻，欲去者，恣听之。敢拘留者，比青、徐二州以略人法从事。[④]

（建武十四年）十二月癸卯，诏益、凉二州奴婢，自八年以来自讼在所官，一切免为庶人，卖者无还直。[⑤]

此外，在汉代还允许奴婢自赎为庶人，如《汉官旧仪》卷下载：“奴婢欲自赎，钱千万，免为庶人。”[⑥]

与私奴婢一样，在汉代，官奴婢也会因各种理由而除去奴婢身份。一是因特赦而免。如文帝后四年五月，赦天下，“免官奴婢为庶人”[⑦]；武帝建元元年，“赦吴楚七国孥输在官者”[⑧]；安帝永初四年，“乙亥，诏自建初以来，诸妖言他过坐徙边者，各归本郡，诸没入为官奴婢者，免为庶人”[⑨]。二是因没入不合法而免。如建武六年十一月，“诏王莽时吏人没入为奴婢不应旧法者，皆免为庶人”[⑩]。三是因年老而免。如绥和二年四月，哀帝即位，于六月诏曰：“官奴婢五十以上，免为庶人。”[⑪]四是因曾为宗室而免。如东汉延平元年诏

① （南朝宋）范晔撰，（唐）李贤等注：《后汉书》，中华书局，1965，第30页。
② （南朝宋）范晔撰，（唐）李贤等注：《后汉书》，中华书局，1965，第52页。
③ （南朝宋）范晔撰，（唐）李贤等注：《后汉书》，中华书局，1965，第59页。
④ （南朝宋）范晔撰，（唐）李贤等注：《后汉书》，中华书局，1965，第63页。
⑤ （南朝宋）范晔撰，（唐）李贤等注：《后汉书》，中华书局，1965，第64页。
⑥ （清）孙星衍等辑，周天游点校：《汉官六种》，中华书局，1990，第47页。
⑦ （东汉）班固撰，（唐）颜师古注：《汉书》，中华书局，1962，第130页。
⑧ （东汉）班固撰，（唐）颜师古注：《汉书》，中华书局，1962，第157页。
⑨ （南朝宋）范晔撰，（唐）李贤等注：《后汉书》，中华书局，1965，第215页。
⑩ （南朝宋）范晔撰，（唐）李贤等注：《后汉书》，中华书局，1965，第50页。
⑪ （东汉）班固撰，（唐）颜师古注：《汉书》，中华书局，1962，第336页。

“宗室坐事没入者，犹托名公族，甚可愍焉。今悉免遣”[①]。五是为减少政府开支而免。元帝时贡禹言“诸官奴婢十万余人，游戏亡事，税良民以给之，岁费五六巨万，宜免为庶人”[②]。

汉代，不仅多次下令免除奴婢身份，而且还禁止越界贩卖奴婢。如《汉书·景武昭宣元成功臣表》载：“（湘成侯监居翁子）益昌嗣，五凤四年，坐为九真太守盗使人出买犀、奴婢，臧百万以上，不道，诛。”[③]

汉政府经常以各种理由下令释放奴婢为庶人[④]，虽说与汉代奴婢数量众多有一定关系，但同时也是奴婢社会地位提高的反映。

二、保护奴婢人身安全权益

汉代法律对奴婢人身安全权益的保护，首先表现为对伤害奴婢罪的制裁。在汉代，主人不得随意杀死奴婢，杀伤奴婢要受法律制裁[⑤]。张家山汉简《奏谳书》案例六载：“汉中守谳：公大夫昌笞奴相如，以辜死，先自告。相如故民，当免作少府，昌与相如约，弗免，已狱治，不当为昌错告不孝，疑罪。

①（南朝宋）范晔撰，（唐）李贤等注：《后汉书》，中华书局，1965，第197页。

②（东汉）班固撰，（唐）颜师古注：《汉书》，中华书局，1962，第3076页。

③（东汉）班固撰，（唐）颜师古注：《汉书》，中华书局，1962，第656页。其实后代对越界贩卖奴婢也多加禁止。唐律，大中九年，禁岭南诸州货卖男女，如有以男女庸赁与人贵分口食任，于当年立年限为约，不得将出外界。宋律，宋天禧三年，诏自今掠真人口入契丹界者，首领并处死，诱致者同罪，未过界者决杖，黥配。参见（清）沈家本：《历代刑法考》，中华书局，1985，第402、403页。

④虽然后代也有免官奴为良之事例，但途径之多不如汉代，而且免奴的年龄比汉代要高。如《三国志·魏书·少帝纪》载，三国魏少帝即位诏曰“官奴婢六十已上，免为良人”，参见（晋）陈寿撰，（南朝宋）裴松之注，陈乃乾校点：《三国志》，中华书局，1959，第117页。《唐六典》载，唐代官奴婢年七十者免为良人，参见（清）沈家本：《历代刑法考》，中华书局，1985，第392页。

⑤其实，在秦代，主人已没有杀奴婢的权利，主人杀奴婢当告官。《史记·田儋列传》裴马因《集解》服虔曰：“古者杀奴婢皆当告官。”参见（西汉）司马迁撰，（南朝宁）裴马因集解，（唐）司马贞索隐，（唐）张守节正义：《史记》，中华书局，1959，第2643页。

廷报：错告，当治。”[①]可见，主人不告官而杀奴婢者罪。又《二年律令·贼律》：“父母欧笞子及奴婢，子及奴婢以欧笞辜死，令赎死。”[②]可见，父母家长殴笞奴婢虽不致死刑，但也要受惩处。又汉武帝时，董仲舒再次提出“去奴婢，除专杀之威（服虔曰：不得专杀奴婢也）”[③]。东汉光武帝建武十一年春二月己卯，下诏“天地之性人为贵，其杀奴婢，不得减罪”[④]。同年六月癸亥又下诏，“敢炙灼奴婢，论如律，免所炙灼者为庶人”[⑤]。可见，在东汉，不仅不能随意伤害奴婢，而且杀奴婢也不能减罪。

在汉代，奴婢的生命、身体安全受到法律的保护，从现实生活的案例中也可得到反映。《汉书·赵广汉传》载：

> 地节三年七月中，丞相傅婢有过，自绞死。广汉闻之，疑丞相夫人妒杀之府舍。……广汉即上书告丞相罪。制曰：“下京兆尹治。”广汉知事迫切，遂自将吏卒突入丞相府，召其夫人跪庭下受辞，收奴婢十余人去，责以杀婢事。……事下廷尉治，实丞相自以过谴笞傅婢，出至外弟乃死，不如广汉言。[⑥]

《汉书·景十三王·赵敬肃王刘彭祖传》：

> 大鸿胪禹奏：“（赵敬肃王孙）元前以刃贼杀奴婢，子男杀谒者，为刺史所举奏，罪名明白。病先令，令能为乐奴婢从死，迫胁自杀者凡十六人，暴虐不道。故《春秋》之义，诛君之子不宜立。元虽未伏诛，不宜立嗣。”[⑦]

---

①张家山二四七号汉墓竹简整理小组编：《张家山汉墓竹简（二四七号墓）》，文物出版社，2001，第216页。

②张家山二四七号汉墓竹简整理小组编：《张家山汉墓竹简（二四七号墓）》，文物出版社，2001，第139页。

③（东汉）班固撰，（唐）颜师古注：《汉书》，中华书局，1962，第1137页。

④（南朝宋）范晔撰，（唐）李贤等注：《后汉书》，中华书局，1965，第57页。

⑤（南朝宋）范晔撰，（唐）李贤等注：《后汉书》，中华书局，1965，第58页。

⑥（东汉）班固撰，（唐）颜师古注：《汉书》，中华书局，1962，第3205页。

⑦（东汉）班固撰，（唐）颜师古注：《汉书》，中华书局，1962，第2421页。

《东观汉记·祝良传》：

祝良为洛阳令，常侍樊丰妻杀奴婢置井中，良收其妻杀之。[①]

《东观汉记·段普传》：

首乡侯段普曾孙胜坐杀婢，国除。[②]

以上材料以具体的事实再次证明了汉代法律对奴婢生命安全的保护[③]。

汉代法律对奴婢人身安全的保护，还表现为对奴婢为良以后自由身份的保护。如在汉代，奴婢自赎为民，若复再略以为婢，罪。《汉书·景武昭宣元成功臣表》："（蒲侯苏昌子）夷吾嗣，鸿嘉三年，坐婢自赎为民后略以为婢，免。"[④]此外，汉代奴婢生命权益的保护还表现在对奴婢犯罪处罚的相对减轻。《后汉书·光武帝纪下》载："除奴婢射伤人弃市律。"[⑤]这条资料说明，在汉代，对于奴婢射伤人罪的处罚，相比原来的弃市有所减轻[⑥]。

三、保护奴婢性权益

汉代法律对奴婢性权益的保护，表现在法律上，奴婢有性不受侵害的权

①（东汉）刘珍等撰，吴树平校注：《东观汉记校注》，中州古籍出版社，1987，第710页。

②（东汉）刘珍等撰，吴树平校注：《东观汉记校注》，中州古籍出版社，1987，第846页。

③然而在唐代对杀死奴婢罪的判处则相对较轻。若故杀奴婢，只处流三千里的处罚；而若奴婢有罪，其主不请官司而杀者，杖一百。无罪而杀者，徒一年。在宋代，诸奴婢典主不请官司而杀者杖一百，无罪而杀者徒二年。在清代，若奴婢有罪，其家长及家长之期亲，若外祖父母，不告官司而欧杀者，杖一百；无罪而杀者，杖六十，徒一年，当房人口悉放从良；若违犯教令而依法处罚，邂逅致死及过失杀者，各勿论。凡官员将奴婢责打身死者，罚俸二年；故杀者，降二级调用……平人将奴仆责打身死者，枷号四十日等。唐代对杀死奴婢的处罚相比汉代为轻，清代相比唐代又更轻，可见汉代对奴婢生命的重视。参见（清）沈家本：《历代刑法考》，中华书局，1985，第403页。

④（东汉）班固撰，（唐）颜师古注：《汉书》，中华书局，1962，第665页。

⑤（南朝宋）范晔撰，（唐）李贤等注：《后汉书》，中华书局，1965，第58页。

⑥而唐代，主杀无罪奴婢徒一年，奴婢殴良人折跌支体及瞎其一目者绞，此即汉律之减等也，参见（清）沈家本：《历代刑法考》，中华书局，1985，第396页。可见，唐代对奴婢犯罪的处罚相比汉代为轻。这也可看作汉律对奴婢的宽大，也即汉代奴婢的地位生存状况相比汉代为好。

利。《说文解字》女部引汉律曰："齐人予妻婢奸曰姘。"[①]《淮南子》高诱注曰："平等之民与妻婢私合，名之曰姘，有罚。"[②]与妻婢奸为姘，有罚，说明在法律中，主人是不得随意奸淫婢女的。此外，在现实生活中也有不少因奸淫婢女而遭受非议、弹劾者。如《史记·淮南衡山王列传》载：

太子知王常欲废己立其弟孝，乃谓王曰："孝与王御者奸，无采与奴奸，王强食，请上书"。即倍王去。[③]

《汉书·张安世传》载：

（张安世）为光禄勋，……郎淫官婢，婢兄自言，安世曰："奴以恚怒，诬污衣冠。"告署挞奴，其隐人过失，皆此类也。[④]

《汉书·王商传》载：

前频阳耿定上书言商与父傅婢通，及女弟淫乱，奴杀其私夫，疑商教使。章下有司，商私怨怼。[⑤]

《汉书·夏侯婴传》载：

（侯颇）尚平阳公主，坐与父御婢奸，自杀，国除。[⑥]

《汉书·王莽传》载：

莽妻旁侍者原碧，莽幸之。后临亦通焉，恐事泄，谋共杀莽。[⑦]

---

①（东汉）许慎：《说文解字》，中华书局，1963，第264页。

②（东汉）许慎撰，（清）段玉裁注：《说文解字注》，上海古籍出版社，1981，第625页。

③（西汉）司马迁撰，（南朝宋）裴骃集解，（唐）司马贞索隐，（唐）张守节正义：《史记》，中华书局，1959，第3096页。

④（东汉）班固撰，（唐）颜师古注：《汉书》，中华书局，1962，第2650页。

⑤（东汉）班固撰，（唐）颜师古注：《汉书》，中华书局，1962，第3372页。

⑥（东汉）班固撰，（唐）颜师古注：《汉书》，中华书局，1962，第2079页。

⑦（东汉）班固撰，（唐）颜师古注：《汉书》，中华书局，1962，第4165页。

谢承《后汉书》载：

济阴戎良字子恭，年十八，为郡门下干吏。良仪容伟丽，太守诸葛礼使阁内写书。从者诬良与婢通，良刳腹，引出肠肝，示礼赤心。[①]

《三国志·魏书·吕布传》载：

卓常使布守中合，布与卓侍婢私通，恐事发觉，心不自安。[②]

以上无论是主人与婢通，还是他人与婢通，其结果要么受到非议，要么受到控诉，要么因此而遭罪等，这种种情况都说明一个问题，即在汉代私奸奴婢是不合法的，也就是说，从法律的角度来讲，奴婢有性不受侵犯的权利。这既反映了汉代对奸淫罪的惩治，同时也反映了对奴婢性权的保护，是等级社会中奴婢作为人权利的一种反映。

四、奴婢可与良人通婚

在汉代，奴婢婚姻不受限制，即奴婢可与良人为婚。这种事例在汉代不胜枚举。如卫子夫以歌伎身份被武帝立为皇后；西汉霍光夫人显以婢的身份嫁与霍光；赵飞燕姐妹以歌舞伎的身份成为汉成帝的宠后宠妃；又《后汉书·乐成靖王党传》载：乐成靖王党“取故中山简王傅婢李羽生为小妻”[③]。除皇家贵族娶婢为妻妾外，也有资料反映一些人家也常将家中奴婢出嫁或赐予亲近之人。如《史记·袁盎传》载：

袁盎自其为吴相时，有从史尝盗爱盎侍儿，盎知之，弗泄，遇之如故。人有告从史，言“君知尔与侍者通”，乃亡归。袁盎驱自追之，遂以侍者赐之，复为从史。[④]

①周天游辑注：《八家后汉书辑注》，上海古籍出版社，1986，第274页。

②（晋）陈寿撰，（南朝宋）裴松之注，陈乃乾校点：《三国志》，中华书局，1959，第219页。

③（南朝宋）范晔撰，（唐）李贤等注：《后汉书》，中华书局，1965，第1672页。

④（西汉）司马迁撰，（南朝宋）裴骃集解，（唐）司马贞索隐，（唐）张守节正义：《史记》，中华书局，1959，第2743页。

《汉官旧仪》卷下载：

官人择官婢年八岁以上，侍皇后以下，年三十五出嫁。乳母取官婢。①

《三国志·魏书·华歆传》载：

（华）歆素清贫，禄赐以振施亲戚故人，家无担石之储。公卿尝并赐没入生口，唯歆出而嫁之。②

《三国志·吴书·韩当传》裴注引《吴书》曰：

（韩当之子）综欲叛，恐左右不从，……遂共图计，以当葬父，尽呼亲戚姑姊，悉以嫁将吏，所幸婢妾，皆赐与亲近，杀牛饮酒歃血，与共盟誓。③

以上被出嫁或赐予的奴婢不排除有嫁与普通良民者，其出嫁或被赐予以后的身份也不排除有为妻与为妾的可能。所以，以上汉代奴婢出嫁的种种情况说明，在汉代，奴婢的婚姻有不受其身份限制的特点。这纵然与汉代婚配习俗宽松的风气有关，但也是汉代奴婢作为人的权利的反映，是汉代奴婢社会地位相对较高的表现，因为汉以后的朝代多禁止奴婢与良民通婚④。

既然汉代社会存在良贱为婚的情况，那么这里就有必要说明奴婢生子的身份问题。有学者对汉代奴婢生子的身份问题做过阐述，其认为有三种情况：一是夫妻双双均为奴婢，所生子仍为奴婢；二是夫妻一方为奴婢，子的身份随

①（清）孙星衍等辑，周天游点校：《汉官六种》，中华书局，1990，第46页。

②（晋）陈寿撰，（南朝宋）裴松之注，陈乃乾校点：《三国志》，中华书局，1959，第403页。

③（晋）陈寿撰，（南朝宋）裴松之注，陈乃乾校点：《三国志》，中华书局，1959，第1286页。

④如陶宗仪《辍耕录》载：元代"以俘到男女匹为夫妇，而所生子孙永为奴婢。奴婢男女互相婚嫁，不许聘取良家"，参见（清）沈家本：《历代刑法考》，中华书局，1985，第411页。又《续通考》14载："明制：凡庶民之家不许存养奴婢，家奴不许娶良人为妻，家长不许以奴婢与良人为夫妻，各离异改正。"参见（清）沈家本：《历代刑法考》，第401页。清代，法律规定"良贱不得为婚姻"，"若妄以奴婢为良人，而与良人为夫妻者，杖九十"，"凡不问主子，将女儿私聘与人，鞭一百，不论久暂，曾否生子，断其离异"，参见韦庆远、吴奇衍、鲁素编：《清代奴婢制度》，中国人民大学出版社，1982，第111、112页。

父；三是奴婢与庶人通奸生子的身份随母的身份[①]。在汉代，夫妻双方均为奴，其婚生子无疑为奴；而若夫为奴，妻为良民，则所生子也为奴。张家山汉简《襍律》：“民为奴妻而有子，子畀奴主。”[②]这是在汉代，妻为良民，而夫为奴，生子为奴的情况[③]。那么妻为婢，夫为良民，生子身份又如何呢？从上文所述汉代良民娶婢为妻的情况看，若婢嫁与良民，则婢似乎脱离了贱籍，所以所生子为良。这不仅是子随父身份的反映，也是妻随夫身份的反映。这也就是说，在婚姻问题上，婢比奴要幸运一些，婢可以通过与良民为婚，而免去贱民的身份，而奴则很少有通过与良民女子的为婚而免去贱民身份者。这或许可以算作“妻从夫”之礼教宣传在客观上对女性所带来的一点利益。在汉代，无论通奸之男性为良为贱，其奸生子身份一般随女性。《二年律令·襍律》：“奴与庶人奸，有子，子为庶人。”[④]这是良人女子奸生子为良人的情况。又《二年律令·襍律》还载：“主婢奸，若为它家奴妻，有子，子畀婢主，皆为奴婢。”[⑤]这是婢的奸生子仍为婢的情况，张子并的《诮青衣赋》[⑥]也反映出良民与婢生子为奴婢的情况。奸生子身份随母与汉代社会不追究通奸之男性有关。

在汉代，良贱可互为通婚，而且所生子也不皆为奴婢，这是汉代奴婢境遇状况相对较好的表现。

---

①王彦辉：《从张家山汉简看西汉时期私奴婢的社会地位》，《东北师范大学学报》2003年第2期，第13–20页。

②张家山二四七号汉墓竹简整理小组编：《张家山汉墓竹简（二四七号墓）》，文物出版社，2001，第159页。

③如《睡虎地秦墓竹简：法律答问》：“女子为隶臣妻，有子焉，今隶臣死，女子北其子，以为非隶臣子也，问女子论何也？或黥颜頯为隶妾，或曰完，完之当也。”这是秦代妻为良民，夫为隶臣，子为隶臣的情况。参见睡虎地秦墓竹简整理小组编：《睡虎地秦墓竹简》，文物出版社，1978，第225页。

④张家山二四七号汉墓竹简整理小组编：《张家山汉墓竹简（二四七号墓）》，文物出版社，2001，第158页。

⑤张家山二四七号汉墓竹简整理小组编：《张家山汉墓竹简（二四七号墓）》，文物出版社，2001，第158页。

⑥张子并《诮青衣赋》：“彼何人斯，悦此艳姿，……旁行求偶，婚姻无媒，宗庙无主，门户不名。依其在所，生女为妾，生男为虏……古之赘婿，尚为尘垢。况明智者，欲作奴父？”参见（唐）徐坚等撰：《初学记》，中华书局，1962，第465页。

五、主人犯罪奴婢不受连坐

《睡虎地秦墓竹简·法律答问》载：

> 人奴妾盗其主之父母，为盗主，且不为？同居者为盗主，不同居不为盗主。“盗及者（诸）它罪，同居所当坐。”可（何）谓“同居”？户为“同居”，坐隶，隶不坐户谓也。①

对于“坐隶，隶不坐户”，云梦秦简整理小组解释为奴隶犯罪，其主人要承担责任，而主人犯罪，奴婢不连坐②。这一解释有一定的道理。首先，从语言学角度讲，“坐隶”其主语当然是主人。又，根据大量汉代从坐罪的案例，“坐子”即父母坐子罪，“坐夫”即妻坐夫罪，“坐妻”即夫坐妻罪，“坐姊”即兄弟姐妹坐姊罪；如此类推，“坐隶”即主人坐隶罪，而“隶不坐户”即隶不坐户主罪。汉承秦制，也实行“坐隶与隶不坐户”之制。此外，大量汉代从坐罪的类型有妻坐夫罪、夫坐妻罪、子女坐父母罪、父母坐子女罪、兄弟姐妹相坐罪等情况，也就是说，犯罪的连坐对象一般是父母妻子等，而很少有奴婢坐主罪，也可进一步证明汉代承袭秦制也是实行“隶不坐户”的。其实，关于这一点很容易理解。因为连坐罪也即附罪，附罪一般相比主罪为轻，而对附罪的判处根据主罪的轻重有从死刑到没入为奴婢不等，即没入为官奴婢是附罪之相对轻者，而这对于已为奴婢者来说，无非是从私奴转化为官奴，这于其身份并无质的变化。

相反，在汉代，则有奴婢犯罪，主人受连累的记载。《汉书·游侠·原涉传》：

> 宾客多犯法，罪过数上闻。王莽数收系欲杀，辄复赦出之。涉惧，求为卿府掾史，欲以避客。……遣奴至市买肉，奴乘涉气与屠争

①睡虎地秦墓竹简整理小组编：《睡虎地秦墓竹简》，文物出版社，1978，第160页。

②自云梦秦简公布以后，学术界即对秦代奴婢是否坐主罪，以及主是否坐奴婢罪产生了不同看法。刘海年认为奴隶犯罪，主人不连坐，参见其文：《秦律刑罚考析》，载中华书局编辑部编《云梦秦简研究》，中华书局，1981。高恒认为主人犯罪，奴隶要连坐，参见其文：《秦简中的私人奴婢问题》，载中华书局编辑部编《云梦秦简研究》，中华书局，1981。

延，斫伤屠者，亡。是时，茂陵守令尹公新视事，涉未谒也，闻之大怒。知涉名豪，欲以示众厉俗，遣两吏胁守涉。至日中，奴不出，吏欲便杀涉去。涉迫窘不知所为，会涉所与期上冢者车数十乘到，皆诸豪也，共说尹公。尹公不听，诸豪则曰："原巨先奴犯法不得，使肉袒自缚，箭贯耳，谒廷门谢罪，于君威亦足矣。"尹公许之。涉如言谢，复服遣去。[①]

原涉惧为宾客犯法所牵连，而欲求为官府掾史，这一事件说明，宾客犯法，主人有受牵连之可能。后来原涉之奴又犯罪，县令捕奴不得，欲惩办其主人，其间虽然有"令尹公新视事，涉未谒"的原因，但令尹公作为新上任的官员，其有依法治罪不徇情的可能，而不至于有为报私怨，虚设法律的可能。所以，这段资料说明汉代奴婢犯罪，主人也要承担一定责任。其实，关于这一点也很容易理解。因为在法律意义上，主人是作为父家长的身份出现，而奴婢是作为子女的身份出现，子不教，父之过，主人当然要对附属的奴婢的行为负责。瞿同祖先生说："法律既承认家长、族长为家族的主权，而予以法律上的种种权利，自亦希望每一单位的主权能为其单位团体的每一分子对法律负责，对国家负责。此等责任或为对国家的一种严格的义务。……有些事虽应由个人负责，但所有家族内人口都居于家长或族权之下，应随时督察，所以也应由家长负责。"[②]即是这个意思。

当然了，主人坐奴婢罪也是有一定范围的。即奴婢的犯罪若侵犯的是家庭以外人的利益，主人要受连累；而奴婢的犯罪若是侵犯家庭内部利益，主人利益因奴婢犯罪而受到损害，主人则不连坐，相反，奴婢因危害的是主人利益，法律对其的惩治更为严格。奴婢若杀伤主人，主人不但不连坐，而且奴婢因杀伤的是主人，不是外人，还要加倍处罚。这是封建社会法律阶级性的表现。

①（东汉）班固撰，（唐）颜师古注：《汉书》，中华书局，1962，第3717页。
②瞿同祖：《中国法律与中国社会》，中华书局，1981，第26页。

六、关心奴婢衣食及身体健康

汉代法律保护官奴婢的衣食供应不得有缺。《汉书·杜周列传》载：

上以延年霍氏旧人，欲退之，而丞相魏相奏延年素贵用事，官职多奸。遣吏考案，但得苑马多死，官奴婢乏衣食，延年坐免官，削户二千。①

汉宣帝罢免李延年官职，其中一条罪状就是官奴婢衣食缺乏，这说明在汉代，官奴婢的衣食供应是受到法律保护的。

在汉代，奴婢的身体健康也受到主人的重视。虽然我们无法在现有的汉代法律条文中找到主人是否应对奴婢的身体健康负有责任，但在文献记载中我们却发现有主人请医为奴婢检查身体状况及诊治疾病的事例。如《史记·扁鹊苍公列传》载：

济北王召臣意诊脉诸女子侍者，至女子竖，竖无病。臣意告永巷长曰："竖伤脾，不可劳，法当春呕血死。"臣意言王曰："才人女子何能？"王曰："是好为方，多伎能，为所是案法新，往年市之民所，四百七十万，曹偶四人。"王曰："得毋有病乎？"臣意对曰："竖病重，在死法中。"王召视之，其颜色不变，以为不然，不卖诸侯所。至春，竖奉剑从王之厕，王去，竖后，王令人召之，即仆于厕，呕血死。②

济北王召淳于意"诊脉诸女子侍者，至女子竖，竖无病"，从这句话可以看出济北王应是定期为家中奴婢请医检查身体健康状况。"王召视之，其颜色不变，以为不然，不卖诸侯所"，似乎又说明检查身体其中一个意图是，如检查出有病重无法医治者，即可脱手卖出，以减少其经济损失。但也有资料显示

① (东汉) 班固撰，(唐) 颜师古注：《汉书》，中华书局，1962，第2665页。
② (西汉) 司马迁撰，(南朝宋) 裴骃集解，(唐) 司马贞索隐，(唐) 张守节正义：《史记》，中华书局，1959，第2805页。

奴婢如有病，主人也请医为其诊治。如《史记·扁鹊苍公列传》还载：

> 齐北宫司空命妇出於病，众医皆以为风入中，病主在肺，刺其足少阳脉。臣意诊其脉，……三日而疝气散，即愈。[①]
>
> 济北王侍者韩女病要背痛，寒热，众医皆以为寒热也。臣意诊脉，曰："内寒，月事不下也。"即窜以药，旋下，病已。病得之欲男子而不可得也。[②]

以上女奴出於及侍者韩女病，皆有众医来诊治，且以治愈为止，这反映了主人对奴婢病情的重视。主人为奴婢治病，虽然是为了继续使其供之差遣，但客观上也反映了主人对奴婢的态度是以人待之，这与将奴婢置于牛马同栏形成了鲜明的反差。

综上汉代政府经常下令释放奴婢、法律保障奴婢人身及生命安全、性权利、良贱可以通婚、主人犯罪奴婢不连坐、关心奴婢衣食健康，及众所周知的西汉《僮约》所反映出的奴婢并不是受主人任意差遣等情况[③]，说明汉代奴婢的

①（西汉）司马迁撰，（南朝宋）裴骃集解，（唐）司马贞索隐，（唐）张守节正义：《史记》，中华书局，1959，第2804页。

②（西汉）司马迁撰，（南朝宋）裴骃集解，（唐）司马贞索隐，（唐）张守节正义：《史记》，中华书局，1959，第2808页。

③西汉王褒《僮约》："蜀郡王子泉，以事到煎上寡妇杨惠舍。有一奴名便了，倩行酤酒。便提大杖上冢巅曰：大夫买便了时但约守冢，不约为它家男子酤酒。子泉大怒曰：奴宁欲卖耶？惠曰：奴父许人，人无欲者。子即决卖券云。奴复曰：欲使皆上券，不上券，便了不能为也。子泉曰：诺。券文曰：神爵三年正月十五日，资中男子王子泉，从成都安志里女子杨惠买夫时户下髯奴便了，决卖万五千，奴从百役使，不得有二言。"参见（唐）徐坚等撰：《初学记》，中华书局，1962，第466页。虽然奴便了被再卖以后，契约规定"奴从百役"，劳作繁重，但在卖与前主杨惠时"只约守冢"，而且两次买卖均对劳作内容有所规定，这相比奴隶社会奴隶卖与奴隶主后，任凭奴隶主役使是一种进步。而且对后世契约式奴婢的发展也有一定影响，如宋代法律严禁违契约使用奴婢则是契约式奴婢进一步发展的表现。

生存环境比以前确实改善很多①，甚至有学者说汉代奴婢同庶人很少差别，不少奴婢拥有私产甚至置办田产。从性别角度讲，婢的状况在某些方面还会高于奴，因为婢通过婚姻改变其身份的机会要多于奴，而且婢与良人通婚生子多为良，而奴与良人通婚生子多为奴。这或许可以算作封建礼教之“妻从夫”对婢女所带来的一点点益处吧。此外，《二年律令·亡律》记载：“奴婢为善而主欲免者，许之，奴命曰私属，婢为庶人。”私属、奴婢、庶人是汉代不同身份阶层的人，私属地位处于奴婢与庶人之间。主人放良后，奴升为私属，而婢升成庶人，说明奴婢放良后，婢的地位高于奴。所以说，汉代奴婢地位整体之高，以及婢地位高过奴，是汉代下层女性生存环境的特点②。

①汉代奴婢生存于一个相对宽松的社会环境也不是一个偶然的现象，而是有着深刻的社会背景。首先，汉代奴婢数量是公认历代最多的，汉代政府多次下令免除奴婢身份也是前后代不可比的。奴婢非社会生产劳动的主要承担者，多次下令解除奴婢身份，也就等于解放生产力，是汉政府发展经济的政策反映。再者，汉政府对奴婢生命的重视与保护，奴婢生活于一个相对宽松的生活环境，与汉代社会的时代背景以及汉代社会在整个历史长河中所处的位置有关。汉代社会处于封建社会的初期，封建社会的经济矛盾还未充分发展，由奴隶社会转向封建社会的社会转型的初期阶段，封建等级的意识形态等因素的影响还未深入，所以在这种情况下，政治环境相对宽松自由，封建等级之奴役思想也相对宽松，这就相应造就了人生存环境的宽松，汉政府多次发布人性为贵，对人性命重视之诏令也是对此的反映。同时，汉代奴婢权益受法律保护之多，与奴婢对国家承担一定的赋税有关，如《汉律》规定，“贾人与奴婢倍算”，虽然这是为了打击商人和奴隶主残余势力，但从国家方面来说，对于缴纳赋税者给予一定的保护也是应该的。所以说汉代奴婢地位相对较高是汉代社会政治、经济、文化、意识形态综合因素相互交织的结果。

②林剑鸣：《论汉代“奴婢”不是奴隶》，《学术月刊》1982年第3期，第75—77页。

结束语

一、汉代女性研究的总结

通过考察先秦及汉代礼教对中国女性的规定，可以看出：第一，礼教对女性的规定在不同时代表现不同。从先秦到秦汉，礼教对女性的束缚在逐渐加强，一方面男主女从、男尊女卑的观念逐步强化，另一方面妇贞妇顺思想的宣传渐渐加强。第二，从先秦到汉，礼教对女性的教育都以妇德教育为主，只不过到汉代，对女子实施文化教育的主张渐现端倪。第三，东汉礼教对女性的规定不如西汉那么宽容。四、礼教对男女性别规定的目的是，一方面要建立一种等级秩序，另一方面也要使这种秩序显得和谐。这样就使得礼教中的男女性别观念的对立不是那么的绝对，如男尊女卑要从属于上下等级的尊卑；夫妇关系是同尊卑，而且妇可谏夫、诓夫。

通过生活中女性形态的考察，可以看出：第一，礼教对生活中的女性形态有一些影响，如汉代征兵制中未有女兵、俳优艺人为男性而没有女性、京师长官妻子从夫居于官舍且生活以夫为中心、丈夫犯罪妻子受影响等，但是，影响并不是很大，而且汉代女性生活的环境还相当宽松，如：没有女性被迫为妓的现象；艺伎虽然名义上地位低下，但并不影响女性歌舞伎的婚姻，相反，她们中的有些进入贵族家庭后，还可以贵为皇后；普通女子入宫后也可以有很多出路，再嫁人不受丝毫影响；女子还可以广泛地接受社会上的各种文化教育，有才的女子同样受到社会上的尊重；整个社会贞节观念淡薄；女性可以广泛地参与社会活动与经济活动等。第二，汉代社会等级地位的差别主要在于阶级属性，而非性别属性。如宫廷女性有尊贵的掌权者，社会下层艺伎中也有不少男性从业者等。第三，汉代女性的生活形态不仅有身份尊贵的区别，还有地域、民族等方面的区别。如西北边疆女子受礼教影响要更少，她们在必要时会参加保家卫国的战争，而且在边疆战事频繁，男性人口比例下降的情况下，在政府眼里，边疆人口性别比例远远重要于女性的贞操。

通过对法律中女性地位的考察，我们发现：一方面汉代法律有对女性体恤宽容的特点，如在同样条件下，对女子的制裁要轻于男子，甚至有时还会有优待政策，而且在放良政策中婢女的待遇要高过男奴；另一方面，法律也会适当保护女子利益，在一定条件下女子可以有财产继承权，而且还可以授爵，即使是女性群体中地位最低下的奴婢，法律也给予了很多保护。

通过对礼教、生活与法律不同角度下女性形态的考察，我们认为，礼教的主旨虽然不是要强调性别的对立，而是在维护家庭与社会的和谐，但是，在某种程度上，它是以牺牲女性的权益为前提的。在汉代，礼教宣扬中的女性形态与实际生活中的女性形态存在很大差异，也就是说，礼与俗并没有完全吻合，生活中的女性有着相对较高的家庭及社会地位，其广泛的经济活动是其享有较高地位的坚实基础。汉代的法律是礼与俗结合下的产物，是以礼、以俗入法。从法律对女性的优待与保护看，汉代女子确实生活在较为宽松的社会环境里。

二、妇女史研究的思考

笔者从2001年开始从事妇女史研究，至今有20多年了，在研究过程中以下问题一直是笔者思考的问题：

（一）关于妇女史的含义

学界对此也无统一认识。有人认为，妇女史应该是指以妇女为研究对象的历史；又有人认为应该指以“女性主义”立场观察及撰写的历史。笔者认为妇女史应该是以妇女为研究的主要对象，探索妇女在历史发展过程中的变化及其与当时社会的关系。女性主义史是以女性主义的视角研究历史或撰写历史。妇女史与女性主义史是两个不同的概念。

（二）妇女史学科化的问题

中国的妇女史研究比西方开始得早，五四运动时期中国已经开始了妇女史研究，但是，在学科化方面，西方走在中国的前面，20世纪70年代西方史学界受女性主义思潮的影响，产生了妇女学，所以到20世纪80年代中国学者也呼吁加强妇女史研究，使妇女学学科化，一些学者也就此做了努力。但在学科化方面中国一直存在一些问题，如妇女史研究一直处于历史学的边缘，而且中国妇女史研究缺乏本土的理论框架。笔者认为妇女史与妇女学不同，妇女史只是妇女学的基础部分。在妇女史研究的理论尚不成熟的状况下，妇女学的研究理论更显稚嫩。所以是否急于在中国学科化是一个需要思考的问题，先做好基础研究工作是不是很重要呢？

（三）妇女史与性别史的关系

20世纪80年代，美国的妇女史研究中出现社会性别理论，20世纪90年代随着理论的不断深化和史料的丰富，该研究又从宏观上强调全新意义上的“两性史”，所以性别史又有了两性史的叫法。笔者认为，性别史或两性史应该是从性别的角度研究两性关系的历史。它与妇女史不同，妇女史是从性别的角度研究女性的历史。二者的共同点是都属于历史研究的一部分，只不过在历史研究中加入了性别视角的分析。性别视角的分析不失为妇女史研究的有用的方法。

（四）如何与西方妇女史学对话

在全球化的今天，学术研究要发展，学术对话是不可少的。在妇女史研究过程中，西方的理论研究一直走在中国的前面。在我们还没有建立起本土的理论体系前，我们该如何应对西方的妇女史理论？这可能是多数中国妇女史研究者都会遇到的问题。笔者认为，中西历史发展不同，所以对西方的妇女史理论不能盲目地引进使用，正如一个民族的历史不应任意被他族随意解释一样。理论的发展都是建立在基础研究之上，所以我们要建立本土的妇女史理论，首先要做好本土的基础研究工作。但是这并不是排斥西方妇女史理论，对西方的性别视角的分析、口述史的利用等这些方法论问题我们当然可以接受。此外，在西方学者投入不少精力研究中国妇女史的影响下，我们也可以投入一些精力研究西方妇女史，在共同研究中相互取长补短，以便建立起适合本土的研究理论。

以上是笔者在多年研究妇女史过程中可能还尚欠成熟的一些思考，借本书出版之际分享出来，以便大家共同思考、努力，促使中国的妇女史研究再上一个台阶。

参考书目

一、 经典著作类

1. 恩格斯：《家庭、私有制和国家的起源》，人民出版社，1972。
2. 黎澍主编：《马恩列斯论历史科学》，人民出版社，1980。
3. 马克思：《摩尔根〈古代社会〉一书摘要》，人民出版社，1965。
4. 毛泽东：《毛泽东选集》，人民出版社，1952。
5. 中华人民共和国全国妇女联合会编：《马恩列斯论妇女》，人民出版社，1978。

二、 基本文献类

1.（北齐）魏收：《魏书》，中华书局，1974。
2.（东汉）班固：《汉武帝内传》，文渊阁四库全书本，台湾商务印书馆，1986。
3.（东汉）班固：《汉武故事》，文渊阁四库全书本，台湾商务印书馆，1986。
4.（东汉）班固撰，（唐）颜师古注：《汉书》，中华书局，1962。
5.（东汉）班固撰集，（清）陈立疏证，吴则虞点校：《白虎通疏证》，中华书局，1994。
6.（东汉）崔寔著，缪启愉辑释，万国鼎审定：《四民月令辑释》，农业出版社，1981。

7.（东汉）刘熙：《释名》，文渊阁四库全书本，台湾商务印书馆，1986。
8.（东汉）刘珍等撰，吴树平校注：《东观汉记校注》，中州古籍出版社，1987。
9.（东汉）王充撰，黄晖校释：《论衡校释》，中华书局，1990。
10.（东汉）王符撰，（清）汪继培笺，彭铎校正：《潜夫论笺校正》，中华书局，1985。
11.（东汉）许慎：《说文解字》，中华书局，1963。
12.（东汉）许慎撰，（清）段玉裁注：《说文解字注》，上海古籍出版社，1981。
13.（东汉）应劭撰，吴树平校释：《风俗通义校释》，天津人民出版社，1980。
14.（东汉）郑玄注，（唐）贾公彦疏：《仪礼注疏》，中华书局，1980。
15.（东汉）郑玄注，（唐）贾公彦疏：《周礼注疏》，中华书局，1980。
16.（后晋）刘昫等：《旧唐书》，中华书局，1975。
17.（晋）常璩：《士女志》，载（元）陶宗仪辑《说郛》，顺治二年两浙督学周南李际期宛委山堂刊本。
18.（晋）常璩撰，任乃强校注：《华阳国志校补图注》，上海古籍出版社，1987。
19.（晋）陈寿撰，（南朝宋）裴松之注：《三国志》，中华书局，1959。
20.（晋）杜预注，（唐）孔颖达疏：《春秋左传正义》，中华书局，1980。
21.（晋）干宝撰，李剑国辑校：《新辑搜神记》，中华书局，2007
22.（晋）葛洪辑，成林、程章灿译注：《西京杂记全译》，贵州人民出版社，1993。
23.（晋）皇甫谧：《列女传》，载（元）陶宗仪辑《说郛》，顺治二年两浙督学周南李际期宛委山堂刊本。
24.（晋）王嘉撰，（南朝梁）萧绮录，齐治平校注：《拾遗记》，中华书局，1981。
25.（明）董斯张：《广博物志》，文渊阁四库全书本，台湾商务印书馆，1986。

26.（明）梅鼎祚编：《西汉文纪》，文渊阁四库全书本，台湾商务印书馆，1986。
27.（明）宋濂等：《元史》，中华书局，1976。
28.（明）王志长：《周礼注疏删翼》，文渊阁四库全书本，台湾商务印书馆，1986。
29.（明）夏良胜：《中庸衍义》，文渊阁四库全书本，台湾商务印书馆，1986。
30.（明）杨慎：《升庵集》，文渊阁四库全书本，台湾商务印书馆，1986。
31.（南朝陈）徐陵选编，（清）吴兆宜注，（清）程琰删补：《玉台新咏笺注》，吉林人民出版社，1999。
32.（南朝梁）沈约：《宋书》，中华书局，1974。
33.（南朝宋）范晔撰，（唐）李贤等注：《后汉书》，中华书局，1965。
34.（清）顾炎武撰，（清）黄汝成集释，秦克诚点校：《日知录集释》，岳麓书社，1994。
35.（清）杭世骏：《三国志补注》，文渊阁四库全书本，台湾商务印书馆，1986。
36.（清）黄廷桂监修，（清）张晋生等撰：《四川通志》，文渊阁四库全书本，台湾商务印书馆，1986。
37.（清）焦循：《孟子正义》，诸子集成本，世界书局，1936。
38.（清）皮锡瑞：《今文尚书考证》，中华书局，1989。
39.（清）沈家本撰，邓经元、骈宇骞点校：《历代刑法考》，中华书局，1985。
40.（清）苏舆撰，钟哲点校：《春秋繁露义证》，中华书局，1992。
41.（清）孙希旦撰，沈啸寰、王星贤点校：《礼记集解》，中华书局，1989。
42.（清）孙星衍等辑，周天游点校：《汉官六种》，中华书局，1990。
43.（清）孙诒让：《墨子闲诂》，诸子集成本，世界书局，1936。
44.（清）王先谦：《荀子集解》，诸子集成本，世界书局，1936。
45.（清）王先谦：《庄子集解》，诸子集成本，世界书局，1936。
46.（清）王先慎：《韩非子集解》，诸子集成本，世界书局，1936。

47.（清）严可均校辑：《全上古三代秦汉三国六朝文》，中华书局，1958。
48.（清）姚之骃：《后汉书补逸》，文渊阁四库全书本，台湾商务印书馆，1986。
49.（清）章学诚著，叶瑛校注：《文史通义校注》，中华书局，1994。
50.（三国魏）邯郸淳：《笑林》，玉函山房辑佚书。
51.（三国魏）何晏集解，（宋）邢昺疏：《论语注疏》，中华书局，1980。
52.（三国魏）王弼注，（唐）孔颖达正义：《周易正义》，中华书局，1980。
53.（宋）鲍彪：《战国策注》，文渊阁四库全书本，台湾商务印书馆，1986。
54.（宋）高承：《事物纪原》，文渊阁四库全书本，台湾商务印书馆，1986。
55.（宋）郭茂倩编：《乐府诗集》，中华书局，1979。
56.（宋）洪适：《隶释·隶续》，中华书局，1985。
57.（宋）孔平仲：《珩璜新论》，文渊阁四库全书本。
58.（宋）李昉等编：《太平广记》，中华书局，1961。
59.（宋）李昉等撰：《太平御览》，中华书局，1960。
60.（宋）欧阳修、宋祈等：《新唐书》，中华书局，1975。
61.（宋）徐天麟：《东汉会要》，上海古籍出版社，1978。
62.（宋）徐天麟：《西汉会要》，上海人民出版社，1977。
63.（唐）杜佑：《通典》，商务印书馆，1935。
64.（唐）房玄龄等撰：《晋书》，中华书局，1974。
65.（唐）欧阳询撰，汪绍楹校：《艺文类聚》，上海古籍出版社，1982。
66.（唐）唐明皇御注，（宋）邢昺疏：《孝经注疏》，中华书局，1980。
67.（唐）徐坚等撰：《初学记》，中华书局，1962。
68.（唐）姚思廉等：《梁书》，中华书局，1973。
69.（西汉）戴德撰，高明注译：《大戴礼记今注今译》，天津古籍出版社，1988。
70.（西汉）韩婴撰，许维遹校释：《韩诗外传集释》，中华书局，1980。
71.（西汉）桓宽撰，王利器校注：《盐铁论校注》，中华书局，1992。
72.（西汉）贾谊撰，王洲明、徐超校注：《贾谊集校注》，人民文学出版社，1996。

73.（西汉）孔安国注，（唐）孔颖达正义：《尚书正义》，中华书局，1980。
74.（西汉）刘向：《列仙传》，载（元）陶宗仪辑《说郛》，顺治二年两浙督学周南李际期宛委山堂刊本。
75.（西汉）刘向编著，石光瑛校释，陈新整理：《新序校释》，中华书局，2001。
76.（西汉）刘向集录：《战国策》，上海古籍出版社，1985。
77.（西汉）刘向校，（清）戴望校正：《管子校正》，诸子集成本，世界书局，1936。
78.（西汉）刘向撰，向宗鲁校证：《说苑校证》，中华书局，1987。
79.（西汉）司马迁撰，（南朝宋）裴骃集解，（唐）司马贞索隐，（唐）张守节正义：《史记》，中华书局，1959。
80.（元）脱脱等：《宋史》，中华书局，1977。
81.《中国野史集成》编委会、四川大学图书馆编：《中国野史集成》，巴蜀书社，1993。
82. 陈桥驿：《水经注校释》，杭州大学出版社，1999。
83. 程树德：《九朝律考》，中华书局，1963。
84. 高亨：《诗经今注》，上海古籍出版社，1980。
85. 高亨注译：《商君书注译》，中华书局，1974。
86. 吉联抗：《春秋战国音乐史料》，上海文艺出版社，1980。
87. 吉联抗：《秦汉音乐史料》，上海文艺出版社，1981。
88. 李步嘉：《越绝书校释》，武汉大学出版社，1992。
89. 逯钦立辑校：《先秦汉魏晋南北朝诗》，中华书局，1983。
90. 上海师范大学古籍整理组校点：《国语》，上海古籍出版社，1978。
91. 王明：《抱朴子内篇校释》，中华书局，1985。
92. 王明：《太平经合校》，中华书局，1960。
93. 熊承涤主编：《秦汉教育论著选》，人民教育出版社，1986。
94. 徐震堮：《世说新语校笺》，中华书局，1984。
95. 张双棣：《淮南子校释》，北京大学出版社，1997。
96. 张涛：《列女传译注》，山东大学出版社，1990。

97. 周生春：《吴越春秋辑校汇考》，上海古籍出版社，1997。
98. 周天游辑注：《八家后汉书辑注》，上海古籍出版社，1986。

三、简牍类

1. 甘肃文物研究所等编：《居延新简》，文物出版社，1990。
2. 李均明、何双全编：《散见简牍合辑》，文物出版社，1990。
3. 林梅村、李均明编：《疏勒河流域出土汉简》，文物出版社，1984。
4. 罗振玉、王国维编：《流沙坠简》，中华书局，1993。
5. 睡虎地秦墓竹简整理小组编：《睡虎地秦墓竹简》，文物出版社，1978。
6. 吴礽骧、李永良、马建华释校，甘肃省文物考古研究所编：《敦煌汉简释文》，甘肃人民出版社，1991。
7. 吴小强：《秦简日书集释》，岳麓书社，2000。
8. 谢桂华、李均明、朱国炤：《居延汉简释文合校》，文物出版社，1987。
9. 张家山二四七号汉墓竹简整理小组编：《张家山汉墓竹简（二四七号墓）》，文物出版社，2001。

四、国内学者论著类

1. 安作璋、熊铁基：《秦汉官制史稿》，齐鲁书社，1985。
2. 鲍家麟主编：《中国妇女史论集》，牧童出版社，1979。
3. 蔡鸿生：《尼姑谭》，中山大学出版社，1996。
4. 蔡鸿生：《学境》，博士苑出版社，2001。
5. 蔡尚思：《中国传统思想总批判》，湖南人民出版社，1981。
6. 蔡一平等主编：《赋历史研究以社会性别》，内部本，1999。
7. 曹大为：《中国古代女子教育》，北京师范大学出版社，1996。
8. 陈东原：《中国妇女生活史》，商务印书馆，1937。
9. 陈顾远：《中国婚姻史》，商务印书馆，1936。
10. 陈鹏：《中国婚姻史稿》，中华书局，1990。
11. 陈戍国：《秦汉礼制研究》，湖南教育出版社，1993。

12. 陈炎：《多维视野中的儒家文化》，中国人民大学出版社，1997。
13. 陈寅恪：《寒柳堂集》，生活·读书·新知三联书店，2001。
14. 陈寅恪：《柳如是别传》，生活·读书·新知三联书店，2001。
15. 川上子：《中国乐伎》，上海音乐出版社，1993。
16. 董家遵：《中国古代婚姻史研究》，广东人民出版社，1995。
17. 杜芳琴：《中国社会性别的历史文化寻踪》，天津社会科学院出版社，1998。
18. 杜学元：《中国女子教育通史》，贵州教育出版社，1995。
19. 费孝通：《乡土中国生育制度》，北京大学出版社，1998。
20. 傅杰编校：《王国维论学集》，中国社会科学出版社，1997。
21. 甘肃文物工作队编：《汉简研究文集》，甘肃人民出版社，1984。
22. 高敏：《秦汉魏晋南北朝土地制度研究》，中州古籍出版社，1986。
23. 高敏：《云梦秦简初探》（第2版），河南人民出版社，1981。
24. 高锐主编：《中国军事史略》，军事科学出版社，1992。
25. 高世瑜：《唐代妇女》，三秦出版社，1988。
26. 顾颉刚：《史林杂识初编》，中华书局，1963。
27. 郭松义：《伦理与生活——清代的婚姻关系》，商务印书馆，2000。
28. 胡文楷：《历代妇女著作考》，上海古籍出版社，1985。
29. 华有根：《西汉礼学新论》，上海社会科学院出版社，1998。
30. 黄今言：《秦汉军制史论》，江西人民出版社，1993。
31. 黄留珠：《周秦汉唐文明》，陕西人民出版社，1998。
32. 李敖：《中国性研究》，中国友谊出版公司，1999。
33. 李刚：《汉代道教哲学》，巴蜀书社，1995。
34. 李季平：《唐代奴婢制度》，上海人民出版社，1986。
35. 李小江：《性别与中国》，生活·读书·新知三联书店，1994。
36. 李小江等：《历史、史学与性别》，江苏人民出版社，2002。
37. 李又宁、张玉法合编：《中国妇女史论文集》（第1辑、第2辑），商务印书馆，1981、1988。
38. 梁乙真：《中国妇女文学史纲》，开明书店，1932。

39. 廖伯源撰：《秦汉史论丛》，五南图书出版公司，2003。
40. 林甘泉主编：《中国封建土地制度史》（第1卷），中国社会科学出版社，1990。
41. 林甘泉主编：《中国经济通史》（秦汉经济卷），经济日报出版社，1999。
42. 林干等编：《昭君与昭君墓》，内蒙古人民出版社，1979。
43. 林剑鸣：《秦汉社会文明》，西北大学出版社，1998。
44. 林中泽：《晚明中西性伦理的相遇——以利玛窦〈天主实义〉和庞迪我〈七克〉为中心》，广东教育出版社，2003。
45. 刘士圣：《中国古代妇女史》，青岛出版社，1991。
46. 刘增贵：《汉代婚姻制度》，华世出版社，1980。
47. 刘展主编：《中国古代军制史》，军事科学出版社，1992。
48. 刘志远、余德章、刘文杰编著：《四川汉代画像砖与汉代社会》，文物出版社，1983。
49. 吕思勉：《秦汉史》，上海古籍出版社，1983。
50. 吕思勉：《问学集林》，上海教育出版社，1987。
51. 毛礼锐、沈灌群：《中国教育通史》，山东教育出版社，1986。
52. 彭松：《中国舞蹈史》，文化艺术出版社，1984。
53. 彭卫：《汉代婚姻形态》，三秦出版社，1988。
54. 彭卫、杨振红：《中国风俗通史秦汉卷》，上海文艺出版社，2002。
55. 瞿同祖：《中国法律与社会》，中华书局，1981。
56. 光鼐：《中国娼妓的过去和现在》，法律出版社，1995。
57. 孙筱：《两汉经学与社会》，中国社会科学出版社，2002。
58. 谭正璧：《中国女性的文学生活》，光明书局，1930。
59. 汪桂海：《汉代官文书制度》，广西教育出版社，1999，
60. 王建中：《汉代画像石通论》，紫禁城出版社，2001。
61. 王书奴：《中国娼妓史》，三联书店上海分店，1988。
62. 王四达：《白虎通义与汉代社会思潮》，南方出版社，2002。
63. 王运熙：《乐府诗述论》，上海古籍出版社，1996。

64．王子今：《中国女子从军史》，军事谊文出版社，1998。
65．韦庆远：《清代奴婢制度》，中国人民大学出版社，1982。
66．吴芳主编：《中华女英杰》，武汉大学出版社，1991。
67．伍国栋：《中国古代音乐》，商务印书馆，1997。
68．夏野：《中国古代音乐史简编》，上海音乐出版社，1989。
69．萧亢达：《汉代乐舞百戏艺术研究》，文物出版社，1991。
70．谢无量：《中国妇女文学史》，中华书局，1916。
71．信立祥：《汉代画像石综合研究》，文物出版社，2000。
72．熊铁基：《秦汉军事制度史》，广西人民出版社，1990。
73．严耕望：《治史三书》，辽宁教育出版社，1998。
74．杨鸿年：《汉魏制度丛考》，武汉大学出版社，1985。
75．杨树达：《汉代婚丧礼俗考》，商务印书馆，1933。
76．俞启定：《先秦两汉儒家教育》，齐鲁书社，1987。
77．詹石窗：《道教与女性》，上海古籍出版社，1990。
78．张荣芳：《秦汉史论集（外三篇）》，中山大学出版社，1995。
79．张荣明：《中国的国教——从上古到东汉》，中国社会科学出版社，2001。
80．张瑞璠主编：《中国教育史研究》，华东师范大学出版社，1991。
81．张涛：《经学与汉代社会》，河北人民出版社，2001。
82．张文立：《周易思想研究》，湖北人民出版社，1980。
83．赵凤喈：《中国妇女在法律上之地位》，中华教育文化基金董事会调查部，1934。
84．中国社会科学院历史研究所战国秦汉史研究室编：《简牍研究译丛》（第1辑、第2辑），中国社会科学出版社，1983、1987。
85．中华书局编辑部编：《云梦秦简研究》，中华书局，1981。
86．周生春：《吴越春秋辑校汇考》，上海古籍出版社，1997。
87．周天游辑注：《八家后汉书辑注》，上海古籍出版社，1986。
88．朱伯崑主编：《国际易学研究》，华夏出版社，1997。
89．朱绍侯：《军功爵制研究》，上海人民出版社，1990。

90. 朱绍侯：《秦汉土地制度与阶级关系》，中州古籍出版社，1985。
91. 朱倓：《班昭》，胜利出版社，1945。
92. 朱子彦：《后宫制度研究》，华东师范大学出版社，1998。
93. 祝瑞开：《两汉思想史》，上海古籍出版社，1989。

五、国外学者论著类

1. [日]大庭脩：《秦汉法制史研究》，林剑鸣等译，上海人民出版社，1991。
2. [日]山川丽：《中国女性史》，高大伦、范勇编译，三秦出版社，1987。
3. [日]西嶋定生：《二十等爵制》，武尚清译，国际文化出版公司，1992。
4. [以色列]苏拉密斯·萨哈：《第四等级——中世纪欧洲妇女史》，林英译，广东人民出版社，2003。
5. [法]米歇尔·福柯：《性史》，黄永民等译，上海文化出版社，1988。
6. [法]西蒙娜·德·波伏娃：《第二性》，陶铁柱译，中国书籍出版社，1998。
7. [美]罗斯玛丽·帕特南·童：《女性主义思潮导论》，艾晓明等译，华中师范大学出版社，2002。
8. [美]鲍晓兰主编：《西方女性主义研究评介》，生活·读书·新知三联书店，1995。
9. [美]王政、杜芳琴主编：《社会性别研究选译》，生活·读书·新知三联书店，1998。

六、论文类

1. 鲍尼·史密斯：《社会性别与科学的历史学的实践：十九世纪的研究班和档案研究》，该文由蔡一平译自《历史的社会性别：男人、女人和历史实践》，哈佛大学出版社，2000。
2. 高彦颐：《“空间”与“家”——论明末清初妇女的生活空间》，《近代中国妇女史》第3期，1995年8月，台北“中央研究院”近代史研究所。
3. 吉达·勒纳：《妇女史的挑战》，载《多数群体寻找她们的过去》，牛津大学出版社，1981年。该文由蔡一平译，译文发表于《世界史研究动态》1991年第4期。

4. 李则芬：《汉代妇女的地位》，《东方杂志》1979年第9期。
5. 李贞德：《汉唐之间求子医方拭探——兼论妇科滥觞与性别论述》，《“中央研究院”历史语言研究所集刊》第68集。
6. 利比克·卡尔：《中国历史与社会性别》，王政译。
7. 刘静贞：《依违与私情与公义之间——孟姜女故事流转探析》，载《欲盖弥彰——中国历史文化中的私与情国际学术研讨会论文集》。
8. 彭卫：《汉代婚姻关系中妇女地位考察》，《求索》1988年第3期。
9. 琼·凯利一加多：《性别的社会关系——妇女史在方法论上的含义》，载王政、杜芳琴主编《社会性别研究选译》，生活·读书·新知三联书店，1998。
10. 琼·斯科特：《社会性别：历史分析中一个有效范畴》，载李银河主编《妇女：最漫长的革命——当代西方女权主义理论精选》，生活·读书·新知三联书店，1998。
11. 王政：《“女性意识”、“社会性别意识”辨异》，《妇女研究译丛》1997年第1期。
12. 王子今：《战国秦汉时期的女军》，《社会学研究》1996年第6期。
13. 张善文：《对立与和谐——〈易〉思维中平衡支点之第一准则》，载朱伯崑主编《国际易学研究》，华夏出版社，1997。
14. Susan B. Whiten: “History Through the Lens of Gender,” *Journal of Women’s History*, Vol.1 No.1(spring).

后记

本书是在笔者博士论文的基础上修订而成。自本人博士毕业至今已经过去整整二十年了，一回头，时光真的恍如弹指一挥间。提起它的迟迟出版，也着实让人汗颜。然看到窗户外碧绿的树枝摇曳、天蓝云白、鸟儿自由飞翔，心情也随之爽朗起来。无论如何都要感谢我的博士导师中山大学张荣芳教授以及该校历史系众位前辈们的勤恳辅导。

众位老师们除了导师还常联系外，因工作繁忙，其他老师们都很少联系了。但至今回顾二十多年前的博士生活时，中大蔡鸿生老师、胡守为老师、姜伯勤老师、林悟殊老师、景蜀慧老师等，他们在参加论文开题报告和结题报告给予意见时的音容面貌仍历历在目。还有在中大的西大校友孟庆顺教授和范若兰教授在我读博士期间，帮我查找复印资料，提供机会让我参加妇女史国际研讨会等事情，我也还都记忆犹新。同时，我的师母、师兄师姐、师弟师妹们，还有当年的同窗好友们也在我的生活和学习中给予很多帮助，在此我一并感谢。

本人博士毕业来到华南农业大学人文与法学学院工作，受到同事们以及校、院领导的关心与帮助，尤其是在2011到2014年受学校派遣赴新疆石河子大学援疆支教，这为本人收集西北边疆女性研究资料提供了很好的机会。校、院领导的关心支持不能忘记，尤其是本届人文与法学学院的领导，如果没有他们对学术研究的鼓励与支持，没有他们踏实肯干、雷厉风行的工作作风，该书的面世可能还得待以时日。

智慧与长者同在，阅历与见识并存，学术的路上我还在继续。

翟麦玲

2025年3月